结构变迁视角下的
中国公共养老保险体系改革

PUBLIC PENSION REFORM IN CHINA FROM
THE PERSPECTIVES OF GROWTH THEORY OF
STRUCTURAL CHANGE

陆明涛◎著

中国金融出版社

责任编辑：张智慧　赵晨子
责任校对：张志文
责任印制：丁淮宾

图书在版编目（CIP）数据

结构变迁视角下的中国公共养老保险体系改革（Jiegou Bianqian Shijiaoxia
de Zhongguo Gonggong Yanglao Baoxian Tixi Gaige）/ 陆明涛著 . —北京：中
国金融出版社，2017. 10

ISBN 978 - 7 - 5049 - 9311 - 3

Ⅰ. ①结…　Ⅱ. ①陆…　Ⅲ. ①养老保险制度—保险改革—研究—中国
Ⅳ. ①F842. 67

中国版本图书馆 CIP 数据核字（2017）第 275045 号

出版
发行　中国金融出版社

社址　北京市丰台区益泽路 2 号
市场开发部　（010）63266347，63805472，63439533（传真）
网 上 书 店　http：//www. chinafph. com
　　　　　　　（010）63286832，63365686（传真）
读者服务部　（010）66070833，62568380
邮编　100071
经销　新华书店
印刷　保利达印务有限公司
尺寸　169 毫米 ×239 毫米
印张　16
字数　203 千
版次　2017 年 10 月第 1 版
印次　2017 年 10 月第 1 次印刷
定价　58. 00 元
ISBN 978 - 7 - 5049 - 9311 - 3
如出现印装错误本社负责调换　联系电话(010)63263947

　　本书为国家社会科学基金项目（16CJL022）、北京市属高等学校创新团队建设提升计划（IDHT20140511）和首都经济贸易大学2016年度科研基金项目的阶段性成果。

序　言

　　陆明涛博士写的《结构变迁视角下的中国公共养老保险体系改革》一书，书名中已经包含了全部信息：结构变迁、养老保险和改革。养老问题本质上是一个成熟经济最需要关注的。中国经济正在步入高质量经济增长阶段，经济增速减缓，城市化率预计 2019 年突破 60%，自 2015 年起人口老龄化速度加快，特别是又带有了特殊的结构变革和体制变迁，使得养老问题凸显出来，本书出版恰逢其时。

　　本书将结构变迁引入增长模型，试图从结构变革对经济增长的预测，同时对城乡结构、人力资本、劳动力的分布作出更细致的刻画，用 OLG 世代交替模型替代生命周期模型，好于一般总量模型对中国经济增长的解释。由于结构和 OLG 模型复杂度的提高，很多分析也不容易特别完善，但作为方法论方面的探索是非常值得尝试的。

　　本书的积极贡献在于：（1）增长阶段与养老保险的匹配性研究，对于不同的发展阶段提出了养老保险制度的选择特性；（2）通过养老保险与经济增长和各类保险制度的设立讨论，加上实证分析，定量化地对中国养老政策做了政策模拟，指出政策的成本和目标实现的关系；（3）对中国养老体制做了充分梳理，形成一个体制和政策变迁的视野，中国养老问题的复杂性也就跃然纸上，如现收现付向积累制转型；公共部门的养老问题，公共养老与社会养老的分割；农民工进城的养老与农村养老和土地保证的关系；后发国家普遍存在的非正式就业的养老问题，统筹行政过低和劳动力市场流动性障碍问题都非常复杂，但由于有了一个度量和分析体系，书中对这些问题给予量化性的模拟和回答；(4) 中国城乡保险覆盖问题的测算，这也是一个关系中国全局性的问题；(5) 并轨转轨成本的测算也是该领域比较有前沿探索意义的部分；(6) 提出了系列养老保险的改革措施，国有资产填充社保已经开始正式实施了，还提出了养老体制改革中最为关键的一个问题就是激励，通过激励个人、企业共同参与养老保险。

本书比较集中于增长问题，对基础设施产出、效率产出做了非常好的测算，并把它们融入中国养老保险体系中，特别是对区域养老进行了系统分析。但是在关注养老成本、质量和不平等等外部效应方面比较少，未来值得进一步去挖掘和研究。

张　平

中国社科院经济所研究员，国家金融与发展实验室副主任

目　录

图目录

表目录

第1章 导　论

1.1　选题的来源及理论和实践意义

随着中国经济社会的改革与发展，养老问题成为目前社会关注的重要问题。由于中国仍处于由计划经济向市场经济的转型阶段，养老系统正处于从单位制向社会养老过渡的阶段，同时，高速城市化带来大量农村人口向城市迁移，加上快速的人口老龄化趋势，使中国的养老金体系建设成为未来中国的重大挑战。对此，探讨中国公共养老金体系的构建就成为经济学家的重要议题。

一般来说，养老金体系包括提供基本生活保障的公共养老金体系、企业为员工提供的带有激励性质的企业年金和个人为了保证消费水平的商业养老金。由于公共养老金体系覆盖经济中的绝大多数人，带有强制性质，且有政府信用的担保降低了该体系崩溃的风险，这就使公共养老金成为最为重要的养老金保障系统，特别是对于收入水平较低的阶层而言至关重要。因此，本书着重探究公共养老金制度的建构。

公共养老金体系的建设与改革向来都是宏观经济学、公共经济学、劳动经济学、政治经济学等领域研究的重要问题，牵涉投资储蓄、财政税收、金融发展、资源配置、再分配等经济学关心的核心问题。一个功能完善的公共养老金体系，不但能够有效地缓解社会矛盾、提高居民整体福利水平，还能够起到稳定宏观经济、促进经济增长、确保政治稳定的重要作用。因此，公共养老金体系建设与改革研究一直是西方经济学界的一个重要领域。

由于全世界老龄化浪潮的冲击,许多国家原有的养老金体系面临巨大挑战,公共养老金的改革也成为许多国家必须认真面对的重要议题。世界银行、IMF、OECD 等国际组织都开展了大量有关公共养老金改革的理论研究与政策实验,因而对于这一问题的研究具有高度的理论意义和实践意义。

更重要的是,与发达国家不同,中国作为发展中国家,特别是作为处于赶超阶段的大国经济,由于具有大量结构性与制度性因素,公共养老金体系的构建面临更为复杂的形势。由于构建公共养老体系会影响劳动、资本等要素的供给与配置,从而对中国经济长期增长乃至长期均衡总产出都有着深刻影响,因此公共养老体系中的积累水平、收益水平、筹资方式等的养老金制度构建的不同方式,都将以不同方式对中国长期经济增长与发展产生重要影响。特别是近年来,由于地方政府大举借债导致债务规模骤增,粗放式大规模投资拉动经济增长颓势凸显,公共财政面临紧张形势,而公共养老金显现出巨大缺口,在这种复杂的形势下,如何建立能满足老龄化需要且有助于公共财政良好运行和经济持续稳定增长的公共养老金体系就成为中国现在面临的重要挑战。解决这一问题不仅对于中国具有重要意义,对其他处于赶超阶段的大国经济在老龄化浪潮之下解决这一问题也有重要的借鉴意义。这一问题不仅是发展经济学、增长理论、公共经济学、政治经济学重要的理论问题,也是包括中国在内的赶超型大国经济必须面对的政策实践课题。

1.2 国内外研究现状

由于养老保障的重要性,除经济学外,社会学、政治学、公共管理学等学科都有大批学者从事相关研究。虽然社会学、政治学、公共管理学等学科学者提出了许多颇有洞见的研究,但由于经济学研究相对更为严谨，特别是精密数学模型与计量方法的运用使经济学对公共养老保障的研究更为深刻、精确，对于养老保险制度与其他经济变量之间关系与影响大小的分析更为缜密，因而就如何设计更为完善的公共养老保险制度而言，我们主要关注严谨的经济学研究成果。

国内外有关公共养老保险制度的理论研究主要可归纳为在新古典经济学范式和政治经济学范式（李绍光，1998）。新古典经济学范式主要讨论最优的养老保险制度设计，各种养老保险制度对经济变量（如储蓄、投资、资本、劳动生产率、经济增长率等）的影响；而政治经济学范式主要讨论养老保险对于不同经济主体的影响，养老保险改革的动力和均衡决定机制。国内外也有大量学者对中国养老金制度及其改革进行了深入探讨。现就这三个方面分别进行综述。

1.2.1 养老金保障制度的新古典经济学范式

养老保障体系的经济学分析已经形成了标准的分析框架，甚至都已经写入教科书。Blake（2006a）对两期 OLG 即 Diamond-Samuelson 世代交叠模型与连续型 OLG 即 Blanchard-Yaari 模型框架下的养老金决定进行了细致的介绍。[①]

新古典经济学范式讨论的第一个问题是论证公共养老金制的必要性。一些研究首先通过引入个人寿命的不确定性，证明了公共养老金体系提高参与者福利的作用，如 Sheshinski 和 Weiss（1981），Karni 和 Zilcha（1986），Diamond 和 Mirrlees（1978），Diamond 和 Mirrlees（1986）。如果个人寿命的分布为公开信息，则很容易通过保险精算得到公平收益的年金。虽然这种年金显然能够提高社会福利水平，但这种年金完全可以由私人提供，无须公共养老体系。因此，这些研究大多进

---

① 参见迈尔斯（2001）第 14 章、de la Croix 和 Michel（2004）第三章、Blake（2006a）等的讨论。

一步假定个人寿命存在私人信息，则逆向选择和道德风险的出现，私人年金难以达到帕累托效率水平的竞争均衡，这使具有运行成本较低等优势的公共养老保险能够提高社会福利。Enders 和 Lapan（1982）假定产出是劳动投入的线性函数加上一个随机冲击，从而带来了产出的不确定性，该研究的结论是由于生产的不确定性，社会保障计划使社会福利得到了提高，因而社会保障计划的存在是必要的。还有一些研究认为，引入强制的现收现付制养老金制度，是为了应对经济人由于双曲线折旧、拟指数折旧等行为特点导致难以为退休积累足够储蓄而出现老年贫困现象，或是因为年金市场的不完善等原因①但也有相反的证明，如 Vogel，Ludwig 和 Börsch-Supan（2013）指出，在假定经济人同质假设成立和内生经济条件下，现收现付制养老金系统反而会降低经济增长与经济福利，因而养老金系统没有存在的必要。

总地来说，从研究情况来看，模型设置对于公共养老金体系存在的必要性至为重要。在一个没有寿命不确定性的框架中，现收现付制的社会养老保险体系没有存在的必要性，而在没有收入不确定性或流动性约束的模型框架中，完全积累制公共养老金计划没有存在的必要（杨继军，张二震，2013）。因而要证明公共养老金制度存在的必要性，就必须引入相应的假定。

新古典经济学范式讨论的第二个问题是公共养老保险制度对消费、增长及其他经济变量的影响，以及基于这些变量变化情况对不同政策安排的评估与比较。由于公共养老保险可以采取现收现付制和完全基金制等不同方式，学者们分别在不同的框架下对这两种主要的养老金制度进行了分析和比较，最有影响的研究框架包括生命周期模型（Life Cycles Models）和世代交叠模型（Overlapping Generations Models）。由于采用不同的研究框架和研究假设，新古典经济学范式得到了一些不同的研究

---

① 参见 Lindbeck 和 Persson（2003）的综述。

结果。

早期的研究大都采用生命周期模型进行分析。研究者将消费者的生命区分为若干个时期，其经济行为特点在各个阶段遵循某种变化轨迹，根据这些特点建立模型并求解分析，然后对这些模型进行校准计量，如 Feldstein（1974），Leimer 和 Lesnoy（1982），Feldstein（1982），Feldstein（1996）等。这些研究的主要结论是社会保障制度对个人储蓄有一定程度的挤出，并且这一结论得到数据实证的支持。生命周期理论的特点是将生命周期划分为若干时期（如 75 期），容易与现实经济相联系，但由于许多研究并未考虑生产部门，本质上都是局部均衡框架，因而其结论的准确性存在问题。

更多的社会保障（主要是公共养老保险）研究主要是在世代交叠模型中进行的。与生命周期模型相比，世代交叠模型作为一般均衡框架考虑了生产因素，同时与永续寿命模型（Perpetual Youth）相比也体现了生命周期和寿命等现实因素，因而在分析养老金问题方面具有很强的实用性。Samuelson（1975）在经典 Diamond 两期世代交叠模型框架中给出了社会保障的基准模型，证明了在一个人口增长率不变、劳动供给无弹性、退休日期不能改变的新古典经济中，现收现付制（Pay-As-You-Go）社会保障能够消除经济动态无效率，消除资本过度积累，从而使经济达到黄金律均衡，而完全基金制（Fully Funded）社会保障会造成公共储蓄完全替代私人储蓄，对经济增长和资本存量没有任何影响。但由于实证研究很难找到经济动态无效率的证据，因此，Samuelson 有关现收现付制优于完全基金制的论断较难得到实证支持。但两期 OLG 的过于简化，如何对第二期即老年期人口的死亡率进行模型设置以反映寿命的不确定性与老龄化趋势等现实问题，是这种模型的重要挑战。在这方面，Sheshinski 和 Weiss（1981）首先在这一框架下引入了死亡的不确定性，从而使模型更符合实际。由于两期世代交叠模型框架简洁优美，能够很容易地进行求解和模拟，也能够轻松地进行拓展，从而成为后续研究的重要基础。

由于两期世代交叠的假定往往难以反映经济人的一些重要行为特点，如生育和受教育行为，许多研究将世代交叠模型拓展为三期，即经济人在第一期消费、接受教育，第二期劳动、为养老储蓄养老金、生育子女，第三期消费，从而能够进一步刻画子女数量与人力资本积累对社会保障水平及其他经济变量的影响。如 Zhang（1995）假定父母关心子女总效用，并将子女数量/家庭规模内生化，证明了在这一条件下现收现付制社会保障系统能提高经济增长率。三期世代交叠模型更能够反映人口变迁对经济增长的影响，有助于在最简单的框架下理解经济人的生命周期消费行为，但三期世代交叠模型由于时间跨度大，每期一般有30 年左右，适合进行长期分析，而难以与宏观经济学以年度为主的研究相联系。同时，在两期和三期世代交叠模型中难以对寿命进行反映现实的设定，如随年龄变化的死亡率，因而这一模型在应用上也有较大缺陷（贺菊煌，2005）。

有许多研究将世代交叠模型与生命周期模型结合起来，在多期世代交叠模型或可计算一般均衡（Computable General Equilibrium）的研究框架中进行分析。如 Auerbach 和 Kotlikoff（1987）第 10 章给出了一个75 期世代交叠模型，成为社会保障研究中的一个基准模型。CGE 在这一基准模型的基础上进一步引入多个部门进行测算和模拟，其优势是能够很直观地反映现实经济中的许多细节，如人们的实际寿命及其变化，能够较为准确地对模型进行校准，从而在这些模型中得到的结论与政策建议能够较为便利地运用到现实经济中去，但由于往往包括数十个部门使模型求解十分烦琐和困难，而需要借助专门的计算软件进行处理。更重要的是，CGE 一般不考虑不确定性，而在现实经济中，特别是在养老金问题中，不确定因素是公共养老金存在的重要原因，因此可计算一般均衡研究框架在养老金研究中已逐渐失去影响力。相比较而言，包含有一定不确定性的多期世代交叠模型既能捕捉到经济中参与主体的主要经济行为特点，在技术上也已经开发出了多种技术手段解决计算问题，如 Heer 和 Maussner（2009）第 10 章给出了较为简洁的包括寿命不确定性和产出不确定性的社会保障一般均衡模型，并可以用 GAUSS 软件进行求解和数值模拟，具有较大的实用价值。

为使研究框架与其他宏观经济学模型兼容，一些研究采用了连续时间的世代交叠模型框架，典型模型为 Yaari（1965）和 Blanchard（1985）所建立的 Blanchard-Yaari 模型。连续时间世代交叠模型往往假定新世代的出生和老世代的死亡都是连续出生的，如 Blanchard（1985）等假定死亡率为固定常数或服从指数分布，从而简化了模型求解，但这种过度简化可能造成居民人口年龄结构的老年人口长尾现象而也受到广泛批评。这种简化的描述被随后许多研究利用人口数据建立人口死亡率/生存率函数或寿命随机分布所修正，如 D'Albis（2007），Lau（2009），Bruce 和 Turnovsky（2013）等，这使模型结论更符合现实。这些模型大都得到的结论与 Samuelson 等模型类似，即新古典经济学情形下，如果经济中可能存在动态无效率，现收现付制养老金则有助于消除无效率，从而改善经济人福利水平。Sheshinski 和 Weiss（1981），Karni 和 Zilcha（1986），Diamond 和 Mirrlees（1978）等证明了在寿命分布为公开信息时，这两种养老金制度是等同的，但当这一条件不成立的前提下，则在不同模型设定下会得到不同的结论。连续变量的存在使得微分或积分运算成为可能，能更为直观地得到养老金对相关经济变量影响的机制与轨迹，但连续时间也使对消费者的劳动与退休等行为、世代划分等特征的刻画变得复杂，增加了模型的复杂度。

一些研究放松了新古典经济增长框架，将内生增长引入世代交叠模型，得到了与新古典情形下不同的结论。如 Saint-Paul（1992）将内生增长模型引入 Blanchard-Yaari 模型框架得到了不同的结论，即由于动态无效率因经济持续增长而不存在，现收现付制下的养老金会降低未来经济增长率。Wigger（2002）则假定生产函数是 Arrow（1962）和 Romer

（1986）所建立的内生经济增长模型，由于包括外部性的内生经济增长模型使经济中竞争均衡与帕累托均衡不相等，经济中产生了无效率，而现收现付制养老金系统虽然可能降低经济增长，但能消除这种无效率，因而也是一种帕累托改进。Bruce 和 Turnovsky（2013）在 Romer（1986）的内生增长模型中引入了 Barro（1990）提出的公共基础设施投入，并采用了更为实际的人口死亡率以代替指数分布的简单假设，得到的结论是现收现付制对经济增长的降低影响甚至大于 Saint-Paul（1992）的水平，养老金甚至会降低稳态时经济人的福利水平。

新古典经济学的第三个重要问题是养老金制度所面临的挑战及其改革。正如 Bruce 和 Turnovsky（2013）所指出的，现收现付制养老金系统由于对经济增长可能有较大负面影响，基金制养老金也许是较好的选择，但由于改革会波及不同世代，如何由现收现付制向基金制过渡，是养老金制度改革的重要挑战。而这方面基于严谨理论推导的正式讨论至今很少。

对于大多数国家而言，最为紧迫的现实挑战莫过于出生率低迷和人均寿命延长所导致的人口老龄化问题。老龄化使得劳动人口减少，在劳动生产率没有大幅提高的情况下会减少总产出，给依赖年轻人创造财富的退休老年人带来巨大问题，同时领取养老金人口增多，减少了未来用于生产的资本积累，因此养老金制度应如何改革以应对老龄化危机，是新古典经济学范式研究的一个重要问题。

一些研究首先分析了出生率变化对于养老金的影响，如 Smith（1982）引入人口增长的不确定性，将人口增长率设定为服从某随机分布，则其结果表明，若利率与工资率不变时，在实行现收现付制固定养老金的社会保障计划中，较多人口的世代福利水平得到提高，而人口较少的世代福利水平降低，而在工资率与利率不是固定不变，则由于储蓄降低和养老金的收取而是工资率下降所产生的抵消效应会使结果变得模糊。

一些研究将经济人的退休时间内生化，提出可以通过推迟退休即领取养老金时间以减缓老龄化的冲击，如 Sheshinski（1978），Hu（1978，1979）等在模型中将退休时间内生化。这些研究的结论主要为退休时间内生且退休年龄推迟能使个人获得更高养老金时，采用这种养老金计划虽然能够减少资本过度积累从而提高经济动态效率，但这种方式可能带来税收无效率，因而尝试用这种养老金制度推进经济达到黄金律水平并不是好的选择。因此，要实现稳定状态下的最优均衡解，Michel 和 Pestieau（1999），de la Croix、Mahieu 和 Rillaers（2004）证明，必须同时控制现收现付制下的支付水平和退休年龄。Vogel、Ludwig 和 Börsch-Supan（2013）进一步分析了应对人口老龄化的三种措施，即对外投资、扩大人力资本投资和提高退休年龄，并发现后两种政策组合的效果最佳。

由于多数研究都指出，现收现付制养老保险体系有一些严重的负面影响，因此应将现收现付型养老保险制度改为完全基金制，而这种过渡必然使在过渡期的工作者利益受损，他们既要继续履行原有的现收现付制下的养老责任，为现在的退休者支付养老金，又要为自己未来的养老基金储蓄。因此，这种改革与过渡的中心议题就是如何补偿这一代人，然而似乎并不存在帕累托改进的补偿方案以实现向基金制的过渡（Breyer，1989）。Homburg（1990），Belan、Michel 和 Pestieau（1998）试图通过引入其他形式的无效率来实现帕累托改进，包括在模型中假定劳动供给的内生性和比例制的收入税，或将模型建立在内生增长模型中，然而这些新的扭曲（如内生增长模型中的外部性）也造成了一定程度上的经济无效率。

现收现付制养老金制度的效率准则也得到学者的质疑。完全的现收现付制并不符合精算公平的原则，个人对养老金项目的缴费与给付并没有太大关系，这也得到许多学者与政策制定者的批评。许多国家开始将养老金领取标准与缴费标准进一步联系起来，如将确定养老金领取标准的工作年限由最高工资的五年计算期扩展到十年甚至十五年，或建立与个人贡献挂钩但仍采用现收现付制形式的名义账户制。这种改革能显著提高劳动市场的效率，并消除代际之间的再分配①。对养老金改革效率的探讨对中国养老金体系的改革有着重要的借鉴意义。

从上述文献回顾可以看出，上述分析都主要是在适合西方发达国家的新古典经济增长理论或内生增长理论的框架下进行的，对于发达国家而言，养老金制度及其改革主要是一个代际再分配或公益性储蓄问题，其影响仅限于对经济增长率及其他经济变量最优状态的一定程度的偏离。但对于中国这样的发展中国家而言，由于经济结构变迁尚未完成，公共养老金制度建设与实现经济结构变迁两个政策目标之间存在对资本用途的竞争，养老保障水平过低会造成经济福利水平偏低，而保障水平过高则将导致结构变迁乏力从而陷入中等收入陷阱。因此我们认为，必须将养老保障问题与经济结构变迁问题联系起来统筹解决。由于中国经济增长过程中具有明显的结构不平衡的特征，需要重新审视社会保障体系与经济增长及其他相关经济变量之间的相互关系。

1.2.2 养老金保障制度的政治经济学分析

政治经济学范式下的养老金保障制度及其改革的研究大多不考虑微观基础，关注的是宏观层面上的问题，主要可参见 Galasso 和 Profeta（2002），Holzmann 和 Palmer（2006），Tompson（2009），Holzmann、Palmer 和 Robalino（2012）等。

政治经济学范式所讨论的第一个中心问题是在投票制下社会保障水平的决定，主要关注简单多数投票制和中间投票者结果。Aaron（1966）最先开创了这一分析，Browning（1975）、Hu（1979）、Boadway 和 Wildasin（1989）等在此基础上进行了扩展研究。这些研究的基本结论是

---

① 参见 Lindbeck 和 Persson（2003）的详细梳理。

在多数投票制规则下，如果经济发展中人口持续增长，中间投票人将发现向老人进行转移支付的养老金计划是符合自身效用最大化目标的，即便是资本市场不完全、存在借贷约束的情况下，但这时的社会保障水平容易高于均衡水平。可见，西方学者对这一问题的研究，大都是基于西方式民主政治体制下的分析，其结果显然不适用于具有完全不同政治体制的中国。

第二个中心问题是政治经济均衡如何影响公共养老制度及其改革，特别是其中的利益集团对于养老制度的影响。这方面的研究见 James 和 Brooks（2001），Müller（2001），Huber 和 Stephens（2000）等。研究的基本结论是，在选举制政治体制中，无论采用何种公共养老制度，或是公共养老制度改革，都是政治力量博弈的均衡结果，在多数选举制下，中间投票人的偏好决定了方案能否被接受。改革方案要取得成功，首先必须符合政治上可行的标准，要能够产生足够多的获益者。西方学者这一分析思路，同样不适合中国的分析，但政治经济力量均衡影响养老金资源分配的讨价还价过程，也许对我国不同地区、不同部门的社会保障资源分配研究有一定的借鉴意义。

第三个中心问题是公共养老制度对经济社会与政治稳定的影响，这方面的研究以国际劳工组织、世界银行等国际机构相关专家的研究为主，如 Holzmann 和 Palmer（2006），Auerbach 和 Lee（2009）。他们主要运用概念模型、事实分析等方法，探讨了世界养老金改革的成败案例与发展趋势，认为比较理想的公共养老金模式是统账结合的名义账户制（notional defined contribution），能够更适应社会经济的变化。

由此可见，政治经济学范式的养老金制度研究成果虽然浩如烟海，但能为中国及其他发展中国家相关研究所借鉴的范式并不太多。中国养老金改革的政治经济学研究需要结合中国的政治经济格局及制度架构进行，但仍可借鉴西方学者对政治经济结构及其决定、财政联邦制、实际权力与法定权力等问题的处理方法。

1.2.3　中国养老金改革研究

中国公共养老金制度始于计划经济的单位制，对单位制进行改革是中国现代社会保障制度建立和改革的重要内容。中国改革开放以来的养老金改革历程、任务与挑战可参见蔡昉（2009）、郑秉文与孙守纪（2008）、郑秉文（2011）等分析，据他们的概括，主要的问题包括以下几个：

一是中国社会保障采用的形式和标准问题，包括以下一系列问题：到底是采用现收现付制、完全积累制还是居于其中的部分积累制。是采用确定支付制（Defined Contribution）还是确定收益制（Defined Benefit）。如何保证支出的精算公平（actuarial fairness）。个人与用人单位到底分别应承担多少责任。

中国自 1995 年起决定实行统账结合式，即一部分用于现收现付，另一部分用于个人账户。就目前情况来看，采用这种制度进一步带来了新的问题，主要包括：支付额度过高，支付比达到工资的 28%，企业难以承受；个人积累的资金保值增值困难，收益率过低，甚至难以弥补通货膨胀的损失；前面这两个因素使企业和个人参保缺乏积极性，覆盖率低；再加上转轨成本等因素，个人账户空账问题凸显。但由于现收现付制和完全积累制各有利弊，很难决定应该采用哪一种制度。因而，封进（2004）探讨了在中国现有条件下混合制养老金体系的最优比例，认为中国目前的养老金体系应该采用以现收现付制为主，未来可逐步转向基金制，但该文中对于两种制度的优劣并没有深入比较。徐梅和邱长溶（2006）讨论了现收现付制与基金制养老金体系分别对于不同收入人群的影响，指出由于现收现付制具有再分配功能，因而现收现付制有助于调整收入分配结构，但笔者认为，现收现付制可能的再分配功能正好破坏了养老金的精算公平，而精算公平是养老金体制改革中应当尽量考虑的因素，如何结合现收现付制和基金制的优点，避免二者的缺点，是中国养老金改革的重要问题。

郑秉文和孙守纪（2008）等跳出了现收现付制和完全积累制的二难选择，认为中国应当实行既有现收现付制特征、又有个人账户的名义账户制（Notational Defined Contribution，后更名为 Non-Financial Defined Contribution），也就是一种具有两种账户优势的部分积累制，而且是确定支付制，但与现行制度不同的是其个人账户是名义制的。但对这种制度对经济其他因素的影响如何，尚缺乏细致的理论和数量分析，在这种制度下的保障水平、如何克服其可能存在的缺陷、如何实现由现有体系向新体系的转轨并有效处理转轨成本、如何应对各种冲击仍需要进一步分析。

更重要的是，在中国仍处于赶超阶段的条件下，如何达到最优的社会保障水平，即既能保障居民的福利水平，又能保证足够高的资本积累水平以确保未来的赶超增长，这是中国公共养老体系建设的核心问题。对于这些问题，已有很多研究就某个问题做过较好的论述，如陈平路（2006），邵宜航、刘雅南和张琦（2010）。李雪增（2012）在给出了一个很好的模型框架，在两期世代交叠模型中讨论了中国养老保险体制改革的经济学含义，指出由于多均衡的存在，社会养老保险改革对人均资本存量和家庭储蓄率产生的影响是不确定的，取决于经济系统的收敛状态。彭浩然和陈斌开（2012）研究了在现收现付制下最优养老保险缴费率的存在性问题，计算出了中国养老保险缴费率的最优水平，提出目前的中国养老金缴费率过高，可能会降低物质资本与人力资本的积累，从而降低经济增长绩效，但这些研究并未考虑经济增长中的结构变迁问题，由于不同经济发展阶段对物质资本和人力资本等生产要素的要求不同，养老保险缴费率在不同阶段可能有不同的最优水平，不同阶段因而可能有着不同的最优公共养老保险政策，而目前尚未见到这方面的研究。但目前的研究尚缺乏一定程度上的整体考虑，未能在中国经济高速增长与快速的结构变迁的大背景下考虑公共养老体系的标准与形式，因而仍然有较大的提高空间。Yuki（2008）在一个 OLG 模型中考虑了由传统部门向现代部门的结构转变，并考虑了开放经济，可为这方面的研究提供一个可行的思路。

二是如何实现单位制社会保障制度向公共社会保障制度的转型，完成计划经济体制市场化改革的任务，实现公共社会保障制度的广泛覆盖与统筹。由于中国现有的社会保障制度是脱胎于计划经济下的单位社会保障制度，目前只基本完成国有企业社会保障制度的改革，绝大多数事业单位、政府机关的社会保障并没有覆盖，这种社会保障双轨制使中国社会保障覆盖率低，运行效率也比较低，对抗人口结构变化、经济波动等冲击的能力也比较低。

除了公共社会保障体系没有覆盖国有事业单位、政府机关之外（目前大部分国有事业单位与政府机关仍然采用计划经济时期的退休工资制），广大中小企业劳动者也基本没有覆盖，以及自由职业者、自雇劳动者。大量私营企业部门劳动者不仅没有进入公共社会保障体系，也没有建立企业年金等其他养老保险体系，这使广大劳动者们面临着极大的社会保障风险，在人口结构变迁、经济不确定性的加大等冲击面前，有可能引发社会危机。因此，健全"双轨制"养老金体系、扩大公共养老金制度覆盖面，成为中国经济快速发展中的重要挑战。徐舒和赵绍阳（2013）采用一个生命周期模型探讨了双轨制养老金体系对公务员、企业职工两个群体在整个生命周期中的消费差距，以及对双轨制养老体系政策的改革所产生的经济影响。由于该研究并未考虑生产因素，消费者的收入服从外生分布，且对公务员、企业职工的行为缺乏刻画，因而未能讨论"双轨制"养老金制度及其改革对经济主体及经济变量的影响，从而难以得到符合现实的政策建议。

与此同时，城市新移民、进城农民工以及广大农民的社会保障问题也日益凸显。随着社会经济的快速发展，由中小城镇向大中城市的流动人口、进城务工和定居的农民工、拆迁农民等形成了大规模的新市民。

由于目前的社会保障体系覆盖率和统筹层次低，这些新市民的社会保障就成为大问题。理论上说，有土地进行生产的农民属于自雇劳动者，土地就给了他们一层保障网，因此他们的社会保障水平与做法应当与普通劳动者有所区别。但随着城市化进程的加快，进城定居农民、失地农民离开了土地，就失去了土地的保障，必须为他们重建社会保障体系。陶然和徐志刚（2005）提出了统筹考虑农村土地、农民进城市民化、社会保障等问题的解决方案，但这一方案并未考虑进城农民养老保障的问题。对于那些跨地区流动的流动人口，则牵涉到不同地区的统筹问题。进一步说，建立覆盖公务员、事业单位、城市居民、流动人口、进城农民、农村农民等不同人群的公共社会保障体系，就必须考虑不同部门、不同地域、不同人群的社会经济力量之间的博弈，只有符合政治经济均衡要求的方案，才能够最终通过。因此，求解这种政治经济均衡也是中国社会保障体系建设的重要内容，目前这方面的研究成果仍然十分少见。

三是中国公共养老制度的可持续问题，包括如何应对一系列的短期问题和未来可能面临的长期挑战。短期问题包括转轨成本、空账问题，长期问题包括公共养老金的运营投资问题，应对人口结构变迁、经济增长率下行等一系列长期社会经济挑战的问题。现有研究大都集中回答了这一系列问题中的某一两个，如对于养老金制度运营问题，杨俊、龚六堂和王亚平（2006），杨俊和龚六堂（2008）提出社会保障基金可以通过持有国有股获得基金的保值增值，但这些研究可能并未系统考虑中国经济长期增长和经济结构变迁，研究结论偏重于某个局部，如前述两篇论文是建立在国有股份企业经营一定能够获益、不会亏损或破产的基础上的，这一结论在长期经济增长中未必一定成立，因而我们需要更为全面系统的一般均衡分析。

1.3 研究方法

本书紧紧围绕公共养老金制度与经济结构变迁之间的相互作用，采用理论分析、实证分析与政策分析相结合的方法，探讨公共养老金制度的功能、最优水平与效率，剖析公共养老金制度变量对发展中国家经济结构变迁的深刻影响及其相互作用，并讨论在中国的人口结构变迁、财政体制等具体情境下公共养老金制度建设的影响因素与最优政策的决定。

首先，理论研究方法主要采用新古典经济学、新结构经济学和新政治经济学研究方法。要用到的新古典经济学方法主要包括：动态一般均衡模型方法，用于刻画经济中消费者、厂商和政府等经济主体行为及各主体之间经济行为的相互影响；动态最优化方法和动态规划方法，分别用于求解连续和离散状态下的动态一般均衡模型的解；结构变迁理论方法，吸收借鉴非位似性偏好和生产率差异模型方法，建构包含结构变迁的理论模型；世代交叠模型方法，包括结合三期世代交叠模型框架、可计算一般均衡框架、连续型世代交叠模型框架等具体模型方法，考察不同养老金体制对经济主体行为及总体经济变量的影响；新政治经济学研究方法，主要包括基于财政联邦制的分析、不同类型经济人之间的博弈分析、政治经济均衡分析，用于分析公共养老金体系改革中的制度性因素。

其次，实证分析方法主要包括计量分析、数值模拟及校准模拟等。计量分析主要用于在进行理论分析之前确定或验证变量间的关系，或为数值模拟和校准模拟提供参考的参数值。数值模拟主要用于在模型难以求解时，对模型进行简化或具体化，并赋以虚假给定的值，以便更为清晰地看出变量间的相互关系。校准模拟主要用于在模型基本确定时，采用经济中真实的参数值进行模拟，以获得贴近经济现实的均衡值或动态路径。

1.4 基本思路与逻辑结构

1.4.1 基本思路

本书试图将中国的公共养老金体系放入一个结构变迁的经济增长模型中进行分析和解释，并根据中国现实数据进行校准、测算和模拟。

首先，建立一个能解释和预测中国经济增长的结构变迁模型，需要整合非位似性偏好和生产率差异两种思路，并包括土地、基础设施和人力资本等部门专门生产要素以解释传统增长理论运用到中国现实解释中的各种悖论，如产出弹性逆转、资本并未从富国流向穷国等。在此基础上，需要采用中国数据对模型进行计量和校准，以得到模拟所需要的参数。

其次，将公共养老金体系引入结构变迁模型，以解释公共养老金的必要性与功能，分析适应结构变迁的公共养老金形式。在此基础上，将中国公共养老金改革中的现实问题放入模型进行理解和分析，以得到养老金改革的思路。

再次，在模型分析的基础上，要根据中国经济增长模拟和养老金设置，在人口测算的基础上估算中国公共养老金体系的收支规模、平衡状况与缺口大小，并根据模型参数进行针对性的政策模拟与估算，以得到中国养老金改革的政策建议。

最后，根据各地区经济与养老金状况，分析公共养老金体系与区域经济的交互影响，探讨设计有利于区域经济竞争与合作的公共养老金体系。

1.4.2 主要内容

第 2 章回顾公共养老金体系的历史沿革和一般规律及各国困境和改

革方向，详细阐释了中国公共养老金体系的历史沿革和基本状况。

第3章整合了非位似性偏好与生产率差异模型，建立了一个适用于中国的三部门结构变迁的经济增长模型，并用中国经济数据进行校准，得到了中国经济增长历史的解释和对未来经济增长路径的预测。

第4章将公共养老保险引入结构变迁模型，阐释公共养老金制度存在的原因及其对结构变迁的影响，分析现收现付制和完全积累制养老金体系的优劣，讨论适合中国现阶段的养老保险体系及老龄化带来的冲击，并探讨非正式就业人员、农村居民和公共部门从业人员养老金体系的建设与改革问题。

第5章在前几章模型分析的基础上对中国经济结构变迁中的公共养老金问题进行校准，对人口结构、各体系养老金收支平衡状况、缺口产生原因进行了测算和分析。

第6章提出了中国公共养老金改革的几个思路，并进行对策模拟。

第7章讨论了中国各省、区、直辖市的公共养老金改革问题，探讨区域结构性特征及中央—地方关系对养老金体系的影响。

第8章总结全书主要观点，对中国养老金体系改革的现实问题提出基于现有体制的政策建议和超越现有体制的政策建议，并对未来中国公共养老金体系改革研究进行了展望。

1.5　本书创新与不足

1.5.1　本书创新

结构变迁经济增长理论是对中国社会科学院经济所经济增长课题组多年研究范式的提炼，在其基础上运用新古典经济学和结构变迁分析方法进行正规化模型表述。这一模型不仅具有理论上的一致性和完备性，对于中国经济增长也有着更为精确的刻画。

以往的新古典经济学研究养老金制度不考虑经济增长的阶段性，从而其结论容易在发展中国家中导致福利过度、福利陷阱的出现。本书在赶超型经济增长框架下探讨养老金制度对于结构变迁的影响，从而得出与结构变迁阶段相适应的养老金制度，政策建议更符合中国增长的阶段特点。

以往的中国公共养老金制度研究主要是社会学、公共管理等专业学者进行的概念性、描述性讨论，经济学家基于中国经济现实情况的定量研究比较少见，从而难以得出较为精确、可靠的政策性结论。本书拟在理论的基础上，采用现代经济学主流方法，对理论模型进行校准、模拟和计量，从而能够得出贴近经济现实的政策建议。

1.5.2　本书不足

由于本书试图将公共养老金放入一个包含有结构变迁和收入及寿命不确定性的多期世代交叠的动态一般均衡中进行考察，模型求解非常繁杂，许多理论分析仍有待继续展开，以考虑经济中的现实情形。

中国经济的现实问题远比经济模型复杂。中国经济的转型是多个角度的，从一个非常落后的农业经济转型为工业与服务业为主的现代经济，从一个计划经济转型为市场经济转型，并且有着非常不平衡的区域结构，简化的全国范围内的产业变迁模型虽然能从一定程度上反映中国整体的结构变迁，但多个因素仍将影响着对中国经济变迁的建模。首先，由于地区差异和产业在地区间转移的雁行模式可能会使结构变迁过程变得复杂，其次，中国经济中广泛存在的政治经济制度限制了要素在区域和产业间的自由流动，使建立在要素自由流动基础上的新古典经济学假定难以适用。再次，由于目前而言成功实现结构变迁的经济体屈指可数，像中国这样大型的历经计划经济体制的发展中国家没有先例，而韩国、日本及许多中东欧国家的开放程度、经济起飞的起点等诸多因素与中国完全不同，数据和案例的缺乏使我们对于结构变迁过程中许多重要因素的变迁规律并不了解，如金融市场的发育等，这使本文在建模和后面的校准过程中面临许多困难。

　　本书的第二个不足是由于公共养老金问题千头万绪，涉及人口学、金融学、公共政策学等多个领域无数个问题，每一个相关问题都足以写出一部经济学博士论文。虽然本书强调的是基于经济结构变迁的视角，但为了深入全面理解养老金问题，也必须进行相应的测算。虽然笔者花了大量时间和精力学习了解公共养老金制度有关知识，并学习人口精算、养老基金投资管理等几个重要领域，但不可避免地在这些方面仍有疏漏和不足之处。特别是在精算过程中，由于涉及太多细微的参数和算法，且由于资料和数据很难全面获得，在本书精算过程中笔者只能参照前人研究引入大量假定，做到尽可能使结果精确。

第 2 章　中国公共养老金体系的
历史沿革与现状

2.1　公共养老金体系概述

2.1.1　公共养老金体系的历史

公共养老金是社会保险最重要部分之一，起源于德国的俾斯麦 1889 年实施的年金保险。根据德国当时颁布的《养老保险法》，当时的公共养老金制度是一种社会保险，劳动者必须先按收入比例缴付保险费才能领取养老金。这一制度成为后来公共养老金体系的楷模，被引入世界各国，并成为"二战"后各国际组织力推的社会改革，以应对各国人民要求提供必要社会福利的呼吁，降低国内经济政治动荡的可能性。

为帮助和指导发展中国家建立健全公共养老金制度，国际货币基金组织、世界银行、国际劳工组织等国际机构制定了一系列公共养老金制度准则，国际劳工组织在 20 世纪通过一系列公约倡导建立包括公共养老金体系在内的社会保险体系。国际货币基金组织、世界银行更是发表了大量有关公共养老金的研究著述，特别是世界银行在"二战"后为许多国家建设公共养老金体系提供了重要的指导和技术援助，并将相关经验总结成许多文献，这些文献已成为发展中国家公共养老金体系构建和改革的重要参考。

世界银行在 1994 年的报告中提出，发展中国家应建立由现收现付、强制积累、自愿积累等三种方式构建的包括公共养老金、职业年金和个人储蓄在内的养老金体系，被称为养老金体系的三个支柱（World Bank，1994）。报告指出，作为第一支柱的公共养老金大都采用现收现付制，收益可能与缴费并不相关，其功能主要在于克服个人储蓄的预势，为已不能提供有效生产劳动的老年人增加收入，并提供一定程度上的再分配。职业年金可由企业或个人独自承担或共同缴纳，受益与缴费直接相关，可采用资源积累方式，也可采用强制积累方式。个人储蓄也可以采用强制积累的方式，强迫个人为养老进行储蓄，以避免长寿风险。

世界银行在 2005 年的报告进一步提出了公共救助和"家庭、地区相互救助"两个保障措施，以帮助公共养老金体系之外的人群，如残疾人、无力承担报废的贫困人群，以及个体经营者和农业从业者等（Holzmann 和 Hinz，2005）。三个支柱加上各种社会救助和相互救助构成的社会保障体系，成为发展中国家乃至发达国家公共养老金体系建设的标准范式。

2.1.2 世界各国公共养老金体系的基本状况

从目前世界各国情况来看，世界各国的养老金体系大都采用了包括公共养老金、职业年金和个人储蓄或商业养老保险在内的三支柱模式。由于我们主要关注公共养老金保险体系，只讨论第一支柱的设置和改革问题，附带讨论第二支柱的运作，以为中国公共养老金体系改革提供经验支持。

大体说来，各国大都只有一套第一支柱的公共养老金体系基本覆盖全部人群。据 Gillion 等（2000）统计，对 1990—1996 年各国的调查数据结果显示，社会养老保险的第一支柱在 OECD 国家中的覆盖率也仅覆盖约 73.7% 的在职劳动力，而在非洲、亚太地区、拉丁美洲和加勒比海地区、中东欧和中亚等四个地区的覆盖率分别仅为 15.7%、38.5%、

60.4%、44.9%。随着此后养老保障体系在各国不断发展和建设，发达国家的第一支柱的覆盖率一般已接近于1，这是因为第一支柱一般是强制保险，很多国家通过征收社会保险税的方式进行强制入保，以保证养老保险的广泛覆盖（Callegaro 和 Wilke，2008）。而在发展中国家，这一比例仍然偏低，最主要的原因是发展中国家都具有一个巨大的非正规就业部门，以及由于在农业部门工作、在小企业工作、自雇劳动者、雇主逃费、雇主逃避法律义务等原因，未能纳入社会保险。

在发达国家，职业年金则根据行业和职业的差异设置不同养老金项目，甚至可由个人进行选择。由于第二支柱往往与职业、行业特点密切相关，第二支柱的覆盖率也不是特别高。根据一份调查结果显示，即便是北欧国家的瑞典、丹麦，覆盖率也仅在 60% 左右，法国、西班牙、意大利等国一般都在 20% 上下（Callegaro 和 Wilke，2008）。随着各国养老金的改革，第二支柱的覆盖率在不断提升，许多发展中国家也逐渐建立了第二支柱的养老保障。

2.1.3 世界各国公共养老金困境与改革

对于发展中国家而言，公共养老金的主要困难是如何扩大公共养老金的覆盖面。对于发展中国家而言，扩大养老金覆盖面主要面临的问题之一是如何控制非正规经济的增长并将非正规经济正规化，但由于发展中国家往往治理能力差，法治不够健全，因而通过行政和法律手段正规化非正规经济非常困难。发展中国家扩大养老金覆盖面的另一个问题是如何将小企业、农业部门雇佣者、自雇劳动者等纳入社会保障体系，而这一改革路径往往也需要较强的社会治理能力和较大的财政补贴，这对于发展中国家而言也是一个巨大的挑战。

对于发达国家而言，主要的公共养老金挑战是老龄化。老龄化的后果是延长了领取年限，这对于现收现付制的影响就是增大了支付责任，对于完全积累制的影响则为在总量不变的情况下摊薄了给付水平。因而，对于大多数发达国家而言，如何应对老龄化是严峻挑战。一般来说，这些国家大都采用延长退休年限的方式来应对老龄化危机。

2.2 中国公共养老金体系沿革与现状

2.2.1 历史沿革

中国现行的城镇公共养老金体系脱胎于原有计划经济时期的单位福利制，即雇主均为国有企事业单位或政府部门（统称单位），而单位承担了劳动者生老病死的全部福利支出责任。而随着改革开放的推进，企业部门逐渐成为自负盈亏的现代企业，不再进行企业层面之上的再分配，劳动者的工资福利逐渐与企业的盈利状况挂钩，而劳动者的永久雇用制度的打破、企业破产制度的引入和企业间劳动流动性的提高也使企业负责退休工资发放的制度无法持续，将企业部门退休职工的养老金发放从企业职责中剥离并建立全社会的养老保险制度就成为经济进一步发展的需要。

在市场化改革的时代背景下，1986 年 4 月，全国人大通过的国民经济和社会发展第七个五年计划明确提出，"要有步骤地建立起具有中国特色的社会主义的社会保障制度雏形。建立健全社会保险制度，进一步发展社会福利事业，继续做好优抚、救济工作。要通过多种渠道筹集社会保障基金。改革社会保障管理体制，坚持社会化管理与单位管理相结合，以社会化管理为主。"随后，1986 年 7 月，国务院发布了《国营企业实行劳动合同制暂行规定》，在企业部门建立了市场化的用工体制，并初步建立了企业职工的社会养老保险，包括企业缴纳的 15% 工人工资总额的退休养老基金和个人工资 3% 的个人退休基金，并基本确定了养老金给付的办法是结合缴纳年限、金额数量和原工资水平按月发放直至去世，奠定了我国职工基本养老保险的基础。

　　在此基础上，国务院于 1991 年发布了《关于企业职工养老保险制度改革的决定》（国发〔1991〕33 号）文件，党中央于 1993 年通过了《中共中央关于建立社会主义市场经济体制若干问题的决定》，确立了全面建立企业社会养老保险的目标。为贯彻落实这一精神，国务院 1995 年发布了《关于深化企业职工养老保险制度改革的通知》（国发国发〔1996〕6 号）文件，1997 年发布了《国务院关于建立统一的企业职工基本养老保险制度的决定》（国发〔1997〕26 号），1999 年颁布了《社会保险费征缴暂行条例》，基本形成覆盖全国的企业职工基本养老保险体系。

　　随后，国务院通过发布《国务院关于印发完善城镇社会保障体系试点方案的通知》（国发〔2000〕42 号）、《国务院关于完善企业职工基本养老保险制度的决定》（国发〔2005〕38 号）等文件，调整和规范了企业职工基本养老保险制度的缴费比例、发放办法，形成了现行的城镇职工养老保险体系。

　　在企业职工养老保险改革稳步推进的同时，政府机关和事业单位的劳动制度和养老保障制度也在进行相应的改革。自改革开放以来，各届政府一直致力于政府机关与事业单位的各种改革。20 世纪 70 年代末到 80 年代，主要是恢复和规范政府和事业单位的各项职能，探索建立适应市场经济的政府与事业单位的定位，经历了“政企分开”“党政分开”等探索，基本形成了现行的由政府机关、事业单位、企业组成的主要社会组织结构。90 年代提出建立社会主义市场经济以来，进一步明确政府机关和事业单位的职能定位、用工制度和福利制度，推进政府机关和事业单位管理的规范化。1992 年党的十四大提出，按照机关、企业和事业单位的不同特点，逐步建立健全分类管理的人事制度。2000 年，中央下发了《深化干部人事制度改革纲要》，明确了事业单位人事制度改革的方向。1993 年国务院颁布了《国家公务员暂行条例》，2005 年全国人大通过了《中华人民共和国公务员法》，对国家公务员的录用任免、工资福利和退休工资等进行了规范。同时，根据事业单位的不同性质，对事业单位的用工制度进行了改革，在事业单位中逐渐建立聘用制度。在此基础上，党中央和国务院进一步提出，要分类推进事业单位人事制度改革，建立符合专业技术人员、管理人员和工勤人员各自岗位要求的人事管理制度，这些改革至今仍在推进。

由于政府机关和事业单位的人事制度改革仍在继续推进，养老保障体系方面仍主要沿用原有的退休工资制，2006 年人事部、财政部联合发布了《关于印发〈关于机关事业单位离退休人员计发离退休费等问题的实施办法〉的通知》（国人部发〔2006〕60 号），对政府机关和事业单位离退休人员的退休工资进行了明确规定。与此同时，由于合同制等编制外用人制度的逐渐引入政府机关和事业单位，政府机关和事业单位对社会聘用的编制外用工人员实行职工养老保险体制，随着部分政府机关和事业单位职工的加入，企业职工养老保险体系就成为城镇职工养老保险体系。2008 年国务院发布《事业单位工作人员养老保险制度改革试点方案》（国发〔2008〕10 号），逐步推行事业单位与企业职工养老保险并轨，并确定在山西、上海、浙江、广东、重庆等五省市进行试点。但由于原有的事业单位退休工资与原工资标准比例远高于企业职工养老保险替代率，在事业单位没有缴存职业年金和工资市场化的条件下，这种并轨改革实际上是直接降低事业单位的工资标准，从而遭遇巨大阻力而难以开展。从 2010 年颁布的《中华人民共和国社会保险法》相关条文来看，政府机关公务员及参公管理事业单位工作人员国务院另行规定，可能将建立不同于城镇职工养老保险的养老保险体制，而事业单位将很有可能实现与企业的并轨。

与此同时，我国逐步建立普惠制的居民养老保险制度。1991 年 1 月，国务院决定由民政部负责开展建立农村社会养老保险制度的试点，据民政部介绍，民政部在深入调查研究和总结经验的基础上，制订了《农村社会养老保险基本方案》，并在山东等地组织了较大规模的试点，截至 1995 年，已有 30 个省、自治区、直辖市的 1 400 多个县（市、区、旗）开展了农村社会养老保险，全国参加社会养老保险的农村人口已有近 5 000 万人，积累保险基金 32 亿元①。根据 1992 年颁布的《县级农村社会养老保险基本方案（试行）》，这一制度"资金筹集坚持以个人交纳为主，集体补助为辅，国家给予政策扶持的原则"，资金主要计入个人账户，支付标准根据交费的标准、年限确定，领取养老金保证期为 10 年，不足 10 年身亡者保证期内的养老金余额可以继承，超过 10 年的长寿者支付养老金直至身亡为止。可见，该保险体系实质上也是个人账户与统筹的混合制度，具有对个人长寿风险的分散功能。

对于城镇居民而言，由于城镇职工养老保险一般是要求企业和劳动者共同承担缴付责任，对于自雇劳动者和灵活就业的城镇居民，2000 年颁布的《国务院关于印发完善城镇社会保障体系试点方案的通知》（国发〔2000〕42 号）规定，"自由职业人员、城镇个体工商户应参加基本养老保险，具体办法由各省（自治区、直辖市）人民政府规定"，从而将自由职业人员和个体工商户等纳入了城镇居民保障体系。2010 年颁布的《中华人民共和国社会保险法》进一步提出，"无雇工的个体工商户、未在用人单位参加基本养老保险的非全日制从业人员以及其他灵活就业人员参加基本养老保险的，应当按照国家规定缴纳基本养老保险费，分别记入基本养老保险统筹基金和个人账户。"由此可以看出，未参加职工养老保险的非就业城镇居民尚无养老保险。

2005 年，中共中央通过《中共中央关于制定国民经济和社会发展第十一个五年规划的建议》，明确提出"使全体人民共享改革发展成果"，从而开启了面向城镇和农村居民的养老保险体制建设。2009 年，

---

① 民政部，民政部关于进一步做好农村社会养老保险工作的意见，1995 年 6 月 20 日，民政部网站：http://www.molss.gov.cn/gb/ywzn/2006 – 02/15/content_106554.htm，访问日期：2013 年 12 月 25 日。

国务院发布了《国务院关于开展新型农村社会养老保险试点的指导意见》（国发〔2009〕32号），确立了实施社会统筹和个人账户相结合的新型农村居民养老保险（简称新农保）的基本制度框架，社会统筹即基础养老金，个人账户为个人与集体缴纳的金额。与原有的农村养老保险制度和其他养老保险制度相比，新农保的运行明确要求基础养老金全部由政府进行补贴。根据该文件，新农保于2009年起开始试点并在全国普遍实施，2020年前基本实现对农村适龄居民的全覆盖。

2011年，国务院发布了《国务院关于开展城镇居民社会养老保险试点的指导意见》（国发〔2011〕18号），建立了城镇居民养老保险，主要面向未被城镇职工养老保险制度覆盖的其他城镇居民，也采用社会统筹和个人账户相结合的制度，待遇由基础养老金和个人账户养老金两部分组成，其中，基础养老金由中央政府和地方政府全额补贴。城居保于2011年启动试点，在2012年就已基本实现城镇居民养老保险制度的全覆盖。

除缴费标准略有差异外，城居保和新农保基本相同，因此国务院2014年发布了《国务院关于建立统一的城乡居民基本养老保险制度的意见》（国发〔2014〕8号），决定将新农保和城居保两项制度合并实施，在全国范围内建立统一的城乡居民基本养老保险，人力资源和社会保障部随后发布了《城乡养老保险制度衔接暂行办法》（人社部发〔2014〕17号），实现了城乡居民养老保险的统一，并实现了由职工养老保险向居民养老保险的转接。

2.2.2　基本状况

从中国公共养老金现实状况来看，目前的养老金体系主要包括政府机关与事业单位退休工资体系、城镇职工养老保险体系、城乡居民社会养老保险体系等三大系统。根据世界银行三个支柱的划分，中国公共养老金体系目前并没有。

从养老金体系运作原理来看，政府机关与事业单位主要采用的是现收现付制，城镇职工养老保险体系采用的是包括现收现付的社会统筹部分和完全积累制的个人账户部分组成的混合制，而城乡居民社会养老保险主要采用的也是包括完全由政府补贴的基础养老金和个人积累但统筹发放的部分积累制。

表2-1　　　　　　　中国现行公共养老保险体系基本状况

		城镇职工				城镇居民	农村居民
		老人	中人	新人	灵活就业人员		
筹资	个人缴费	无	剩余年限参照新人标准缴纳	工资的8%存入个人账户；企业扣除个人工资的20%进入统筹基金	8%存入个人账户，12%存入统筹基金	自愿选择年缴100元、200元、300元、400元、500元	自愿选择年缴100元、200元、300元、400元、500元
	政府补贴	政府对城镇职工养老保险进行整体补贴	政府对城镇职工养老保险进行整体补贴	政府对城镇职工养老保险进行整体补贴	无	中央政府全额补贴基础养老金，地方政府另补贴每人每年不低于30元	中央政府全额补贴基础养老金，地方政府另补贴每人每年不低于30元
待遇	基础	相当于全额缴费年限的新人	基础养老金＋过渡养老金，均根据工作年限进行计算	以当地上年度在岗职工月平均工资和本人指数化平均缴费工资的平均值为基准，每满一年发给1%	与新人相同	每月55元（可能随物价上调）	每月55元（可能随物价上调）
	个人账户	无	个人账户储存额除以139	个人账户储存额除以139	与新人相同	个人账户储存额除以139	个人账户储存额除以139

2.3 城镇职工养老保险基本状况

现行的城镇职工养老保险主要依据《国务院关于建立统一的企业职工基本养老保险制度的决定》（国发〔1997〕26 号）和《国务院关于完善企业职工基本养老保险制度的决定的规定》（国发〔2005〕38 号）执行的。缴费比例方面，要求企业和个人分别承担工资总额的 20% 和 8%，分别存入统筹基金和个人账户。给付方面，根据不同时期颁布的文件，实施的是"老人老办法，新人新办法"，过渡的"中人"采用过渡的办法处理。

2.3.1 老人

根据《国务院关于完善企业职工基本养老保险制度的决定的规定》（国发〔2005〕38 号）文件，老人、中人和新人的定义和养老金发放标准为：2005 年底前已经退休的人员仍按国家原来的规定发给基本养老金，同时执行基本养老金调整办法，具体做法是按照全额缴费年限的新人职工的标准发放养老金（含个人账户的平均水平）。

2.3.2 中人

1997 年前参加工作、2005 年退休且缴费年限累计满 15 年的人员。中人在根据个人缴费时间计发基础养老金与个人账户资金的同时，为弥补养老金不足，再发放过渡性养老金。过渡性养老金发放标准由各省、自治区、直辖市政府根据实际情况制定，并报劳动保障部、财政部备案。广泛采用的标准为，员工参加工作起至退休时的每月缴费工资除以当年度本市在岗职工月平均工资，得到每月缴费指数，将其乘以退休时上年度本市在岗职工月平均工资的指数化月平均缴费工资，按年限确定享受比例×指数化月平均缴费工资。1992 年 7 月前的缴费年限不超过

25 年的中人享受比例为 1992 年 7 月前缴费年限 × 1.2% , 超过 25 年的比例为 30% + (1992 年 7 月前的缴费年限 - 25) × 1% （马骏、张晓蓉和李治国等，2012）。

2.3.3　新人

1997 年后参加工作、缴费年限（含视同缴费年限，下同）累计满 15 年的人员，退休后按月发给基本养老金。基本养老金由基础养老金和个人账户养老金组成。退休时的基础养老金月标准以当地上年度在岗职工月平均工资和本人指数化月平均缴费工资的平均值为基数，缴费每满 1 年发给 1%。个人账户养老金月标准为个人账户储存额除以计发月数，计发月数根据职工退休时城镇人口平均预期寿命、本人退休年龄、利息等因素确定。

此外，《国务院关于完善企业职工基本养老保险制度的决定的规定》（国发〔2005〕38 号）还规定，2005 年前已经离退休的人员，仍按国家原来的规定发给基本养老金，同时执行基本养老金调整办法。2005 年后达退休年龄但缴费年限累计不满 15 年的人员，不发给基础养老金；个人账户储存额一次性支付给本人，终止基本养老保险关系。

2.3.4　自由职业者

由于自由职业者和个体工商户不适用企业缴纳有关规定，《国务院关于完善企业职工基本养老保险制度的决定的规定》（国发〔2005〕38 号）明确规定，"城镇个体工商户和灵活就业人员参加基本养老保险的缴费基数为当地上年度在岗职工平均工资，缴费比例为 20%，其中 8% 计入个人账户，退休后按企业职工基本养老金计发办法计发基本养老金。可见，自由职业者的养老金缴费责任要小于一般企业职工，而给付水平完全相同。

2.4 城乡居民基本养老保险现状

2.4.1 城镇居民养老保险（城居保）

城镇居民养老保险基金主要由个人缴费和政府补贴构成。其中，个人缴费采用个人分档次自愿缴纳，目前分为每年 100 元、200 元、300元、400 元、500 元、600 元、700 元、800 元、900 元、1 000 元 10 个档次，地方政府可以根据实际情况增设和调整缴费档次；政府补贴，由政府对符合待遇领取条件的参保人全额支付城镇居民养老保险基础养老金。其中，中央财政对中西部地区按中央确定的基础养老金标准给予全额补助，对东部地区给予 50% 的补助，地方人民政府给予不低于每人每年 30 元的补贴。

给付方面，养老金待遇由基础养老金和个人账户养老金构成，支付终身。其中基础养老金由政府全额补贴发放，中央确定的基础养老金标准为每人每月 55 元。地方政府可以根据实际情况提高发放标准。政府补贴不能继承，参保人员死亡后政府补贴余额用于继续支付其他参保人的养老金。

由国家为每个参保人员建立终身记录的养老保险个人账户。个人缴费、地方人民政府对参保人的缴费补贴及其他来源的缴费资助，全部计入个人账户。个人账户储存额目前每年参考中国人民银行公布的金融机构人民币一年期存款利率计息。个人账户养老金的月计发标准为个人账户储存额除以 139（与现行职工基本养老保险及新农保个人账户养老金计发系数相同）。

实施时，年满 60 周岁未享受城镇企业职工基本养老保险待遇的城镇居民，可以按月领取养老金。新农保制度实施后达到 60 周岁的农村居民，缴纳新农保制度实施时到满 60 周岁时间段应缴纳的养老保险费后，按月领取养老金。

2.4.2　新型农村居民养老保险（新农保）

新农保基金由个人缴费、集体补助、政府补贴构成。其中个人缴费采用分档次自愿缴纳，目前分为每年 100 元、200 元、300 元、400 元、500 元 5 个档次，并规定地方可以根据实际情况增设和调整缴费档次，同时，还要求国家应依据农村居民人均纯收入增长等情况适时调整缴费档次。从现实情况来看，农村居民缴纳水平绝大多数都仅为 100 元的最低标准。集体补助由有条件的村集体给予补助，补助标准由村民委员会召开村民会议民主确定，并鼓励其他经济组织、社会公益组织、个人为参保人缴费提供资助。但目前笔者尚未见到过有关集体补助的公开数据和新闻报道。政府补贴由中央财政和地方财政全额支付，由中央财政对中西部地区按中央确定的基础养老金标准给予全额补助，对东部地区给予 50% 的补助，地方政府应当对参保人缴费给予补贴，补贴标准不低于每人每年 30 元。

给付方面：国家为每个新农保参保人建立终身记录的养老保险个人账户。个人缴费，集体补助及其他经济组织、社会公益组织、个人对参保人缴费的资助，地方政府对参保人的缴费补贴，全部计入个人账户。个人账户储存额目前每年参考中国人民银行公布的金融机构人民币一年期存款利率计息。个人账户金额可以继承和转移。而政府补贴全部以参保人新农保基础养老金的形式发放，不能转移。个人账户养老金的月计发标准为个人账户全部储存额除以 139（与现行城镇职工基本养老保险个人账户养老金计发系数相同）。

中央确定的基础养老金标准为每人每月 55 元，地方政府可以根据实际情况进行财政补贴以提高基础养老金标准。政府补贴余额不能继承和转移，参保人迁移或去世后该余额用于继续支付其他参保人的养老金。

新农保制度实施时，年满 60 周岁、未享受城镇企业职工基本养老保险待遇的农村居民，可以按月领取养老金。新农保制度实施后达到 60 周岁的农村居民，缴纳新农保制度实施时到满 60 周岁时间段应缴纳的养老保险费后，按月领取养老金。

2.5 政府机关与事业单位退休工资制现状

政府机关与事业单位的养老保险包括原有的退休工资制和已经实行的参与工资制。根据《中华人民共和国社会保险法》，公务员和参照公务员法管理的工作人员养老保险的办法由国务院规定，而事业单位与企业一道，要求加入社会基本养老保险体系。然而，由于事业单位大都是政府主办的非营利机构，许多单位的经费本身也是全额或差额财政拨款，要求事业单位按照企业职工养老保险的标准领取养老金实际上降低了事业单位工作人员的待遇，因而事业单位养老体系一直很难推行，绝大多数单位仍然采用原来的退休工资制进行发放。

政府机关与事业单位退休工资的发放依据是人事部、财政部《关于印发〈关于机关事业单位离退休人员计发离退休费等问题的实施办法〉的通知》（国人部发〔2006〕60 号）。

2.5.1 政府机关公务员

根据《关于机关事业单位离退休人员计发离退休费等问题的实施办法》规定，在养老保险制度建立前，2006 年 7 月 1 日后退休的人员的发放标准如下：公务员退休后的退休费按本人退休前职务工资和级别工资之和的一定比例计发。其中，工作年限满 35 年的，按 90% 计发；工作年限满 30 年不满 35 年的，按 85% 计发；工作年限满 20 年不满 30 年的，按 80% 计发。

2.5.2　事业单位工作人员

事业单位工作人员退休工资的发放标准与公务员类似。事业单位工作人员退休后的退休费按本人退休前岗位工资和薪级工资之和的一定比例计发。其中，工作年限满 35 年的，按 90% 计发；工作年限满 30 年不满 35 年的，按 85% 计发；工作年限满 20 年不满 30 年的，按 80% 计发。

机关技术工人、普通工人退休后的退休费分别按本人退休前岗位工资和技术等级工资之和、岗位工资的一定比例计发。其中，工作年限满 35 年的，按 90% 计发；工作年限满 30 年不满 35 年的，按 85% 计发；工作年限满 20 年不满 30 年的，按 80% 计发。

对于 2006 年 7 月 1 日前退休的政府机关和事业单位工作人员，在原有退休金的基础上进行相应调整。

2.6　本章小结

本章回顾了公共养老金体系的历史沿革和一般规律及各国困境和改革方向，详细阐释了中国公共养老金体系的历史沿革和基本状况。中国的公共养老金体系脱胎于原有的计划经济体制，现主要由城镇职工养老保险、城乡居民基本养老保险、政府机关与事业单位退休工资等三个主要部分组成。

城镇职工养老保险体系是一个混合积累制，包括按照工资 20% 计算的现收现付制的统筹账户、8% 的完全积累制的个人账户。而根据养老金改革文件的出台日期，现有的养老金参与人员可分为 2005 年前退休的"老人"、改革世代的"中人"、文件出台后参加工作的"新人"，"老人"和"中人"改革前的工作年限全部按照全额缴纳养老金的标准发放养老金，即养老金改革的转轨成本全部由公共养老金体系承担。城居保和新农保组成的城乡保采用政府补贴加个人账户的方式运营，政府全额补贴基础养老金，个人账户采用完全积累制进行管理。政府机关和事业单位仍旧实行退休工资制，个人不承担任何缴费义务，退休时工资为退休前的固定比例，并随在职人员工资调整进行适当调整。

第3章 结构变迁经济增长模型

与新古典增长模型注重稳态因而主要适用于发达国家增速低且经济结构稳定的现实，结构变迁经济增长模型更适用于理解中国现阶段的经济增长机制及所面临的问题。一方面，中国作为后发国家，面临经济发展的国内外形势与西方先发国家完全不同，如中国能够通过直接引进西方发达国家的资本和技术来实现赶超式增长，后发国家在相当长一段时间内都将具有显著的后发优势，从而其经济增长将体现出与西方发达国家不同的路径。主流经济学中的新古典增长理论、内生经济增长理论主要解释先发国家经济增长，对于后发国家经济增长并不完全适合。另一方面，大国与小国面临的国内外形势也有重要区别。对大国而言，经济中存在大量的结构性因素，且大国经济增长高度依赖于经济的结构转变，主要基于小国模型的发展经济学也不适用于大国分析。因此，只有着重考虑产业结构变迁的非平衡经济增长模型才能深刻解释中国经济增长的机制与面临的问题，运用新古典经济学方法处理这种结构主义问题的结构变迁经济增长模型还能够为印度、巴西等国家提供较好的借鉴。

如何建立一个含有结构性因素的新古典经济增长模型或是内生经济模型是本文的关键理论问题。这一模型要体现结构变迁经济增长相对于小国模型、旧结构主义模型、发达国家经济史体现的增长模型（如统一增长理论等理论模型）、平衡增长理论模型不同的特点，又要能够在经济到达一定水平后与新古典模型或内生经济增长模型相融合，体现出大国赶超经济的阶段性。这一步的理论困难在于结构性因素的处理，可参照 Laitner（2000）、Kongsamut，Rebelo 和 Xie（2001）、Buera 和 Kaboski（2012）等研究中体现的结构变迁模型处理，将经济增长理解成长时间的结构变迁。

3.1 结构变迁理论综述

结构性因素在近年来得到主流经济学界的高度重视，许多经济学家虽然不再寻求旨在解释全部不发达国家经济增长规律的普遍理论，但仍然试图运用新发展的新古典经济学研究方法研究旧结构主义经济学家们曾经考虑过的问题。由于研究工具已经高度现代化，新的研究得到了许多更有意义的研究结论，形成了一种有别于新古典经济学的研究范式。

旧结构主义经济学通常将增长与发展割裂开来，增长主要考察经济总量的提高，而发展主要考察经济结构的变化，然而这一划分却随着旧结构主义发展经济学的衰落而失去作用，经济结构也成为经济增长理论的重要内容。由于不再强调增长与发展的区别，增长中的结构变迁等问题就自然成为增长经济学家们的研究课题，与发展经济学家们不同，增长经济学家们大都是主流经济学，采用的是与现代宏观经济学普遍的动态最优化分析方法与计量经济学工具进行分析，因而使结构问题研究终于纳入主流经济学的研究范围。Acemoglu（2009）作为最新经济增长理论的百科全书式的教科书，用了两章的篇幅介绍经济增长中的结构变迁与转换，足见结构在现代经济增长理论中的重要性。

结构问题的实质就是长期的异质性，即某类消费者或厂商行为在特定范围内有着相对稳定的不同行为模式。因而，这种结构带来的异质性，会对一般均衡分析带来较大变化，使模型均衡解、动态路径等表现出不同于经典的新古典模型。

应当说明的是，我们这里提到的结构变迁的经济学与林毅夫（Lin，2010；林毅夫，2012）所提出的新结构经济学虽然有着许多联系，但也有着重要区别。林毅夫敏锐地注意到旧结构主义发展经济学在理论与方法论上的缺陷和新古典经济学在解释发展中国家经济增长与结构变迁时的局限，但他所提出的以要素禀赋结构为中心的新结构经济学虽然与旧结构主义经济学相比有了一定的进步，但这种研究范式仍停留在设想阶段，其对新古典经济学研究方法的运用与更新尚未做出系统性的正规理论架构，而我们下面即将介绍的已渐露雏形的西方结构变迁经济学已有了许多正式模型与实证分析。我们期待林毅夫教授的团队在吸收新古典经济学与结构变迁经济学的基础上，作出更进一步的理论贡献。

由于目前并没有关于结构变迁经济学的准确定义，我们将运用新古典经济学方法考察经济中结构性特征与结构变迁的研究统称为结构变迁经济学，那么根据这一标准，至少在西方主流经济学界可包括如下理论分支。

3.1.1 人口结构变化与统一经济增长理论

产业革命以来，各国人口结构都发生了重要变化，随着现代医疗技术的建立，大多数国家的人口都结束了出生率高与死亡率高导致的人口总数稳定的状态，死亡率大幅下降，人口迅速增长。随着经济的增长，人们不愿意抚养过多孩子，发达国家迅速进入了出生率低、死亡率低的状态，近年来发达国家纷纷进入老龄化社会。这一人口结构的转变意味着劳动供给、人力资本供给、产业结构等都必须发生重要变化，具有重要的经济意义。许多学者就人口转变做出了重要研究，解释了人口变迁的原因与机制，详尽地剖析了人口结构变化对资本、劳动、人力资本等生产要素供给及增长的影响，其中最有代表性的研究包括 Barro 和 Becker（1989）、Becker，Murphy 和 Tamura（1990）、Kremer（1993）、Goodfriend 和 McDermott（1995）、Tamura（1996）、Dahan 和 Tsiddon（1998）、Galor 和 Weil（2000）、Lee 和 Mason（2010）等。

人口结构变迁研究将生育选择引入经济增长的一般均衡模型，探讨生育选择的决定及其对其他经济变量的影响。这些模型有的引入了父母对子女的利他主义，更多的是在世代交叠模型框架下讨论年轻人与老年人的行为差异的异质性，从而使模型具有新结构主义的特点。由于利他主义或对子女养老的需求，使成年父母必须关心子女数量及他们的生活状况，当子女数量与质量（人力资本）之间存在替代权衡的关系时，且抚养子女会带来较高直接成本与机会成本，随着生活水平的提高人们会选择少生子女，而更关注子女的教育情况，这就使出生率降低、年轻人受教育水平提高。人口出生率降低会带来人口老龄化，由于老年人只有消费、不再储蓄，人口老龄化将降低资本积累，可能会对经济增长带来影响，因而必须通过提高人力资本等方式弥补以保证经济持续增长。由于人口老龄化趋势已经逐渐向发展中国家扩散，人口结构变迁模型对于各发展中国家也有着重要启示。

统一经济增长理论是 Galor（2005）、Galor（2011）等在人口变迁理论基础上建立的超长期经济增长模型，可看成是与旧结构主义经济学的发展。Galor 建立了从传统经济即马尔萨斯均衡状态向现代经济持续增长的均衡的结构转变过程的正规化模型，这个模型包括个人和厂商行为的最优化及动态过程，因而是典型的一般均衡分析框架，在这个框架中，引入了个人消费的最低生存水平，从而蕴含了无技术条件下的马尔萨斯均衡，并引入了人力资本与技术进步，以及父母对子女数量与质量的折中考虑，从而保证了现代社会均衡的存在。Galor 的模型对于西方自发产生产业革命与技术进步的原发性资本主义经济发展历史有着很强的解释力，也能很好地进行实证和政策分析，因而有着很强的实用性。

3.1.2 基于产业结构变迁等的结构变迁理论

产业结构变化是发展中国家经济增长过程中的重要典型事实，因而产业结构变迁是结构变迁理论的核心。产业结构变化的最新研究主要有两种思路，一是引入需求的结构性变化，或者说引入非位似需求函数，即假定随着收入的提高，消费者在工业和服务业产品上的消费比例逐渐提高，从而导致产业结构不平衡增长，这一路径研究的典型研究如 Echevarria（1997）、Laitner（2000）、Kongsamut，Rebelo 和 Xie（2001）、Foellmi（2005）、Foellmi 和 Zweimuller（2008）、Buera 和 Kaboski（2012）等。我们以 Kongsamut，Rebelo 和 Xie（2001）（KRX）为例进行简单介绍。KRX 采用了 Geary-Stone 形式的需求函数，即

$$U\ (C_t)=(C_t^A-\gamma^A)^{\eta^A}+(C_t^M)^{\eta^M}+(C_t^s+\gamma^s)^{\eta^s} \tag{3.1}$$

其中，A、M 和 S 分别代指农业、工业和服务业产品，农业品存在着最低生存消费，而服务品由于家庭服务等存在而无须计入货币消费但须进入效用函数。由式（3.1）可知，随着经济增长和个人收入的增加，经济中自然会产生对于工业和服务业产品消费的更大需求。尽管从各产业产出与就业比重来看，增长路径表现出不平衡的形态，经济中仍然存在与卡尔多事实一致的广义平衡增长路径（即长期实际利率保持不变）。

由于许多研究结果表明单靠需求结构很难解释工业和服务业消费的比例上涨的速度，因而产生了另一思路，即假定各产业部门有着不同的生产率，从而劳动、资本等生产要素在不同部门间的配置会带来产业结构的变化，如 Acemoglu 和 Guerrieri（2008）、Matsuyama（2002）、Ngai 和 Pissarides（2007）等。以 Acemoglu 和 Guerrieri（2008）为例，其关键假设是现代部门与传统部门的生产率有着重要差异。

$$Y_1(t)=A_1(t)K_1(t)^{\alpha_1}L_1(t)^{1-\alpha_1}$$
$$Y_2(t)=A_2(t)K_2(t)^{\alpha_2}L_2(t)^{1-\alpha_2} \tag{3.2}$$
$$\alpha_1<\alpha_2$$

式（3.2）的问题是现代部门与传统部门之间生产率的差距为人为设定，这种方法显然与现代经济增长理论重视内生化的趋势不相符合。同时，这些研究主要是基于西方发达国家的增长历史，第二、第三产业

的产生和发展都是自发和机械产生的，因而并不适合目前发展中国家的实际情况，特别是这些模型对于各产业部门的生产函数的假定过于机械，不太符合目前发展中国家的现状。因而，在这些模型的基础上发展适应中国等目前发展中国家的产业结构变迁模型非常有必要。

3.1.3　基于空间结构性的空间经济学

空间上的异质性是经济学家、地理学家很早就发现了的现象，但空间结构进入主流经济学则是很晚的事情了。尽管如此，经济学家观测到经济活动的空间聚集即城市化现象，以及因地理位置不同与要素流动不畅的国际贸易问题，这也成为旧结构主义发展经济学、区位学、国际贸易理论等学科试图讨论的问题，这些学者们运用各种方法得出了许多有益的结论，但由于这些研究方法与主流经济学难以兼容，因而空间经济问题研究也一直未能进入主流经济学，而国际贸易理论也抽象掉了空间位置，以对事实大幅背离的代价进入主流经济学。

随着战后发展中国家城市化的迅速发展，国际贸易推动的全球化进程日益加快，主流经济学日益难以回避空间结构性问题，但主流经济学缺乏对空间结构性研究的工具，因为当时的主流经济学是建立在完全竞争市场的基础上的，而引入空间性之后必然要引入不完全竞争甚至寡头垄断作为微观经济研究的起点，而建立在不完全竞争微观基础上的一般均衡模型要在 20 世纪 70 年代末才能够得以建立。与此同时，城市化即经济活动的空间集聚表明经济中蕴含了明显的外部性，而外部性在当时的主流经济学中是作为市场失灵进行处理的，因而也缺乏将市场失灵的外部性纳入经济增长模型进行处理的工具。另外，传统的国际贸易理论主要基于要素禀赋、偏好或生产技术的差异，难以解释"二战"后这些条件都非常相似的发达资本主义国家之间国际贸易的产生，而亚当·斯密在国富论中提到的分工导致规模报酬递增的理论也许非常有利于解释这一现象，但由于缺乏对分工与国际贸易的模型处理工具，国际贸易理论也难以得到进一步发展。

　　研究工具缺乏的问题在一系列产业组织理论的论文特别是 Dixit 和 Stiglitz（1977）发表后得到解决。该文提供了一个垄断竞争的模型框架，能很好地将不完全竞争、报酬递增与分工放入一个一般均衡框架进行分析，正是这一理论的发展带来了新增长理论（特别是熊彼特质量阶梯模型）的突破性进展，也赋予了经济地理学/空间经济学和新国际贸易理论发展的重要契机。

　　经济学家将空间结构性引入 DS 模型，开创了新贸易理论与空间经济学①。Krugman（1980）、Krugman（1991）等在 DS 模型框架下，假定制造业产品运输存在冰山成本，即由于距离的加长带来的成本增加货物价值会逐渐下降，同时制造业工人可以自由流动，而农产品无运输成本，农业工人不可流动，则经济中由于制造业逐渐聚集能产生出一个中心—外围格局。这种中心—外围格局对于发展中国家广为存在的区域结构性及由经济活动的聚集带来的城市化现象有着很好的解释力。Helpman 和 Krugman（1985）在 DS 模型的基础上提出了新贸易理论，他们的理论表明，即使不存在偏好、技术或要素禀赋的差异，企业对规模经济的追求就能内生出国家间产业分工与集聚，从而产生国际贸易。这一模型对于发达国家之间广泛存在的产业间贸易能做出较好的解释。

　　空间经济学的进步还在于努力融合经济地理学与国际贸易理论。事实上，在克鲁格曼的许多论述中并没有区分经济地理学理论与国际贸易理论，他认为一方面随着欧盟的建立与发展国家界限的日益模糊，国际贸易与区域贸易的差异日益减少；另一方面对于大国而言，区域间要素

---

　　① 经济地理学原本是区位学家、区域科学家们集中的研究领域，而城市经济学、空间经济学等则是应用经济学家们的一个重要研究领域，但在克鲁格曼等人的努力下，这两个领域已经逐渐融合，经济地理学成功地融入了主流经济学，这从诺贝尔奖授予克鲁格曼即可看出。因此我们现在不必探讨经济地理学与空间经济学之间或许存在的研究兴趣差异，在这里我们统一称为空间经济学。可参考藤田昌久、克鲁格曼和维纳布尔斯（2005）；库姆斯、迈耶和蒂斯（2011）等。

与产品流动的距离与困难程度并不比小国之间的小，更重要的是这两个领域都体现了相同的不完全竞争与规模经济的作用，因而可以用同样的方法来分析（克鲁格曼，2000a，2000b），藤田昌久、克鲁格曼和维纳布尔斯（2005）则直接将经济地理学、城市经济学与国际贸易都纳入空间经济学的范围内。空间经济学对空间结构性问题的考察由于也是遵循了按照新古典经济学研究方法、注重经济主体理性和一般均衡研究等要求，因而也可视为结构变迁经济学的重要发展。

本书考虑的结构变迁是以产业结构为主的，考虑人口结构与空间结构的经济发展过程。这是因为产业结构决定了经济发展阶段乃至国民收入水平，而人口结构和空间结构是经济发展阶段与国民收入的产物。因而，本书考虑的结构变迁模型中，经济增长不是由外生的人口增长或技术增长决定的，也不是由内生的种类扩展或质量上升决定的。根据发展中国家结构变迁的事实，经济增长可以由结构变迁本身所带来，工业部门不断扩大的产出可以为整个经济提供丰富的资本，从而促进经济增长。

3.2　中国经济增长的典型化事实

许多研究表明名，中国经济增长与英美等发达国家、苏东共产主义国家、其他发展中国家相比有着许多不同的特点，因而在使用理论对中国经济进行分析时，必须考虑中国经济增长的典型事实。许多中国学者尝试归纳中国经济增长事实，而最有代表性的归纳是由中国经济增长与宏观稳定课题组（2006）、中国经济增长与宏观稳定课题组等（2009）所给出的，但刘霞辉、张平和张晓晶（2008）对 1979—2009 年中国经济面临的结构变迁事实进行了全面总结。综合有关研究结论，我们可以将中国经济增长的典型化事实归纳如下。

（1）中国经济经历了数十年的高速增长，其增长轨迹是一条非平稳的曲线，表现出鲜明的增长加速的特点；

（2）大规模要素积累是经济增长最重要的推动力，技术进步与生产性投资保持着稳定的比例关系；

（3）经济中存在城乡结构、所有制结构、区域结构等各种结构性因素，这些结构性因素将经济区隔为相对独立的不同子系统，不同子系统有着不同的经济行为特点；

（4）随着经济的快速增长，经济结构发生重要的变化，但这些经济结构变化将持续很长时间，结构改革推动的市场化、工业化、城市化等是长期经济增长的重要推动力；

（5）政府在经济中有着重要的影响力，经济体制改革、出口导向、政府干预等经济政策对于促进增长起到显著的积极作用；

（6）市场经济制度不完善，产权保护、治理水平、金融发展水平等制度环境仍未能完全建立，但随着经济的增长在不断完善。

我们认为，城乡结构、所有制结构、区域结构、产业结构是中国经济中最为重要的结构问题（或许还可以加上人口结构），也是中国经济增长理论模型建立的基准。有许多研究提出，中国经济中投资比重过大，投资—消费结构是中国经济的重要结构问题，但这一思路可能混淆了时间点上的国民经济核算问题与长期经济增长问题，应该是一个伪命题。投资与消费的权衡，是未来消费与当期消费的权衡，在中国经济快速增长的阶段，居民、企业与政府减少当期消费以获得未来更多消费完全可以理解为是理性行为，特别是目前中国经济中资本存量远低于世界平均水平与发达国家相同发展阶段水平，随着增长阶段的演进，消费—投资结构问题会自然消失，因而不必过于担心。至于由于地方政府出于政绩考虑不断加大基础设施投资可能出现的过度投资行为，其本质是所有制结构与经济治理结构的问题。

中国经济增长的上述典型化事实，与中国经济所处的增长阶段基本对应。用 GDP 来衡量，改革开放三十多年来的高速发展，中国经济人均 GDP 从 1978 年的 155 美元增长为 2010 年的 4 428 美元（World Bank，2012），换言之，从世界银行定义的低收入国家逐渐成长为中低收入国家、中高收入国家。由于所处阶段的不同，中国所表现出来的增长表现自然与英美等发达国家有所不同，适用于发达国家的新古典经济增长理论和新经济理论对中国经济的适用性必然是大打折扣的。因而，把握中国经济的结构性和阶段性，是运用经济增长理论进行解释和政策推导最重要的出发点，这就是我们推崇基于新古典研究方法的结构变迁增长理论的原因。

3.3 基于结构变迁的经济增长模型

现有的经济增长文献集中于解释卡尔多事实，将经济增长的源泉要么归结为资本或劳动投入（人口）要素的增加，要么归结为外生的技术进步，特别是在典型的新古典的拉姆齐经济增长框架下，只能通过假定人口或技术的外生增长以实现经济的持续稳定增长，在人口增长未必导致经济增长和技术进步往往难以迅速实现的现实面前，这一角度的经济增长研究只能提供令人沮丧的结论。而进一步探讨产品多样性和质量阶梯的内生增长理论虽然解开了技术进步的面纱，但技术进步以促进经济增长的目标仍然短期内难以企及，特别是对于发展中国家而言，技术进步更多是通过资本引进或者说资本嵌入型技术来实现的，相比技术进步而言，资本深化可能更为重要。同时，在现实经济问题和政策研究中，内生经济增长理论相较于新古典理论更难于实证，使其在现实中的可应用性大打折扣。因此，结构变迁理论也许更适用于解释发展中国家的经济增长现象，并有助于从产业结构角度为经济增长提供更有操作性的政策建议。

本节旨在通过建立一个三部门的结构转型一般均衡模型，为中国乃至其他发展中国家的经济增长提供一个简单的分析框架，并为分析中国的养老金改革问题提供一个宏观经济学理论背景。为与传统的新古典增长理论和内生增长理论做出区分，并为与这两种经济理论及新老卡尔多事实提供联系的接口，本节假定经济中不存在人口增长、技术进步，在一定区间增长行为均来自于劳动和资本的部门间配置及工业部门一定程度的规模报酬递增，并表现出稳态、增长率收敛和存在鞍点路径等新古典增长理论的特点。在本节的分析基础上，可引进人口增长和技术进步，以与新古典增长理论和内生增长理论相联系，若将模型扩展到开放经济，则能分析贫困陷阱、中等收入陷阱等现实问题。

3.3.1 厂商行为

经济中共有农业 A、工业 M 和服务业 S 三个部门。每个部门除资本 K 和劳动 L 外，还有一个部门专用的生产要素（sector-specific input），其中农业为土地 Z，工业为基础设施 G，服务业为人力资本 H。假定农业和服务业的生产对于三个生产要素而言都满足规模报酬不变的假定，而工业的生产仅对于资本和劳动满足规模报酬不变，以反映企业进行决策将基础设施供给水平视为外生的事实。则生产函数满足①

$$
\begin{aligned}
Y_t^A = y_t^A \quad & Y_t = c^A \ (K_t^A)^{\alpha} \ (L_t^A)^{\beta} Z_t^{1-\alpha-\beta} \\
Y_t^M = y_t^M \quad & Y_t = c^M \ (K_t^M)^{\varphi} \ (L_t^M)^{1-\varphi} G_t^{\psi} \\
Y_t^S = y_t^S \quad & Y_t = c^s \ (K_t^S)^{\gamma} \ (L_t^S)^{\lambda} H_t^{1-\gamma-\lambda}
\end{aligned}
\tag{3.3}
$$

$$
\begin{aligned}
K_t = K_t^A + K_t^M + K_t^S = (a_t^A + a_t^M + a_t^S) \cdot K_t \\
L_t = L_t^A + L_t^M + L_t^S = (b_t^A + b_t^M + b_t^S) \cdot L_t
\end{aligned}
\tag{3.4}
$$

---

① 在式（3.3）中，即使假设土地 Z 是不变常数，该生产函数也不能退化为只包含 K 和 L 的函数，因为土地所有者能在产出分配中得到地租，以符合新古典生产理论有关规模报酬不变的假定。同样，在服务业生产函数中，人力资本所得者（主要是拥有高等教育北京的劳动者）还能收获除劳动工资之外的人力资本回报，以区别普通工人的工资。而在工业部门生产函数中，基础设施作为公共物品，假定由政府无偿提供，因而在工业品分配中得不到任何补偿。

其中，α，φ，γ 分别为农业、工业和服务业部门的资本产出弹性，β，$1-\varphi$，λ 分别为三个部门的劳动产出弹性，$1-\alpha-\beta$，$1-\gamma-\lambda$ 分别为土地与人力资本的产出弹性。基础设施的产出弹性设置是参考 Futagami，Morita 和 Shibata（1993）等的设定以保证工业部门产出对资本与基础设施的规模报酬不变，同时又能将基础设施作为公共产品提供使总产出的分配可以只用于资本与劳动两种要素。假定 $\alpha > \varphi > \gamma$，$\beta < 1-\varphi < \lambda$，即三部门中的资本密集程度与劳动密集程度都不相同①。

假定资本只能由工业部门积累，则在工业品产出在缴纳比例为τ_t的产出税之后，除了消费M_t之后，还要用于投资和资本折旧（折旧率为δ_K），即

$$\dot{K}_t = (1-\tau_t)\ Y_t^M - M_t - \delta_K K_t \tag{3.5}$$

3.3.2 消费者行为

消费者效用函数采用 CRRA 的形式，即

$$U_t = \int_0^\infty e^{-\rho t} \frac{C_t^{1-\sigma}-1}{1-\sigma} \mathrm{d}t \tag{3.6}$$

其中，消费由三部门产品采用 Stone-Geary 加总形式构成，即

$$C_t = (A_t - \overline{A})^\xi \cdot M_t^\theta \cdot (S_t + \overline{S})^\zeta \tag{3.7}$$

参照 Kongsamut，Rebelo 和 Xie（2001），假定 $\xi + \theta + \zeta = 1$。$\overline{A}$，$\overline{S}$ 分别为农业品的生存消费水平和服务业的家庭生产服务水平，二者均假定为常数。

---

① 一些实证研究有不同结论，如 Dekle 和 Vandenbroucke（2012）认为中国农业的资本份额仅为 0.12，而非农部门高达 0.54，但他们的研究并未处理不同部门相对价格的变化效应，由于农产品的价格上涨会夸大资本对增长的贡献从而高估资本份额。Valentinyi 和 Herrendorf（2008）对美国三部门间要素份额的严谨计量分析表明，即便剔除土地的要素份额，农业中的资本份额也要略高于其他部门，而服务业的资本份额要低于制造业。本书采用 Valentinyi 和 Herrendorf（2008）的结果。

消费者面临的约束条件为

$$A_t + M_t + S_t = (1 - \tau_t)\ Y_t - (\dot{K}_t + \delta K_t) \tag{3.8}$$

简单的运算可以证明，式（3.8）与式（3.5）等价。

3.3.3 政府行为

参照 Devarajan，Swaroop 和 Zou（1996）及 Futagami，Morita 和 Shibata（1993）等的做法，假定政府对产出征收比例税，税率为 τ_t，税收收入用于提供基础设施与人力资本，即有

$$\tau_t\ (Y_t^A + Y_t^M + Y_t^S) = \dot{G}_t + \delta^G G_t + \dot{H}_t + \delta^H H_t \tag{3.9}$$

式（3.9）假定 $\dot{H}_t$ 为政府用于人力资本生产的投资，这一投资可以理解为在教育、医疗、社保等方面的投入。之所以假定基础设施由政府提供，是因为基础设施主要是公共物品，虽然在现实中可以由私人部门提供，但这些部门的产出与定价往往仍然是置于政府部门的监管之下，而且从实质上说，道路等基础设施向广泛的用户收费与财政税收是一致的，特别是当面向的用户与纳税人集体重合度非常高的时候。同样，在代表性经济人假定下，个人用于人力资本储蓄和政府在人力资本的投资本质上也是一样的。同时，将人力资本定义为政府在人力资本方面的投资减去折旧，是简便的人力资本衡量方法（参见 Kendrick，1976；Mankiw，Romer 和 Weil，1992 等）。式（3.9）可写成

$$\dot{G}_t + \dot{H}_t = \tau_t Y_t - \delta^G G_t - \delta^H H_t \tag{3.10}$$

3.3.4 静态配置分析

消费者的静态配置问题是在 t 期通过选择三种消费品数量以实现效用最大化，该问题可表述为在式（3.8）的约束下最大化式（3.6）。约束方程可记为

$$Y_t = A_t + M_t + \dot{K}_t + \delta K_t + S_t + \tau_t\ (Y_t^A + Y_t^M + Y_t^S) \tag{3.11}$$

式 (3.11) 可进一步简化为

$$(1 - \tau_t) \ Y_t = A_t + M_t + S_t + \dot{K}_t + \delta K_t \tag{3.12}$$

则最优化问题可表示为

$$\max_{A,M,S} U = \frac{((A_t - \overline{A})^{\xi} \cdot M_t^{\theta} \cdot (S_t + \overline{S})^{\zeta})^{1-\sigma} - 1}{1 - \sigma} \tag{3.13}$$

$$\text{s. t.} \ (1 - \tau_t) \ Y_t = A_t + M_t + S_t + \dot{K}_t + \delta K_t$$

则求该最优化配置问题可得①

$$\frac{A_t - \overline{A}}{\xi} = \frac{M_t}{\theta} = \frac{S_t + \overline{S}}{\zeta} \tag{3.14}$$

可将农产品与服务品用工业品表示为

$$A_t = \frac{\xi}{\theta} M_t + \overline{A} \tag{3.15}$$

$$S_t = \frac{\zeta}{\theta} M_t - \overline{S} \tag{3.16}$$

由于农产品与服务品没有积累，全部在当期消费，则可将各部门产出表示为工业品消费、资本与税率的函数

$$Y_t^A = \frac{A_t}{1 - \tau_t} = \frac{1}{1 - \tau_t} \ (\frac{\xi}{\theta} M_t + \overline{A})$$

$$Y_t^M = \frac{1}{1 - \tau_t} \ (M_t + \dot{K}_t + \delta K_t) \tag{3.17}$$

$$Y_t^S = \frac{S_t}{1 - \tau_t} = \frac{1}{1 - \tau_t} \ (\frac{\zeta}{\theta} M_t - \overline{S})$$

农业品与服务品产出服从以下关系

$$Y_t^S = \frac{S_t}{1 - \tau_t} = \frac{1}{1 - \tau_t}\left(\frac{\zeta \ (A_t - \overline{A})}{\xi} - \overline{S}\right) = \frac{\zeta}{\xi} Y_t^A - \frac{1}{1 - \tau_t}\left(\frac{\zeta}{\xi}\overline{A} + \overline{S}\right) \tag{3.18}$$

① 注意到式 (3.14) 与 Kongsamut，Rebelo 和 Xie (2001) 及 Kongsamut，Rebelo 和 Xie (1997) 等相比，去除了价格因素，这是因为本文增加了一个约束条件，使总价值水平与总数量水平保持相等。

厂商的静态配置问题是在假定资本、劳动、基础设施、人力资本等生产要素与工资、利率等价格给定的条件下，选择劳动与资本在三种产品生产中的配置以实现利润最大化。假定劳动和资本在三部门中可以流动，但农业部门资本与其他部门之间的流动需要付出一定量的调整成本，该调整成本由土地上附着的水利设施与农业机械的专用性等原因造成，因而调整成本与土地数量和劳动生产率有关。假定其他部门劳动若要进入服务业获取人力资本的回报需要付出表现为专门技能培训的调整成本，这一成本也与服务业的劳动生产率有关。为简洁起见，假定资本向农业部门流动的调整成本与地租相同，劳动向服务业流动的调整成本与人力资本回报相等，从而则税前利率和税前工资满足以下等式

$$R_t = \frac{\partial Y_t}{\partial K_t} = \frac{\alpha Y_t^A + \varphi Y_t^M + \gamma Y_t^S}{K_t} = \frac{\alpha Y_t^A}{a_t^A K_t} = \frac{\varphi Y_t^M}{a_t^M K_t} = \frac{\gamma Y_t^S}{a_t^S K_t}$$

$$(3.19)$$

$$w_t = \frac{\partial Y_t}{\partial L_t} = \frac{\beta Y_t^A + (1-\varphi) Y_t^M + \lambda Y_t^S}{L_t} = \frac{\beta Y_t^A}{b_t^A L_t} = \frac{(1-\varphi) Y_t^M}{b_t^M L_t} = \frac{\lambda Y_t^S}{b_t^S L_t}$$

则有

$$\frac{w_t}{R_t} = \frac{\frac{\beta}{b_t^A L_t}}{\frac{\alpha}{a_t^A K_t}} = \frac{\frac{1-\varphi}{b_t^M L_t}}{\frac{\varphi}{a_t^M K_t}} = \frac{\frac{\lambda}{b_t^S L_t}}{\frac{\gamma}{a_t^S K_t}} = \frac{\frac{\beta Y_t^A + (1-\varphi) Y_t^M + \lambda Y_t^S}{L_t}}{\frac{\alpha Y_t^A + \varphi Y_t^M + \gamma Y_t^S}{K_t}}$$

$$(3.20)$$

由式（3.20）可以求得资本份额与劳动份额的关系

$$a_t^A = \frac{\alpha\lambda (1-\varphi) b_t^A}{\alpha\lambda (1-\varphi) b_t^A + \beta\lambda\varphi b_t^M + \beta\gamma (1-\varphi) b_t^S}$$

$$a_t^M = \frac{\beta\lambda\varphi b_t^M}{\alpha\lambda (1-\varphi) b_t^A + \beta\lambda\varphi b_t^M + \beta\gamma (1-\varphi) b_t^S}$$

$$(3.21)$$

$$a_t^S = \frac{\beta\gamma (1-\varphi) b_t^S}{\alpha\lambda (1-\varphi) b_t^A + \beta\lambda\varphi b_t^M + \beta\gamma (1-\varphi) b_t^S}$$

由式（3.19）可推导出资本与劳动在各产业分配份额的决定方程

$$a_t^A = \frac{\alpha Y_t^A}{\alpha Y_t^A + \varphi Y_t^M + \gamma Y_t^S} = \frac{\alpha A_t}{\alpha A_t + \varphi\ (M_t + \dot{K}_t + \delta K_t) + \gamma S_t}$$

$$= \frac{\alpha\left(\dfrac{\xi}{\theta}M_t + \overline{A}\right)}{\left(\alpha\dfrac{\xi}{\theta} + \varphi + \gamma\dfrac{\zeta}{\theta}\right)M_t + \alpha\overline{A} - \gamma\overline{S} + \varphi\dot{K}_t + \varphi\delta K_t}$$

$$a_t^M = \frac{\varphi Y_t^M}{\alpha Y_t^A + \varphi Y_t^M + \gamma Y_t^S} = \frac{\varphi\ (M_t + \dot{K}_t + \delta K_t)}{\alpha A_t + \varphi\ (M_t + \dot{K}_t + \delta K_t) + \gamma S_t}$$

$$= \frac{\varphi\ (M_t + \dot{K}_t + \delta K_t)}{\left(\alpha\dfrac{\xi}{\theta} + \varphi + \gamma\dfrac{\zeta}{\theta}\right)M_t + \alpha\overline{A} - \gamma\overline{S} + \varphi\dot{K}_t + \varphi\delta K_t}$$

$$a_t^S = \frac{\gamma Y_t^S}{\alpha Y_t^A + \varphi Y_t^M + \gamma Y_t^S} = \frac{\gamma S_t}{\alpha A_t + \varphi\ (M_t + \dot{K}_t + \delta K_t) + \gamma S_t}$$

$$= \frac{\gamma\left(\dfrac{\zeta}{\theta}M_t - \overline{S}\right)}{\left(\alpha\dfrac{\xi}{\theta} + \varphi + \gamma\dfrac{\zeta}{\theta}\right)M_t + \alpha\overline{A} - \gamma\overline{S} + \varphi\dot{K}_t + \varphi\delta K_t} \tag{3.22}$$

$$b_t^A = \frac{\beta Y_t^A}{\beta Y_t^A + (1-\varphi)\ Y_t^M + \lambda Y_t^S} = \frac{\beta A_t}{\beta A_t + (1-\varphi)\ (M_t + \dot{K}_t + \delta K_t) + \lambda S_t}$$

$$= \frac{\beta\left(\dfrac{\xi}{\theta}M_t + \overline{A}\right)}{\left(\beta\dfrac{\xi}{\theta} + 1 - \varphi + \lambda\dfrac{\zeta}{\theta}\right)M_t + \beta\overline{A} - \lambda\overline{S} + (1-\varphi)(\dot{K}_t + \delta K_t)}$$

$$b_t^M = \frac{(1-\varphi)\ Y_t^M}{\beta Y_t^A + (1-\varphi)\ Y_t^M + \lambda Y_t^S} = \frac{(1-\varphi)\ (M_t + \dot{K}_t + \delta K_t)}{\beta A_t + (1-\varphi)\ (M_t + \dot{K}_t + \delta K_t) + \lambda S_t}$$

$$= \frac{(1-\varphi)\ (M_t + \dot{K}_t + \delta K_t)}{\left(\beta\dfrac{\xi}{\theta} + 1 - \varphi + \lambda\dfrac{\zeta}{\theta}\right)M_t + \beta\overline{A} - \lambda\overline{S} + (1-\varphi)\ (\dot{K}_t + \delta K_t)}$$

$$b_t^S = \frac{\lambda Y_t^S}{\beta Y_t^A + (1-\varphi)\ Y_t^M + \lambda Y_t^S} = \frac{\lambda S_t}{\beta A_t + (1-\varphi)\ (M_t + \dot{K}_t + \delta K_t) + \lambda S_t}$$

$$= \frac{\lambda\left(\dfrac{\zeta}{\theta}M_t - \bar{S}\right)}{\left(\beta\dfrac{\xi}{\theta} + 1 - \varphi + \lambda\dfrac{\zeta}{\theta}\right)M_t + \beta\bar{A} - \lambda\bar{S} + (1-\varphi)\ (\dot{K}_t + \delta K_t)} \quad (3.23)$$

将式（3.17）代入式（3.19）的第一个等式，则有

$$K_t = \frac{(\xi\alpha + \theta\varphi + \gamma\zeta)}{R_t\theta - \varphi\delta\theta}M_t + \frac{\alpha\theta\bar{A} - \gamma\theta\bar{S}}{R_t\theta - \varphi\delta\theta} + \frac{\varphi\theta}{R_t\theta - \varphi\delta\theta}\dot{K}_t \quad (3.24)$$

3.3.5　动态最优分析

首先考虑消费者效用最大化问题，即消费者在假定税率和公共支出给定的条件下实现效用最大化，即

$$\max U_t = \int_0^\infty e^{-\rho t}\frac{((A_t - \bar{A})^{\xi}\cdot M_t^{\theta}\cdot(S_t + \bar{S})^{\zeta})^{1-\sigma} - 1}{1-\sigma}\mathrm{d}t \quad (3.25)$$

在这个最大化问题中，消费者要决定消费与投资工业品的数量，即由式（3.5）决定的资源约束方程。对政府而言，政府不拥有自己的效用函数，政府的问题是如何通过税收和支出手段达到消费者效用最大化。因此，这一消费者效用最大化问题是一个约束条件下的动态最优化问题，状态变量为 K，G，H，运动方程为式（3.5）与式（3.10）。约束方程包括式（3.17）代表的农业部门和服务业部门资源约束方程。则可构建如下 Hamilton 方程

$$H_t = e^{-\rho t}\frac{((A_t - \bar{A})^{\xi}\cdot M_t^{\theta}\cdot(S_t + \bar{S})^{\zeta})^{1-\sigma} - 1}{1-\sigma}$$

$$+\mu_1\ ((1-\tau_t)\ Y_t^M - M_t - \delta^K K_t) + \mu_2\ (\tau_t\ (Y_t^A + Y_t^M + Y_t^S) \quad (3.26)$$

$$-\delta_G G_t - \delta_H H_t) + \pi_1\ (\ (1-\tau_t)\ Y_t^A - A_t) + \pi_2\ (\ (1-\tau_t)\ Y_t^S - S_t)$$

求解一阶条件并应用最大值定理，有

$$\frac{\partial H_t}{\partial A_t} = \frac{\xi e^{-\rho t}((A_t - \bar{A})^{\xi}\cdot M_t^{\theta}\cdot(S_t + \bar{S})^{\zeta})^{1-\sigma}}{A_t - \bar{A}} - \pi_1 = 0 \quad (3.27)$$

$$\frac{\partial H_t}{\partial M_t} = \frac{\theta e^{-\rho t}((A_t - \bar{A})^{\xi}\cdot M_t^{\theta}\cdot(S_t + \bar{S})^{\zeta})^{1-\sigma}}{M_t} - \mu_1 = 0 \quad (3.28)$$

$$\frac{\partial H_t}{\partial S_t} = \frac{\zeta \mathrm{e}^{-\rho t} ((A_t - \overline{A})^\xi \cdot M_t^\theta \cdot (S_t + \overline{S})^\zeta)^{1-\sigma}}{S_t + \overline{S}} - \pi_2 = 0 \qquad (3.29)$$

$$\frac{\partial H_t}{\partial \tau_t} = (\mu_2 - \pi_1) \ Y_t^A + (\mu_2 - \mu_1) \ Y_t^M + (\mu_2 - \pi_2) \ Y_t^S = 0 \quad (3.30)$$

欧拉条件为

$$\frac{\partial H_t}{\partial K_t} = -\dot{\mu}_1 = (\mu_2 \tau_t + \pi_1 \ (1 - \tau_t)) \ \alpha \frac{Y_t^A}{K_t}$$

$$+ (\mu_2 \tau_t + \mu_1 \ (1 - \tau_t)) \ \varphi \frac{Y_t^M}{K_t} \qquad\qquad (3.31)$$

$$+ (\mu_2 \tau_t + \pi_2 \ (1 - \tau_t)) \ \gamma \frac{Y_t^S}{K_t} - \mu_1 \delta_K$$

$$\frac{\partial H_t}{\partial G_t} = -\dot{\mu}_2 = \mu_1 \ (1 - \tau_t) \ (1 - \varphi) \frac{Y_t^M}{G_t} + \mu_2 \tau_t \ (1 - \varphi) \frac{Y_t^M}{G_t} - \mu_2 \delta_G \quad (3.32)$$

$$\frac{\partial H_t}{\partial H_t} = -\dot{\mu}_2 = \mu_2 \tau_t \ (1 - \gamma - \lambda) \frac{Y_t^S}{H_t} - \mu_2 \delta_H + \pi_2 \ (1 - \tau_t) \ (1 - \gamma - \lambda) \frac{Y_t^S}{H_t}$$

$$\qquad\qquad\qquad\qquad\qquad\qquad\qquad\qquad\qquad (3.33)$$

将式 (3.14) 关系分别代入到式 (3.27)、式 (3.28)、式 (3.29) 和式 (3.30)，可得

$$\mu_1 = \mu_2 = \pi_1 = \pi_2 = \theta^{1-\xi+\xi\sigma-\zeta+\zeta\sigma} \xi^{\xi-\xi\sigma} \zeta^{\zeta-\zeta\sigma} \mathrm{e}^{-\rho t} M_t^{(\xi+\theta+\zeta)(1-\sigma)-1} (3.34)$$

则有

$$-\frac{\dot{\mu}_1}{\mu_1} = \sigma \frac{\dot{M}_t}{M_t} + \rho \qquad\qquad (3.35)$$

由式 (3.31)、式 (3.32) 和式 (3.33) 可得

$$-\frac{\dot{\mu}_1}{\mu_1} = \frac{\alpha Y_t^A + \varphi Y_t^M + \gamma Y_t^S}{K_t} - \delta_K = \frac{\varphi Y_t^M}{a_t^M K_t} = R_t - \delta_K \qquad (3.36)$$

$$-\frac{\dot{\mu}_1}{\mu_1} = (1 - \varphi) \frac{Y_t^M}{G_t} - \delta_G \qquad\qquad (3.37)$$

$$-\frac{\dot{\mu_1}}{\mu_1} = (1 - \gamma - \lambda) \frac{Y_t^S}{H_t} - \delta_H \qquad (3.38)$$

上述三个条件表明，对于整个经济而言，资本、基础设施与人力资本的净边际产出应该相等，而三者的净边际产出都与三种存量的折旧率相关。由于折旧率是外生给定的常数，为简单起见假定三者相等。事实上，假定三种折旧率相等并不减少模型的理论价值，反而能使模型计算简化。当三种折旧率相等时，有

$$\frac{\varphi Y_t^M}{a_t^M K_t} = \frac{\psi Y_t^M}{G_t} = \frac{\alpha Y_t^A + \varphi Y_t^M + \gamma Y_t^S}{K_t} = (1 - \gamma - \lambda) \frac{Y_t^S}{H_t} = R_t \qquad (3.39)$$

则此时有

$$G_t = \frac{\psi}{\varphi} a_t^M K_t$$

$$H_t = \frac{1 - \gamma - \lambda}{\varphi} \frac{Y_t^S}{Y_t^M} a_t^M K_t = \frac{1 - \gamma - \lambda}{\gamma} a_t^S K_t \qquad (3.40)$$

$$\frac{G_t}{H_t} = \frac{\psi \gamma}{\varphi (1 - \gamma - \lambda)} \frac{a_t^M}{a_t^S}$$

其中第二个方程用到了式（3.19）。由此可看出，在三部门经济中，由于资本份额是可变的，公共资本（和人力资本）与私人物质资本之间不是完全固定的比例关系，这与 Gomez（2004）所考察的单部门经济有显著区别。由式（3.35）与式（3.36），当 $\xi + \theta + \zeta = 1$ 时，式（3.38）等同于经典的拉姆齐模型中的情形，即

$$\frac{\dot{M_t}}{M_t} = \frac{R_t - \delta - \rho}{\sigma} \qquad (3.41)$$

3.3.6　结构变迁的动态分析

令 $\bar{R} = \frac{1}{t} \int_0^t R(s)\,\mathrm{d}s$，则由式（3.14）与式（3.41）可得三种产品的消费动态路径由下列三式决定

$$M_t = M_0 \cdot e^{\frac{(\bar{R} - \delta - \rho)t}{\sigma}}$$

$$A_t = \frac{\xi}{\theta} M_t + \bar{A} = \frac{\xi}{\theta} M_0 \cdot e^{\frac{(\bar{R} - \delta - \rho)t}{\sigma}} + \bar{A} \quad (3.42)$$

$$S_t = \frac{\zeta}{\theta} M_t - \bar{S} = \frac{\zeta}{\theta} M_0 \cdot e^{\frac{(\bar{R} - \delta - \rho)t}{\sigma}} - \bar{S}$$

假定 $\dfrac{\dot{M}_t}{M_t} = \dfrac{\dot{K}_t}{K_t}$,则 $\dfrac{M_t}{K_t}$ 为常数,假定 $\dfrac{M_t}{K_t} = \kappa$,则有

$$\frac{\dot{K}_t}{K_t} = (1 - \tau_t) \frac{Y_t^M}{K_t} - \frac{M_t}{K_t} - \delta = \frac{a_t^M R_t}{\varphi} - \kappa - \delta \quad (3.43)$$

则综合式(3.43)与式(3.41)可得

$$R_t = \frac{\rho + \delta - \sigma\delta - \sigma\kappa}{1 - \sigma a_t^M} \quad (3.44)$$

式(3.44)表明,利率与资本在工业部门的比重正相关。

由于 R_t 是变量,而消费者为了实现终身消费的平滑化,在无限寿命和完全理性预期的假定下,消费者消费动态优化的欧拉条件所取的利率应为平均利率,即定义

$$\bar{R}_t = \frac{1}{t} \cdot \int_0^t R(s)\,\mathrm{d}s \quad (3.45)$$

则 M_t 可写成

$$M_t = M_0 \cdot \exp\left(\frac{(\bar{R}_t - \delta + \rho)t}{\sigma}\right) \quad (3.46)$$

仅考虑结构变迁动态过程时,可假定资本和工业品消费的增长率相同,且平均利率 $R_t = \bar{R}$ 为外生给定常数,则可将结构变迁动态过程简化。即假定暂记

$$g_t^M = \frac{\dot{K}_t}{K_t} = \frac{\dot{M}_t}{M_t} = \frac{\bar{R} - \delta - \rho}{\sigma} \quad (3.47)$$

则将式(3.47)代入式(3.22)和式(3.23)可得

$$a_t^A = \frac{\alpha\left(\dfrac{\xi}{\theta}M_0 \cdot e^{g_t^u t} + \bar{A}\right)}{\alpha\left(\dfrac{\xi}{\theta}M_0 \cdot e^{g_t^u t} + \bar{A}\right) + \varphi\left(M_0 \cdot e^{g_t^u t} + g_t^M K_0 \cdot e^{g_t^u t} + \delta K_0 \cdot e^{g_t^u t}\right) + \gamma\left(\dfrac{\zeta}{\theta}M_0 \cdot e^{g_t^u t} - \bar{S}\right)}$$

$$a_t^M = \frac{\varphi\left(M_0 \cdot e^{g_t^u t} + g_t^M K_0 \cdot e^{g_t^u t} + \delta K_0 \cdot e^{g_t^u t}\right)}{\alpha\left(\dfrac{\xi}{\theta}M_0 \cdot e^{g_t^u t} + \bar{A}\right) + \varphi\left(M_0 \cdot e^{g_t^u t} + g_t^M K_0 \cdot e^{g_t^u t} + \delta K_0 \cdot e^{g_t^u t}\right) + \gamma\left(\dfrac{\zeta}{\theta}M_0 \cdot e^{g_t^u t} - \bar{S}\right)}$$

$$a_t^S = \frac{\gamma\left(\dfrac{\zeta}{\theta}M_0 \cdot e^{g_t^u t} - \bar{S}\right)}{\alpha\left(\dfrac{\xi}{\theta}M_0 \cdot e^{g_t^u t} + \bar{A}\right) + \varphi\left(M_0 \cdot e^{g_t^u t} + g_t^M K_0 \cdot e^{g_t^u t} + \delta K_0 \cdot e^{g_t^u t}\right) + \gamma\left(\dfrac{\zeta}{\theta}M_0 \cdot e^{g_t^u t} - \bar{S}\right)}$$

$$(3.48)$$

$$b_t^A = \frac{\beta\left(\dfrac{\xi}{\theta}M_0 \cdot e^{g_t^u t} + \bar{A}\right)}{\beta\left(\dfrac{\xi}{\theta}M_0 \cdot e^{g_t^u t} + \bar{A}\right) + (1-\varphi)\left(M_0 \cdot e^{g_t^u t} + g_t^M K_0 \cdot e^{g_t^u t} + \delta K_0 \cdot e^{g_t^u t}\right) + \lambda\left(\dfrac{\zeta}{\theta}M_0 \cdot e^{g_t^u t} - \bar{S}\right)}$$

$$b_t^M = \frac{(1-\varphi)\left(M_0 \cdot e^{g_t^u t} + g_t^M K_0 \cdot e^{g_t^u t} + \delta K_0 \cdot e^{g_t^u t}\right)}{\beta\left(\dfrac{\xi}{\theta}M_0 \cdot e^{g_t^u t} + \bar{A}\right) + (1-\varphi)\left(M_0 \cdot e^{g_t^u t} + g_t^M K_0 \cdot e^{g_t^u t} + \delta K_0 \cdot e^{g_t^u t}\right) + \lambda\left(\dfrac{\zeta}{\theta}M_0 \cdot e^{g_t^u t} - \bar{S}\right)}$$

$$b_t^S = \frac{\lambda\left(\dfrac{\zeta}{\theta}M_0 \cdot e^{g_t^u t} - \bar{S}\right)}{\beta\left(\dfrac{\xi}{\theta}M_0 \cdot e^{g_t^u t} + \bar{A}\right) + (1-\varphi)\left(M_0 \cdot e^{g_t^u t} + g_t^M K_0 \cdot e^{g_t^u t} + \delta K_0 \cdot e^{g_t^u t}\right) + \lambda\left(\dfrac{\zeta}{\theta}M_0 \cdot e^{g_t^u t} - \bar{S}\right)}$$

$$(3.49)$$

则只要给定初始的消费额、资本存量水平和平均利率水平[①]及一系列参数,即可求解劳动和资本在三次产业中的分配情况及其动态。进一步地,由劳动与资本份额式(3.48)、式(3.49)及K_t的运动方程及G_t、H_t与K_t的关系式(3.40),可以将所有经济变量(包括利率)表示为初始值消费额、资本存量水平和平均利率水平及一系列参数的表达式。

[①] 根据定义,平均利率是一个固定数值,可以通过式(3.54)与式(3.48)两式与平均利率定义方程联立并采用数值模拟方法得到。在具体计算时,由于我们考虑的是无限期情形,可以直接根据长期稳定的利率水平设定平均利率水平的设定,平均利率水平设定对真实平均值的细微偏离虽然会影响各经济变量的及时间变化路径的具体水平,但对其形状和趋势没有太大的影响。

3.3.7 长期经济的收敛稳态

上节的分析采用了一个很强的假定，即工业品消费与资本的增长速度遵循一个外生的增长率。而事实上，根据稳态的性质，资本增长率将为0，则由式（3.47）有

$$\widehat{R} = \rho + \delta \tag{3.50}$$

将生产函数和稳态条件式（3.50）代入式（3.19）的利率决定方程，则可得

$$K_{SS} = \frac{\alpha Y_{SS}^A + \varphi Y_{SS}^M + \gamma Y_{SS}^S}{\widehat{R}}$$

$$= (\alpha c^A (a_{SS}^A)^\alpha (b_{SS}^A L)^\beta Z^{1-\alpha-\beta} K_{SS}^\alpha + c^M (a_{SS}^M)^\varphi (b_{SS}^M L)^{1-\varphi} G_{SS}^\psi K_{SS}^\varphi \tag{3.51}$$

$$+ c^s (a_{SS}^S)^\gamma (b_{SS}^S L)^\lambda H_{SS}^{1-\gamma-\lambda} K_{SS}^\gamma) / (\rho + \delta)$$

由于在均衡路径上，基础设施与人力资本是资本的一定比例，因而将式（3.40）代入式（3.51），可得资本与利率之间的关系式

$$\widehat{K} = (\alpha c^A (a_{SS}^A)^\alpha (b_{SS}^A L)^\beta Z^{1-\alpha-\beta} K_{SS}^\alpha + c^M \left(\frac{\psi}{\varphi}\right)^\psi (a_{SS}^M)^{\varphi+\psi} (b_{SS}^M L)^{1-\varphi} G_{SS}^\psi K_{SS}^{\varphi+\psi}$$

$$+ c^s \left(\frac{1-\gamma-\lambda}{\gamma}\right)^{1-\gamma-\lambda} (a_{SS}^S)^{1-\lambda} (b_{SS}^S L)^\lambda K_{SS}^{1-\lambda}) / (\rho + \delta) \tag{3.52}$$

将式（3.40）代入利率决定方程，有

$$R_t = \varphi c^M \left(\frac{\psi}{\varphi}\right)^\psi (a_t^M K_t)^{\varphi+\psi-1} (b_t^M N)^{1-\varphi} \tag{3.53}$$

可以看出，由于在长期结构变迁过程中，资本和劳动在工业部门的分配比例变化不是很大，甚至在 Kongsamut，Rebelo 和 Xie（2001）等文献中假定为不变，则利率大体上是随着资本的增加而逐渐降低，表现出了新古典经济增长的收敛特征。而这种下降趋势一直将维持到式（3.41）所表示的消费增长率为0，经济将收敛到消费零增长的状态。

事实上，由于在本模型中没有外生的增长设定（如外生的人口增

长和技术进步），不存在长期稳定的经济增长，消费、产出和资本都将收敛到一定水平不再增长。

我们首先关心的是稳态时的消费和资本水平。将式（3.40）代入式（3.5），与式（3.41）并列，可得一个类似 Ramsey 模型的方程组

$$\frac{\dot{M}_t}{M_t} = \frac{R_t - \delta - \rho}{\sigma} = \frac{c^M \varphi \ (\psi/\varphi)^{\psi} \ (a_t^M K_t)^{\varphi + \psi - 1} \ (b_t^M N)^{1-\varphi} - \delta - \rho}{\sigma} \tag{3.54}$$

$$\dot{K}_t = (1 - \tau_t) \ c^M \ (\psi/\varphi)^{\psi} \ (a_t^M K_t)^{\varphi + \psi} \ (b_t^M N)^{1-\varphi} - M_t - \delta K_t$$

则当稳态时，且如果已知稳态时资本与劳动在工业部门的比例，则能很顺利地求得稳态资本与工业品消费

$$M_{SS} = (1 - \tau_{SS}) \ c^M \ (\psi/\varphi)^{\psi} \ (a_{SS}^M K_{SS})^{\varphi + \psi} \ (b_{SS}^M N)^{1-\varphi} + \delta K_{SS}$$

$$K_{SS} = \frac{1}{a_{SS}^M} \left(\frac{c^M \varphi \ (\psi/\varphi)^{\psi} \ (b_{SS}^M N)^{1-\varphi}}{\delta + \rho} \right)^{\frac{1}{1-\varphi-\psi}} \tag{3.55}$$

其中稳态税收比例可由以下方式求得。在稳态时，式（3.10）

$$\tau_{SS} Y_{SS} = \tau_{SS} \left(\frac{a_{SS}^A}{\alpha} + \frac{a_{SS}^M}{\varphi} + \frac{a_{SS}^S}{\gamma} \right) R_{SS} K_{SS} = \tau_{SS} \left(\frac{a_{SS}^A}{\alpha} + \frac{a_{SS}^M}{\varphi} + \frac{a_{SS}^S}{\gamma} \right) (\rho + \delta) \ K_{SS}$$

$$= \delta \ (G_{SS} + H_{SS}) = \delta \left(\frac{\psi}{\varphi} a_{SS}^M + \frac{1 - \gamma - \lambda}{\gamma} a_{SS}^S \right) K_{SS} \tag{3.56}$$

则稳态时税率为

$$\tau_{SS} = \frac{\delta \left(\dfrac{\psi}{\varphi} a_{SS}^M + \dfrac{1 - \gamma - \lambda}{\gamma} a_{SS}^S \right)}{(\rho + \delta) \left(\dfrac{a_{SS}^A}{\alpha} + \dfrac{a_{SS}^M}{\varphi} + \dfrac{a_{SS}^S}{\gamma} \right)} \tag{3.57}$$

若知道稳态时的资本在三部门中的分配比例，则很容易求出税率。

由此，我们得到了有关增长动态与稳态的所有重要表达式，如采用经济现实进行校准，就能得到资本与劳动在各部门的稳态比例及所有其他参数。若相关参数已知，式（3.52）就是稳态资本的隐函数方程，则可以很容易求得稳态资本水平。根据这一稳态资本水平，运用适当的

数值方法与动态模拟方法，如 Mulligan 和 Sala-i-Martin（1991）提出的时间消去法或 Trimborn，Koch 和 Steger（2008）提出的松弛算法，或简单地直接设定参数的收敛速度（参照巴罗（2000）第 90－93 页的方法和参数），则可得到中国经济稳态与向稳态收敛的时间路径。

3.4　校准与模拟

3.4.1　三大产业生产函数的计量

三个部门的生产函数通过对中国经济增长数据进行计量。主要变量的数据及处理方法如下：

土地 Z：根据前文假设，农业部门生产函数估算的是包括农林牧渔等在内的生产值的决定方程，与之相配套的土地就应当采用整个经济相适应的土地作为相应的变量。然而，由于农林牧渔各产业的土地利用程度不同，《中国统计年鉴》也没有提供相应可供选择的变量，因此只能从《中国统计年鉴》中抽取土地播种面积作为土地使用变量。由于土地播种面积仅与种植业有关，采用该变量作为土地变量的代理变量可能会影响回归系数。

基础设施 G：1978—2008 年数据采用金戈（2012）的估计值，该估计值采用的是各年度《中国统计年鉴》中用于基本建设等方面的财政支出，采用固定资产投资价格指数折算为实际值，折旧率为 9.6%。

私人物质资本 K：从理论上说，资本投入应该采用资本服务值，是一个流量的概念。资本投入量为直接或间接构成生产能力的资本存量，它包括直接生产和提供各种物质产品和劳务的各种固定资产和流动资产，也包括为生活过程服务的各种服务和福利设施的资产。但由于资本的使用者往往是资本的所有者，不存在一个市场化的资本租赁价格对资本的实际使用进行准确地度量。因此通常的做法是用资本存量数据替代资本的流量数据。目前测量资本存量的通用方法是永续盘存法（PIM）。永续盘存法是对历年投资形成的固定资产进行重估价后，根据所选折旧方式来确定某个资本消耗，按逐年推算的方法计算历年的资本存量总额。

本书采用张自然和陆明涛（2013）计算的以 1978 年价格计算的分省固定资本存量基础数据进行处理和加总，采用张军和章元（2003）和金戈（2012）等的方法，将固定资本折旧率确定为 9.2%，以计算出除西藏外的全国固定资本存量水平，并加上叶明确与方莹（2012）估计的西藏固定资本存量以得到以 1978 年价格表示的全国固定资本存量。在全国固定资本存量估计值的基础上，减去基础设施估计值，即为私人物质资本水平。

人力资本 H：国内许多研究对中国的人力资本总量进行了估算，常见的算法有终生收入法、成本法、指标法、特征法、余额法，很多研究采用教育年限计算教育回报率等方式进行计算，或者直接采用教育年限作为人力资本的水平。国内比较重要的估计包括李海峥（2014）、冯晓、朱彦元和杨茜（2012）等。由于采用教育年限法所计算出的人力资本是全社会劳动者的受教育水平存量，而与本书关于人力资本主要用于服务业的假定相抵触，因而不适用于本文。而终身收入法等计算复杂，难以运用到本书研究中。正如钱雪亚（2005）所述，成本法能更好地反映人力资本形成特点，也能很方便地与物质资本进行比较，是较好的人力资本衡量方法。同时，采用成本法也能与本书模型有关政府投资发展教育的假定保持一致，因而本书采用成本法进行估算人力资本存量。

具体的估算方法是采用永续盘存法将政府用于科教文卫的投资序列加总为资本积累序列。从《中国统计年鉴》中提取出文教、科学、卫生事业方面的财政支出变量[①]，在采用 1978 年 GDP 平减指数将价格水

[①] 2006 年前采用财政支出：文教、科学、卫生事业费指标，2007 年后采用财政支出：教育、财政支出：科学技术、财政支出：文教体育与传媒、财政支出：社会保障和就业、财政支出：医疗卫生等四方面支出的合计值。

平转换为1978年不变价格后，设定初始值，将投资值采用永续盘存法加总为人力资本存量。

为减少初始值任意给定带来的误差，采用《中国统计年鉴》中1953—1978年文教、科学、卫生事业费支出数据，采用GDP平减指数法后计算得到以1978年不变价格表示的支出金额，采用常用的初始值设定方法，按照1953年支出水平的10倍作为当年初始值，而后根据永续盘存法得到1953—1978年序列，由于时间较长，可以较好地去除初始值设定造成的影响。

各部门从业人数比例：采用各年度《中国统计年鉴》的数据。

各部门资本比例：采用Wu（2009）的计算数据，并根据《中国统计年鉴》2007年来分行业固定投资数量采用永续盘存法进行扩展计算，将数据更新至2012年。

表3-1　　　　　　　中国经济结构变迁计量模型的数据来源

年份	各部门产出(1978年不变价，亿元)			就业人数（万人）			资本（1978年不变价，亿元）			农作物总播种面积（千万公顷）	基础设施(1978年不变价，亿元)	人力资本(1978年不变价，亿元)
	农业	工业	服务业	农业	工业	服务业	农业	工业	服务业			
1978	1 028	1 745	872	30 230	7 418	5 231	1 546	3 130	1 298	15.01	680	629
1979	1 090	1 888	941	30 971	7 809	5 591	1 693	3 478	1 570	14.85	675	694
1980	1 074	2 144	997	31 730	8 406	6 050	1 847	3 869	1 859	14.64	684	770
1981	1 149	2 185	1 101	32 706	8 789	6 532	1 974	4 223	2 157	14.52	680	849
1982	1 282	2 306	1 244	34 015	9 191	6 743	2 096	4 619	2 462	14.48	699	944
1983	1 389	2 545	1 433	34 583	9 638	7 319	2 222	5 068	2 794	14.40	736	1 051
1984	1 568	2 914	1 710	34 294	10 663	8 627	2 362	5 672	3 174	14.42	793	1 172
1985	1 596	3 455	2 021	34 718	11 573	9 347	2 456	6 427	3 644	14.36	900	1 302
1986	1 649	3 808	2 265	35 035	12 599	9 895	2 570	7 292	3 985	14.42	1 143	1 455
1987	1 727	4 329	2 590	35 629	13 183	10 570	2 702	8 277	4 421	14.50	1 396	1 594
1988	1 771	4 958	2 930	36 340	13 727	11 215	2 824	9 406	4 911	14.49	1 630	1 742

续表

年份	各部门产出(1978年不变价，亿元)			就业人数（万人）			资本（1978年不变价，亿元）			农作物总播种面积（千万公顷）	基础设施(1978年不变价,亿元)	人力资本(1978年不变价,亿元)
	农业	工业	服务业	农业	工业	服务业	农业	工业	服务业			
1989	1 825	5 144	3 088	36 486	13 113	11 110	2 883	10 277	5 303	14.66	1 788	1 890
1990	1 959	5 307	3 160	38 409	13 677	11 823	2 934	11 125	5 641	14.84	1 990	2 040
1991	2 006	6 043	3 440	39 098	14 015	12 378	3 020	12 144	5 989	14.96	2 252	2 201
1992	2 100	7 321	3 868	38 699	14 355	13 098	3 126	13 536	6 441	14.90	2 588	2 358
1993	2 199	8 775	4 339	37 680	14 965	14 163	3 307	15 453	7 134	14.77	3 080	2 518
1994	2 287	10 387	4 821	36 628	15 312	15 515	3 524	17 492	7 941	14.82	3 811	2 704
1995	2 402	11 828	5 295	35 530	15 655	16 880	3 774	19 779	8 824	14.99	4 559	2 875
1996	2 524	13 260	5 794	34 820	16 203	17 927	4 020	22 170	9 772	15.24	5 417	3 070
1997	2 612	14 649	6 415	34 840	16 547	18 432	4 269	24 487	10 624	15.40	6 434	3 294
1998	2 704	15 955	6 952	35 177	16 600	18 860	4 560	26 756	11 423	15.57	7 868	3 570
1999	2 780	17 253	7 601	35 768	16 421	19 205	4 845	29 008	12 504	15.64	9 232	3 899
2000	2 846	18 879	8 342	36 043	16 219	19 823	5 109	31 584	13 594	15.63	10 621	4 273
2001	2 926	20 473	9 197	36 399	16 234	20 165	5 411	34 300	15 073	15.57	11 992	4 766
2002	3 011	22 485	10 158	36 640	15 682	20 958	5 786	37 737	16 929	15.46	13 318	5 371
2003	3 086	25 335	11 123	36 204	15 927	21 605	6 239	42 026	19 379	15.24	14 810	6 029
2004	3 281	28 150	12 242	34 830	16 709	22 725	6 746	47 325	22 277	15.36	16 814	6 701
2005	3 452	31 551	13 739	33 442	17 766	23 439	7 316	53 280	25 258	15.55	19 514	7 487
2006	3 625	35 776	15 681	31 941	18 894	24 143	7 987	60 190	28 596	15.21	22 774	8 445
2007	3 760	41 165	18 188	30 731	20 186	24 404	8 678	68 133	32 521	15.35	26 213	9 694
2008	3 963	45 231	20 080	29 923	20 553	25 087	9 502	78 282	36 430	15.63	29 819	11 149
2009	4 128	49 727	22 000	28 890	21 080	25 857	10 437	90 246	41 972	15.86	35 810	12 939
2010	4 305	55 819	24 146	27 931	21 842	26 332	11 485	105 714	46 978	16.07	42 285	14 887
2011	4 488	61 560	26 419	26 594	22 544	27 282	12 652	124 437	52 500	16.23	46 912	17 251
2012	4 692	66 433	28 547	25 773	23 241	27 690	13 825	144 302	60 081	16.34	52 033	20 280

数据来源：各年度统计年鉴；作者自算。

为避免多重共线性等计量问题，采用增长计量经济学方程进行计量。

$$g_t^{YA} = c_0^A + c_1^A \cdot g_t^{KA} + c_2^A \cdot g_t^{LA} + (1 - c_1^A - c_2^A) \cdot g_t^Z$$

$$g_t^{YM} = c_0^M + c_1^M \cdot g_t^{KM} + (1 - c_1^M) \cdot g_t^{LM} + c_2^M \cdot g_t^G \quad (3.58)$$

$$g_t^{YS} = c_0^S + c_1^S \cdot g_t^{KS} + c_2^S \cdot g_t^{LS} + (1 - c_1^S - c_2^S) \cdot g_t^H$$

采用 STATA 软件进行计量，由于假定不存在技术进步，故直接采用无常数项的回归。同时，根据生产函数的性质，对回归方程加上系数约束，其中工业部门的劳动和资本产出弹性之和为 1，农业部门和服务业部门的全部三个要素产出弹性之和分别为 1。三个产业的生产函数相关估计参数如表 3-2 所示。

表 3-2 　　　　　　　　中国分产业生产函数估计结果

	农业	工业	服务业
K	0.646	0.541	0.373
	(0.000)	(0.002)	(0.046)
L	0.293	0.459	0.232
	(0.089)	(0.006)	(0.006)
Z	0.060		
	(0.768)		
G		0.238	
		(0.015)	
H			0.294
			(0.045)
N	34	34	34
Root MSE	2.9173	3.7246	3.5512

注：括号内的为 $P > |t|$。

从估计结果来看，资本的产出弹性在农业部门最大，工业部门其次，服务业最小，基本符合我们之前有关资本产出弹性的假定。土地在农业部门中的产出弹性并不非常显著，这可能是因为我们采用的是种植业的播种土地,而不是整个农业部门的土地作为变量,使土地与产出之间的联系不够显著。

3.4.2 校准参数设定

消费者行为

消费者对于农业品、工业品和服务品的消费弹性:陆明涛(2013a)运用住户调查数据(CGSS2006)进行了消费弹性的估计,得到了对全国、分城乡的加权最小二乘法与分位数回归的估计结果。事实上,这些结果大致与 Kongsamut,Rebelo 和 Xie(2001)的数值模拟参数设置基本接近,他们将农业品、工业品和服务品的消费弹性分别设置为 0.1,0.15,0.75。

按照一般的新古典经济增长理论的设定,将风险厌恶系数设定为3,将跨期替代弹性 p 设定为 0.02,将折旧率设定为 10%。

厂商行为

根据前文假定,将农业、工业和服务业中资本产出弹性分别设定为0.6、0.4 和 0.3,劳动弹性分别设定为 0.3、0.6 和 0.5,则土地、基础设施和人力资本的产出弹性分别为 0.1、0.15 和 0.2。

模型参数设定如表 3 - 3 所示。

表 3 - 3　　　　　　　　结构变迁模型参数设定

	参数	取值	取值依据
①	α	0.65	Echevarria(1998);卢锋等(2014);第 3.4.1 节计量
②	β	0.29	Echevarria(1998);卢锋等(2014);第 3.4.1 节计量
③	φ	0.62	第 3.4.1 节计量
④	ψ	0.22	第 3.4.1 节计量
⑤	γ	0.24	第 3.4.1 节计量
⑥	λ	0.32	第 3.4.1 节计量
⑦	ξ	0.1	Kongsamut,Rebelo & Xie(2001);陆明涛(2013a)

续表

	参数	取值	取值依据
⑧	θ	0.15	Kongsamut，Rebelo & Xie（2001）；陆明涛（2013a）
⑨	ζ	0.75	Kongsamut，Rebelo & Xie（2001）；陆明涛（2013a）
⑩	$\bar{R}$	0.15	数值法计算
⑪	σ	3	宏观经济学惯例
⑫	ρ	0.02	宏观经济学惯例
⑬	δ	0.1	宏观经济学惯例
⑭	$\bar{A}$	100	陆明涛（2013a）
⑮	$\bar{S}$	400	陆明涛（2013a）
⑯	M0	100	任意常数
⑰	Z	1	单位化

3.4.3 结构变迁模拟

由于本节我们关心的是经济发展过程中的结构变迁，而不是经济增长速度和增长率收敛过程。将上述参数设定值代入模型对应方程，采用 Matlab 进行模拟，可得以下结果（见图 3-1）。

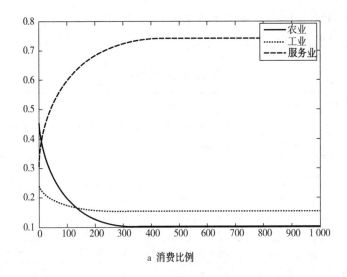

a 消费比例

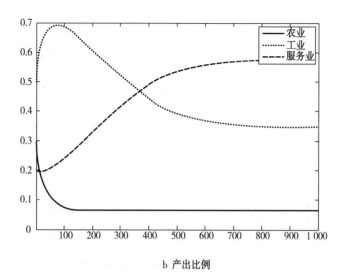

b 产出比例

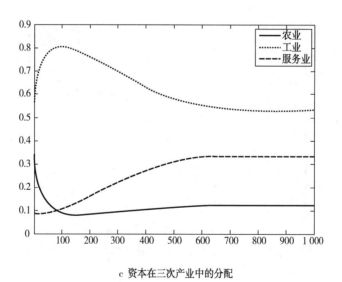

c 资本在三次产业中的分配

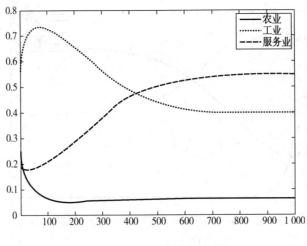

d 劳动在三次产业中的分配

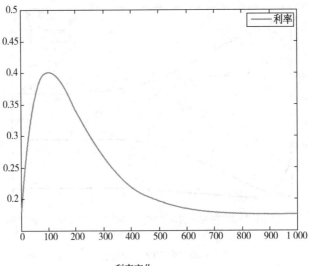

e 利率变化

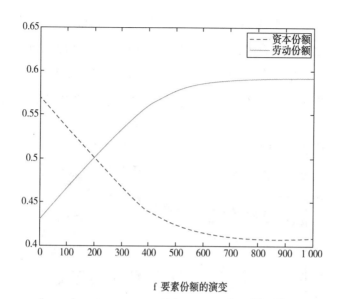

f 要素份额的演变

图 3 - 1　结构变迁过程中的经济变量动态路径

可以看出，劳动、资本和产出在三次产业中的比例都呈现出相似的发展轨迹。随着结构变迁与经济发展，资本存量不断增加，带来的结果是农业的比重逐年下降，服务业的比重逐年下降。更重要的是，本文的研究放松了 Kongsamut, Rebelot 和 Xie (2001) 有关工业比重固定的假定，也没有采用如 Acemoglu 和 Guerrieri (2008) 与 Ngai 和 Pissarides (2007) 等复杂的中间品模型，仍然得到了简洁的"驼峰曲线"，印证了经济发展过程中的典型化事实（陈体标，2012）。

同时，虽然由于效用函数的非位似特征与各部门生产函数对劳动与资本并非都是规模报酬不变，模型难以得到确定的均衡增长状态，但我们也能看出，随着时间的不断演进，模型仍趋向于类似均衡的状态。如图 3 - 1 （a）所示，随着消费的逐渐增长，效用函数中的常数项 $\bar{A}$、$\bar{S}$ 的影响逐渐趋于 0（但并未消失），这就使动态演进路径呈现出近似均衡稳态的特征。

作为模型的一个简单结论，也能够得到要素份额随结构变迁的演进而变化的轨迹。将土地归为资本，人力资本归为劳动，则可得到要素份额的动态路径。可以看出，资本份额不断降低，劳动份额不断提升。可以预计，采用中国经济数据进行校准，可以解释许多文献中所提出的要素弹性逆转的问题（中国经济增长前沿课题组，2012；张平和付敏杰，2012）。

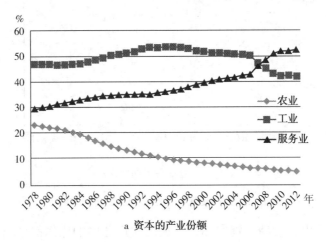

a 资本的产业份额

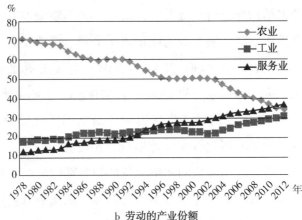

b 劳动的产业份额

数据来源：各年度统计年鉴；Wu (2009)；作者测算。

图 3 – 2   中国经济中资本与劳动在各产业中的投入比例（1978—2012）

若将这些模拟数据与中国经济现实进行比较，可以发现产出、消费和资本的产业结构大致是一致的。图 3 – 2 绘制了中国 1978—2012 年资本和劳动在三次产业中的分配,中国的资本产出份额与图 3 - 1(c)所示曲线的前一小段大致类似,但图 3 - 1(d)有关劳动在三次产业中的分布与图 3 - 2(b)很不吻合,中国的农业劳动比重是从 1978 年的 70% 左右逐渐下降至 2012 年的 33% 左右,而模型中直接从 25% 左右迅速下降至 8% 左右。这一显著差异在于由于中国经济兼有发展中国家结构变迁特点和由计划经济体制向市场经济体制过渡的双重性质,完全基于要素自由流动市场经济的结构变迁模型不能很好地反映中国仍然广泛存在的户籍管理等劳动力自由流动的制度性障碍。要推导出完全贴近中国现实的劳动力转移路径,一是可以通过引入劳动力流动的调整成本,然而这一成本不仅使本已复杂的模型求解更加困难;二是可以假定中国经济未来的增长路径是从目前的非均衡状态逐步向平衡稳态的收敛过程,这一过程既包括由包括要素不能自由流动的非均衡状态向均衡状态收敛,也包括由较低发展水平向较高发展水平的收敛。本书将在第 5.1 节对中国经济 2013—2070 年的增长路径进行模拟。

3.5 本章小结

本章试图建立了一个包括非位似性偏好和生产率差异的三部门结构变迁的动态一般均衡模型,除资本和劳动两种通用生产要素外,为农业、工业和服务业分别引入土地、基础设施和人力资本作为部门专用生产要素(sector-specific production factors),在特定假定条件下得到了资本、劳动、消费和产出在比例随着结构变迁不断深入的动态变迁路径,为理解中国经济提供了一个长期动态演进的视角,作为中国公共养老金改革的理论背景。

在结构变迁过程中,资本积累是极为关键的变量,消费和产出水平以及资本、劳动和产出在三个产业部门之间的分布比例都与资本积累有着重要的关系,因而对于中国而言,需要在长期对资本积累加以足够重视。

第4章　结构变迁中的公共养老金分析

　　发展中国家高速增长期的阶段性特征使经济中公共养老保险体系必然不同于发达国家。这一阶段的最优公共养老保险体系不仅要保证居民老有所养，实现养老保险基本功能，也必须有利于促进经济增长的长期可持续性。由于目前中国经济已逐渐进入减速通道，保持经济稳定增长和结构变迁的压力日益增大，与此同时，由人口城市化、老龄化带来的建立公共养老保险体系的压力也与日俱增，这使中国必须谨慎处理好经济增长与养老保障制度的平衡问题，以避免过度福利化导致中等收入陷阱和福利水平不足导致的政治社会危机。在这种情况下得出的某种养老保险制度或最优保障水平也许并不适用中国，这需要对中国经济增长和经济主体行为特点进行深刻精准的刻画，在一般均衡框架中得到最优解。

　　在此基础上，要建立适应这一阶段的社会保障模型。由于拉姆齐模型框架一般假定经济人的寿命是无限的，或者消费者是同质的，因而无法区分缴纳与领取养老金等生命周期行为。经典的生命周期模型框架极少涉及生产领域，缺乏一般均衡的视角。在养老金研究中广泛采用的两期或三期世代交叠模型框架虽然简洁，但由于其时间长，一般都假定资本在一期内全部折旧，因而难以考虑资本的积累问题①。既要考虑生命

---

　　① 当然，在特定条件下，资本在一期内全部折旧的假定也是有其道理的。典型的两期或三期 OLS 模型，一期长达 20～30 年，资本全部折旧完毕相当于年折旧率约为 5%～10%，也是比较符合经济事实的。

周期又考虑资本积累，比较适合的模型框架是 Auerbach 和 Kotlikoff（1987）等倡导的多期世代交叠模型，即将人的生命周期划分为数十期，每期对应现实中的一个日历年份，根据经济人的年龄区分生命周期及其经济行为，以考察经济人的生命周期对经济行为的影响以及不同养老制度的影响，在此基础上可以评估公共养老制度的绩效及改革。

公共养老金的规模不仅受到产业结构变迁长期趋势的影响，还受到短期内人口结构与财政结构的影响，同时一些群体由于具有独特的劳动属性，其公共养老金设计也应反映这些职业特点。本章考虑非正规就业及其对居民养老保险的影响、农村居民的养老保险、进城农民的养老保险问题，以及公共部门的养老保险及其改革问题，以反映中国养老保险改革中的重要现实问题。

4.1　公共养老金的必要性与功能

第 1.2.1 节对公共养老金的理论模型进行了梳理，宏观经济学对公共养老金的原理与功能进行了许多论述。但是，由于理论往往只是现实的高度抽象，如何运用理论反映现实问题是经济学人所面临的首要问题，而在公共养老金领域中，最应当首先回答的是如何用理论证明公共养老金为什么应当存在？不同类型的公共养老金的特征和制度规定都有哪些经济学理论依据？

笔者认为，学者们提出的公共养老金存在的理由概括起来就是两个：一是应对长寿风险，即由于寿命的不确定性，经济人无法判断自己存活的时间长短，因而无法合理安排自己的储蓄和消费，公共养老金则通过大数定律消除个人的长寿风险（specific longevity risk）；二是给予公共养老体系的参与者一定的参与激励，将给付与缴费挂钩，以实现精算公平（actuarial fairness）。从理论上说，要在一个理论框架中探讨公共养老金，同时讨论公共养老金的这两个特征，就要同时加入寿命的不确定性和收入的差异性。正如 1.2.1 小节综述所言，考虑寿命的不确定性，最适宜的框架是多期世代交叠模型，可以较好地反映经济人各生命期不同的死亡率。而在收入不确定方面，目前可以采用的模型框架主要是在分析收入分配的 Aiyagari-Bewley-Huggett 框架中引入寿命不确定性，假定收入服从某种随机过程，代表性研究包括 Huggett 和 Ventura（1999）等，但同时引入寿命不确定性和收入的随机性则无法推导出经济从初始状态向稳态的收敛动态，而且包含两种不确定的模型将十分复杂以至于难以求解，实际上 Huggett 和 Ventura（1999）都不得不运用复杂的数值算法得到模型的主要结论，且这些研究都主要是分析养老金对收入分配的影响，实际上并未深入分析养老金的制度特征。

为此，本章在第 4 章结构变迁模型基础上引入两种要素报酬作为收入差异性的来源，以考察收入差异对养老金体系的影响。由于产业结构变迁已经使模型相当复杂，在此基础上再同时引入多期不确定性寿命和不同类型的收入将使模型难以处理。但事实上，在假定经济人无弹性地提供劳动的条件下，引入公共养老金体系主要通过储蓄/消费决策影响资本积累，而资本积累数量比例可直接决定结构变迁过程，因而直接通过分析公共养老金体系对资本积累水平的影响即可探讨其对结构变迁的过程。因此本节主要探讨不同养老保险体系如何影响个人储蓄与资本积累，而不用进行一般均衡的全面推导。

4.1.1 无养老保险制度下的经济人行为

由于我们必须引入寿命的不确定性，以反映公共养老金制度的必要性与功能。本节在 Heer 和 Maussner（2009）第 10 章所简化的 Huggett（1996）模型基础上，仅考虑寿命的不确定性。假定每年有一定数量的人口出生，除年龄外不存在其他特征差异。记年龄为 i，则每个人一出

生 $i=1$ 时便参加工作直至 40 岁[1]，并进行消费和储蓄，劳动供应无弹性。$i=41$ 岁时强制退休，只能依靠年轻时的储蓄进行消费。一旦退时消费者即面临一定的外生给定的死亡率 $1-v^i$，并假定寿命上限为 $i=80$ 岁。外生死亡率是精算科学的主要内容，可用生命表或死亡率模型进行设定和预测，此处设定为外生不变已知常数。

采用常用的记号方法，上标 i 为年龄或时期，如青年时期 Y 和老年时期 O，下标 t 为经济人的出生时期。则记 N_t^i 为 t 期时年龄为 i 岁的人口数，t 期的劳动人数可表示为

$$L_t = N_t^Y = \sum_{i=1}^{40} N_t^i \qquad (4.1)$$

由于还存在老年人，t 期仍然存活的老年人人数为

$$N_t^O = \sum_{i=41}^{80} v^i N_t^i \qquad (4.2)$$

为简单起见，假定人口增长率为 0，则 t 期总人口为 $N_t = N_t^Y + N_t^O$。若每年出生人口不变化，死亡率不发生变化，则各种统计口径的人数（各年龄、劳动人口和总人口等）均为不变常数。记 t 期年龄为 i 岁人口代表性个人的消费记为 C_t^i。假定个人效用是消费的函数，则 s 期出生的个人在 s 期对一生的预期效用函数为[2]

$$E_s \sum_{i=1}^{60} \mu^{i-1} \left(\prod_{j=1}^{i} v^j \right) \left(\frac{(C_{s+i}^i)^{1-\sigma} - 1}{1-\sigma} \right) \qquad (4.3)$$

其中，μ 为折现因子。

对于仍然在职劳动的消费者而言，预算约束由下式给出：

$$(1-\tau_t)(W_t^i + R_t^i K_t^i) = K_{t+1}^i - K_t^i - C_t^i \qquad (4.4)$$

对于已经退休的消费者而言，预算约束由式（4.5）给出

---

① 可与现实中 20 岁参加工作、60 岁退休相对应。

② 由于引入了寿命的不确定性，效用乃至于未来的所有变量都只能取期望，而不是恒定的等式。从经济学上看，消费者所作的决定都是基于对终身效用最大化目标的，因而要取从出生直至死亡的期望。

$$(1 - \tau_t) \, R_t^i K_t^i = K_{t+1}^i - K_t^i - C_t^i \tag{4.5}$$

其中，τ 即 3.3 节中假定的政府用于基础设施与人力资本所征缴的税收税率，此处可以忽略而不影响分析。对于任意特定居民而言，效用最大化问题可以正式地表示为

$$\max E_s \sum_{i=1}^{60} \mu^{i-1} \big(\prod_{j=1}^{i} v^j \big) \Big(\frac{(C_{s+i}^i)^{1-\sigma} - 1}{1 - \sigma} \Big)$$

$$s.\,t. \; W_t^i + R_t^i K_t^i = K_{t+1}^i - K_t^i - C_t^i, \, \forall \, t = 1, \cdots, 40 \tag{4.6}$$

$$R_t^i K_t^i = K_{t+1}^i - K_t^i - C_t^i, \, \forall \, t = 41, \cdots, 80$$

假定居民出生时财富为 0，死亡时也不留下遗产，所有没有消费完的财富全部收归国有作为公共消费。同时，假定消费为负值时效用将为非常大的负值，以对应经济人不愿老年贫困的经济现实。则由式（4.6）可以看出，在引入寿命不确定性的条件下，在一个无养老保险制度的经济中，在没有养老保障体系时，个人将暴露在长寿风险之下，即由于寿命的不确定性，个人要么低估自己的实际寿命，年轻时的储蓄不足以覆盖退休后的养老生活，从而面临老无所养的困境，要么储蓄过多，在去世后自己的财产则被国家所剥夺，降低了自己的风险。由于一般而言，老无所养带来的负效用远大于过度储蓄导致的福利损失，经济人往往为保证退休后的消费水平必然进行过多的储蓄，以至于在去世前往往留有大量储蓄。在这种情形下，在现实情形中，这些财富就成为给子女的遗产或被政府征收为社会财富。因此，若将子女的福利水平也纳入消费函数，则能很好地解释"养儿防老"这种传统的社会保障机制，但对于最大化自己效用的经济人而言，这种因寿命不确定性带来的长寿风险，显然会使得个人难以实现效用最大化（郭金龙、周小燕，2013）。

因此，在正式的养老保险制度未建立时，理性的经济人将通过生育后代和过度储蓄实现养老，这一传统机制在一定意义上说对经济结构变

迁是有利的，能够为发展中国家的经济增长和结构变迁提供必要的劳动和资本供给。然而，由于过度储蓄，国民福利没有提高，这就使得经济发展到一定阶段，公共养老保险制度就变得必要。

4.1.2　现收现付制公共养老保险制度下的动态分析

现收现付制是出现最早的公共养老金体系。由于引入了养老保险，政府的职责既包括进行基础设施和教育投资，也包括维持社会保障体系。假定政府两项职责的运行是完全分开的，即用于基础设施与教育投资的财政资金不可以与社会保障体系混用，这与世界各国的通行做法是一致的。根据实现形式的不同，现收现付制可分为按人头税（toll tax）或总量税（lump sum）方式缴纳的现收现付制和按工薪税（payroll tax）或基于工资比例缴纳的现收现付制。

在以人头税或总量税缴纳的现收现付制公共养老金制度下，个人每年缴纳统一标准的人头税作为养老金收入来源，以供现存老年人养老使用。这种方式不需考虑工资收入的差异，则对于在职劳动的消费者而言，预算约束变为

$$W_t^i + R_t^i K_t^i = K_{t+1}^i - K_t^i + C_t^i + D_t^i \qquad (4.7)$$

其中，用于基础设施和人力资本的税收已被忽略，D 为每年缴纳的人头税。

对于已经退休的消费者而言，预算约束由下式给出

$$R_t^i K_t^i + Q_t^i = K_{t+1}^i - K_t^i + C_t^i \qquad (4.8)$$

其中，Q 为每年获得的养老金给付。

对于养老金体系，存在以下平衡方程

$$N_t^Y \cdot \sum_{i=1}^{40} D_t^i = N_t^O \cdot \sum_{i=1}^{40} Q_t^i \qquad (4.9)$$

则可以推得现收现付制公共养老金体系下的消费水平要高于无养老保险制度下的消费水平。这是因为，现收现付制公共养老金是按照实际

存活的老年人口进行发放的，而无养老保险制度下出于对长寿风险的方法经济人的养老储蓄是按照一直存活的标准进行安排的，因而现收现付制公共养老金体系挤出了过度储蓄，因而有助于提高居民福利。统一人头税方式的现收现付制公共养老金体系对于资本积累来说，会在一定程度上降低资本积累，因而对于经济结构变迁而言有一定影响，过高的福利水平不利于经济资本积累。

对于按工资税（payroll tax）或基于工资比例缴纳的现收现付制而言，需要引入收入的差异性。为简单起见，假定存在两种劳动者，一种是无人力资本的劳动者，另一种是有人力资本的劳动者，后者能获取由第3.3节中假定的国家投资形成的人力资本的边际产出作为劳动收入①，且人力资本收入同样要纳入计算养老金缴纳金额的工资收入中。则对于在职工作的无人力资本和有人力资本的代表性劳动者而言，预算约束分别为

$$(1-\eta)\ W_t^i + R_t^i K_t^i = K_{t+1}^i - K_t^i + C_t^i \tag{4.10}$$

$$(1-\eta)\ (W_t^i + V_t^i) + R_t^i K_t^i = K_{t+1}^i - K_t^i + C_t^i \tag{4.11}$$

其中，η 为缴费率，V 为每个人力资本劳动者所获得的人力资本报酬。根据服务业的生产函数，V 的水平由下式决定：

$$V_t^i = (1-\tau_t)\ \frac{\zeta Y_t^S}{NH_t} \tag{4.12}$$

其中 NH_t 为具有人力资本的劳动者数量，一般说来 V 随着劳动者数量增加而减少。这是因为，一方面，人力资本水平由政府投资决定，在要素边际产出递减规律作用下，人力资本对服务业的产出增长推动作用

① 根据国家统计局2012年分行业平均工资的统计数据，信息传输、软件和信息技术服务业、金融业、科学研究和技术服务业三个行业平均工资分别是社会平均工资的1.7、1.9、1.5倍，因而可以将这三个行业的平均工资理解为包括了人力资本报酬。也可以将具有人力资本的劳动者比例理解为具有大学以上学历的劳动者比例，参见 Barro 和 Lee（2012）统计的各国劳动者受教育程度数据库。

日益降低，服务业的增长速度逐渐下降；另一方面，人力资本报酬随着人力资本劳动者数量越多，每个人力资本劳动者获得的数量必然越少。

由于人力资本报酬的存在，使工薪税缴纳的现收现付制公共养老金的给付计算非常复杂。为确保现收现付制的养老金收支平衡，可假定劳动工资和人力资本报酬的养老金实行分别平衡，则无人力资本和有人力资本的退休劳动者的预算约束分别为

$$R_t^i K_t^i + Q_t^i = K_{t+1}^i - K_t^i + C_t^i \qquad (4.13)$$

$$R_t^i K_t^i + X_t^i = K_{t+1}^i - K_t^i + C_t^i \qquad (4.14)$$

其中，X 为人力资本报酬养老金体系的养老金给付。

劳动工资和人力资本报酬的养老金收支平衡方程分别为

$$\eta N_t^Y \sum_{i=1}^{40} W_t^i = N_t^O \sum_{i=41}^{80} Q_t^i \qquad (4.15)$$

$$\eta NH_t^Y \sum_{i=1}^{40} V_t^i = NH_t^O \sum_{i=41}^{80} X_t^i \qquad (4.16)$$

可见，由于 V 具有随着人力资本劳动力人数增加而降低的特点，这意味着人力资本劳动力在年轻时缴纳的养老金折现额往往会高于在年老时的所得，这就造成了人力资本劳动缴费与给付不相等的精算不公平现象（Queisser 和 Whitehouse，2006 的定义）。

因此，在收入存在差异的情况下，现收现付制的计算方法非常复杂，牵涉到各种收入层级之间的差异水平及其演变轨迹，以及各种收入层级劳动人数的比例及其演变轨迹。对于经济现实而言，一般的结论是高收入阶层难以获得精算公平的养老金给付，因而高收入阶层倾向于少申报所得收入，以规避养老金缴纳。

4.1.3 基金制公共养老金体系的动态分析

基金制或完全积累制公共养老金体系大都采用与工资挂钩的缴费方式，基本上不会采用一次性缴付（lump sum）的缴费方式，因而我们只

考虑工资相关的缴费方式，同样假定经济中存在无人力资本劳动者和有人力资本劳动者，劳动工资和人力资本报酬养老金体系分别核算并保持平衡。

在基金制公共养老金体系下，储蓄仍由个人完全决定，但政府按照工资水平征收比例为 η 的社会保障税作为个人的养老保障。则对于在职工作的无人力资本和有人力资本的代表性劳动者而言，预算约束分别为

$$(1 - \eta) \ W_t^i + R_t^i K_t^i = K_{t+1}^i - K_t^i + C_t^i \qquad (4.17)$$

$$(1 - \eta) \ (W_t^i + V_t^i) + R_t^i K_t^i = K_{t+1}^i - K_t^i + C_t^i \qquad (4.18)$$

无人力资本和有人力资本的退休劳动者的预算约束分别为

$$R_t^i K_t^i + Q_t^i = K_{t+1}^i - K_t^i + Z_{t+1}^i - Z_t^i + C_t^i \qquad (4.19)$$

$$R_t^i K_t^i + X_t^i = K_{t+1}^i - K_t^i + B_{t+1}^i - B_t^i + C_t^i \qquad (4.20)$$

其中，对于 t 期出生的劳动者个人而言，劳动工资和人力资本报酬的养老金收支平衡方程分别为

$$\sum_{j=1}^{80} \widetilde{R}_t^i Z_t^i \geqslant \sum_{i=41}^{80} Q_t^i \qquad (4.21)$$

$$\sum_{j=1}^{80} \widetilde{R}_t^i B_t^i \geqslant \sum_{i=41}^{80} X_t^i \qquad (4.22)$$

其中，Z 和 B 分别为劳动工资和人力资本报酬积累的个人养老基金，$\widetilde{R}_t$ 为养老基金投资回报率。使用大于号是由于寿命不确定性和个人养老基金不能为负的假定。可以看出，高收入群体的养老金给付水平与缴费水平紧密相关，基本上实现了养老金精算公平。

上述分析还意味着，即便引入基金制公共养老金制度，在个人养老金因长寿风险导致账户资金不足时政府不给予补贴的情况下，长寿风险仍然不能得到解决，个人仍然会出现养老金的缺口，从而导致个人效用出现严重问题。

许多研究认为，若个人养老基金的增值率若与资本回报率相同，即 $\widetilde{R}_t = R_t$，则完全积累的个人养老金体系与没有养老基金的情形完全等

同,公共养老金完全挤出了个人储蓄(如 Blake,2006a)。但这两者往往不一定相等,当基金增值率低于其他资本回报率时,完全积累制的个人养老金会减少资本积累,实质上会减缓结构变迁进程;而当基金增值率高于其他资本回报率时,完全积累的个人养老金体制则会有助于资本积累,从而加快结构变迁。由于基金制需要完善的金融市场才能实现较高的资本回报率,对于发展中国家而言这往往不可得,因而发展中国家实行基金制养老保险体系往往相对较少,而对于发达国家而言,由于金融体系完善,养老基金能够向国外特别是快速增长且稳定的经济体进行投资,从而能够获取较高资本回报率,因而有条件采用较高比例的基金制养老金体系。

4.1.4 部分积累制的养老金体系分析

通过上述分析可以看出,在收入存在差异和寿命不确定性的条件下,现收现付制和完全积累制的公共养老保险体系各有利弊,因而采用现收现付制和完全积累制的结合,能够在一定程度上综合两种养老金体系的优点并避免各自的缺点。

根据前文分析,养老金体系采用一定比例的现收现付制,采用每年缴纳一次性人头税的方式进行缴费,按照现收现付制的要求进行当年资金平衡,以帮助劳动者分散长寿风险。同时,另一部分采用部分积累制,按照基金管理的方式进行运营,以实现养老金的增值保值和给付发放,同时让高收入人群和低收入人群都有相同的缴费激励。

4.1.5 老龄化的影响

上述分析若加入老龄化的影响,对结果会有一定的影响,但并不影响前面分析的主要结论。老龄化影响的主要是出生率降低、死亡率降低,从而劳动人口和总人口降低,老年人口的比例提高。由于老年人口只能消费而不能积累,老龄化比例提高可能降低资本存量比例,因此,在没有延迟退休等政策的条件下，随着预期寿命的提高，老龄人口数量将越来越大，从而影响资本积累水平。但一般而言，由于延迟退休已成为各国趋势，领取养老金的老龄人口与劳动人口的比例不会一直拉大，同时，资本存量（及基础设施、人力资本）的增长速度往往高于人口老龄化带来的劳动人口下降，因而从整体上看，人口老龄化只会延缓资本存量积累的速度，未必会带来产出和工资水平的下降。因而，我们可以只考虑老龄化对不同养老金体系的影响。

在人头税的现收现付制下，与人口年龄结构和总数都保持不变的稳态人口状态相比，老龄化将使现收现付制养老保险体系负担越来越重，其结果是老年人获得的养老保险水平越来越低。这就是为何许多报酬给定（Defined Benefit）的现收现付制遭遇困难的主要原因。在工薪税的现收现付制下，老龄化造成的结果也基本相同。同时，老龄化对于现收现付制养老保险金不能满足精算公平的缺点同样存在。

在完全积累制下，由于个人养老金给付直接与缴费相关，老龄化基本上对养老金没有直接影响。这就是为何许多国家和地区实行由现收现付制向（部分）积累制养老金改革的主要原因。

4.1.6 由现收现付制向（部分）积累制的过渡改革

西方国家在社会保障建设的早期，实行的一般都是待遇确定型现收现付制，以帮助民众应对劳动能力丧失后的基本生活困难。随着"二战"后各国人口结构的迅速变化，人口老龄化带来的养老压力和工作人口比例的下降，造成现收现付制养老体系面临巨大挑战，使各国纷纷改为缴费确定型的积累或部分积累制。一些发展中国家也因为人口老龄化压力等原因纷纷由现收现付制向积累制转型，如智利1981年的养老金改革，秘鲁1993年的改革，阿根廷1994年的改革。

由现收现付制向积累制转型不仅能应对人口结构转变带来的财政压力，还有助于储蓄率的提高。但是，经济学家很快就注意到由现收现付制向基金制过渡的过程中，处于过渡期间的世代既需要支付上一世代的养老金，又需要向自己的养老金账户进行储蓄，从而造成改革世代的养老金巨大压力。让改革世代支付承担因养老金体系变化带来的全部成本显然是不公平的，而将这一世代的成本全部由后续世代来承担也是不公平的。因而，这一转轨成本往往由政府通过其他方式进行支付，或由政府将该成本平摊至后续多代，以降低代际转移的不公平性。

Modigliani 和 Muralidhar（2004）专门讨论了从赤字现收现付制向（部分）积累制过渡的困难与解决思路。他们列举了许多国家的不同处理方式，如智利政府发行的场外认购债券（off-market recognition bond），秘鲁发行的零实际担保利率债券，墨西哥向过渡世代支付更多给付。还有许多国家使用财政预算盈余（大都通过提高税收来实现）以支付转轨成本，或削减给付水平以降低转轨成本，而没有预算盈余的国家则被迫通过负债的方式进行处理。

采用不同方式处理转轨成本，对于经济增长及其他经济变量有不同的影响。采用当期增加税收的方式来消解转轨成本，显然是让现存世代主要承担转轨成本，从而对现存世代的储蓄和消费行为都有较大的挤出。而发行政府债则意味着改革世代不用承担转轨成本，改革时期的储蓄率和资本存量基本不会受到影响，并有可能提高长期增长率（Corsetti 和 Schmidt-Hebbel，1997），但这种做法可能会在政府债到期时必须通过税收等手段偿还债务及本金而影响后续世代的储蓄与资本存量，因而可能造成后续世代向现存世代的代际转移。

为了尽可能最小化养老金改革对经济的负面影响，学者们就如何改革提出了多种方案。Arrau（1990）讨论了将收入税和债务两种方式进行复合以消除转轨成本的办法，认为最适当的（即代际再分配规模最小的）改革办法是通过发行类似智利政府的认购债券来弥补改革时刚好退休世代的养老金缺口，同时运用收入税消除为填补尚未退休的所有劳动者向原有现收现付制养老金系统所缴纳的养老金造成的缺口，这样可以最大限度地降低对各世代公平性和对经济变量的消极影响。Valdés-Prieto（1997）则提出，对财政收入和国民储蓄没有影响（neutral）的养老金改革可通过同时降低缴费率、引入对转轨时代的补偿性养老金、逐渐提高转轨期内的公共债务 – GDP 比例和开征新的工薪税等四项措施得以实现。

对于中国这样具有庞大生产性公共部门的经济体而言，通过生产性公共部门来解决转轨成本是比较好的解决思路。一方面，国有土地出让、国有企业经营等国有部门不仅每年给财政带来巨大的收入，能基本满足转轨成本支出的需要；另一方面，通过生产性公共部门削减转轨成本无须增加税收或政府债务，因而不会对生产活动带来扭曲性的影响。

4.2　非正规就业与城镇居民保险

4.2.1　非正规部门与非正规就业

非正规部门是由国际劳工组织 1972 年在分析肯尼亚经济时所提出的概念，其特征主要包括进入门槛低、依赖本地资源、家庭为单位、规模小且劳动生产率低、劳动密集型且适应这种生产方式的技术、依赖教育与技术的非正式来源、市场规制较少且竞争性强、缺乏政府支持。后来包括国际劳工组织等国际机构在内的机构与组织进行了深入的区分，并给出了较具操作性的统计定义，一些机构甚至将非正规经济、非正规就业与非正规部门等进行了详细的定义（Chaudhuri 和 Mukhopadhyay，2010）。本文不打算进行深入细分，仅将非正规就业界定为小规模的非公司型就业，主要包括中国广泛存在的个体户、个体经济中的雇用劳动者、劳务派遣工人等。国内学者许多研究对中国非正规部门就业人数进行了估计，改革开放以来非正规就业人数不断上升（蔡昉、王美艳，2004a），黄宗智（2013）认为非正规就业人数达 2.2 亿人，占全部劳动就业人数的 63.2% 。这充分表明，非正规就业人数对于中国经济的重要性。

非正规就业在经济学中已有大量的研究，Chaudhuri 和 Mukho-padhyay（2010）对相关理论模型进行全面综述和介绍，研究的框架主要是建立一个包含正式部门和非正式部门的结构性经济模型，可供分析的框架包括俄林—赫克歇尔—萨缪尔森模型、哈里斯—托达罗模型等。这种包含正式—非正式部门的结构性模型一般都假定劳动者在教育和技能方面有异质性，生产技术从而生产函数有异质性，甚至在产品方面都有异质性，而事实上非正规部门的产品可能与正规部门并没有显著差异①。Saracoğlu（2008）采用了一个包括农业部门、正式就业部门和非正式就业部门的三部门且有非位似性偏好的一般均衡模型，讨论了非正式就业部门随着经济发展不断萎缩的原因。但这一模型的问题是非正规部门的产品非位似性偏好和三种产品的产出与消费关系以及非正规部门产品与产出份额的演变趋势并没有得到经济事实的支持。

非正规就业由于规模小、就业形式灵活、不签订合同，往往意味着没有覆盖在正规的社会保障体系之内。因而，非正规就业规模与全社会保障体系有着重要的联系。Packard（2007）考察了智利的养老金改革与非正规就业的交互作用，发现自智利允许非正规就业人员可自愿参加社会保障体系（要求缴纳 13% 的工资）20 年以来，智利非正规就业人数不断增长，劳动者参与养老金体系的概率不断降低，并未取得调动非正规就业劳动者参与养老金体系的积极性。因此，考虑养老金体系改革，就有必要考虑非正规部门的影响。

---

① 考虑到非正规部门主要分布在服务业，而现实中服务业本身就是异质性突出的产业。若仅考虑特定的服务品提供如餐饮与零售业，很难说小型餐饮店与小杂货店提供的商品与服务会比大型正规连锁店的有显著区别，进一步地说，即便存在差异，也很难说这种差异具有经济学上的理论意义。

4.2.2 城镇居民养老保险的激励问题

中国于 2011 年建立了针对未参加职工养老保险居民的城镇居民养老保险（城居保），城居保与 2009 年建立的新农保、政府机关与事业单位退休金体系和城镇职工养老保险一起，构成了全覆盖的养老保障体系。从激励角度考察城镇居民养老保险与非正规就业，可以得到一些有意义的结论。

如果城镇居民养老保险成为类似于扶贫项目的福利救济，居民受益与自己的付出没有太大的直接关系，则居民养老保险势必面临与扶贫项目一样的道德风险，即居民不愿参与缴费率较高的社会保障体系，转而通过无成本或低成本获得城镇居民养老保险。而这一结果不仅可能使职工养老保险面临萎缩的困境，也可能实质上鼓励大量劳动者转为非正式就业使主要由财政补贴的城镇居民养老保险不堪重负，给社会保障系统造成更大的潜在缺口。

非正规就业规模与社会保障体系的覆盖及缴费水平之间的关系是很明显的。一方面，非正规就业规模的扩大，往往会造成社会保障体系缴费人数的缩小，在短时间内社会保障体系受益人数没有较大变化的条件下，就会使现收现付制形式的社会保障体系面临严重的短期支付危机；另一方面，社会保障体系当由于老龄化、投资效益较差等原因遇到支付危机时，管理当局往往不得不提高对正规就业部门养老金的征缴水平，如提高缴费率或延长退休年龄，这很容易导致非正规就业人数的增加，从而进一步加剧正规就业养老金危机。

4.2.3 非正规就业的养老保障激励

因征地等因素形成的土地城镇化造成的城镇新市民面对的选择与乡城迁徙的农业转移人口不同。由于他们已经没有了土地保障，只能通过社会保障和商业保险等方式来实现个人养老安排。同时，许多私有和民营企业出于成本等因素的考虑，并不为员工购买社会保险，而通过部分现金发放等形式降低企业用工成本。许多外地人口特别是农民工进入大城市，以劳务派遣、短期工、小时工等非正规形式从事劳动就业。因此，这种就业方式往往不按照城镇职工标准缴纳各种社会保险，而将这笔原应缴纳社保的工资发放给劳动者，因而受到农民工的欢迎。这种规避社会保险的用工方式成为外地人口特别是农民工选择就业的主要形式，而这一选择对于所在城市的新型城镇化推行带来严重挑战。

4.2.3.1　城乡保+储蓄养老和职工保的权衡选择

假定对个人而言，选择是否缴纳城镇职工社会保障是理性选择的结果，劳动者对两种方案本身无差异，则其考虑的就是工资和养老金形成的总体待遇水平的差异。仍以养老金为例，当劳动者缴纳城镇职工养老保险时，需要缴纳税前工资的 28% 作为养老金，其中，20% 进入社会统筹账户实行现收现付制的发放方式，8% 进入个人账户进行投资实现保值增值，退休后个人账户养老金按退休后平均存活寿命进行发放。假设在最简单的情境下，个人工资 w（与社会平均工资相同）、保值率 r、通货膨胀率 ρ 为 0、个人缴费 a 年、领取养老金 b 年（个人余命与社会平均余命相同），则个人每年能获得的养老金由下式决定

$$
\begin{aligned}
D_1 &= 0.01 \cdot w \cdot a + 0.08 \cdot \frac{w}{b} \cdot \sum_{i=1}^{a-1} (1+r)^i \\
&= 0.01 \cdot w \cdot a + 0.08 \cdot \frac{w}{b} \cdot \frac{(1+r)^a - 1}{r}
\end{aligned}
\tag{4.23}
$$

等式右边第一项表示统筹账户养老金，为社会平均工资的一定比例，该比例的计算办法为每缴纳 1 年增加 1%。右边第二项表示个人账户，计算办法为退休时个人账户养老金（包括缴费金额和投资增值部分）根据退休时余命分摊到每一年。

当居民选择不缴纳城镇职工养老保险，则根据有关文件要求，居民自动选择缴纳城乡居民养老保险，则每年可获得的养老金计算办法为

$$D_2^j = g + \frac{h}{b} \cdot \sum_{i=1}^{a-1} (1+r)^i$$
$$= g + \frac{h}{b} \cdot \frac{(1+r)^a - 1}{r} \quad (4.24)$$

其中，g 为政府补贴，h 为缴纳水平。由于居民可以选择养老保险的缴费水平，则假定居民选择的缴费水平为收入的比例 s，即 $h = s \times w$，则式（4.24）可以表示为

$$D_2^j = g + \frac{s \cdot w}{b} \cdot \frac{(1+r)^a - 1}{r} \quad (4.25)$$

对于不缴纳城镇职工养老保险的劳动者而言，少缴纳的养老金可以作为私人储蓄或消费，在这里假定居民可采用最保守的投资策略，即银行 1 年定期的储蓄，假定去除通货膨胀后的实际利率为 r'，则有

$$\frac{0.28 \cdot w - s \cdot w}{b} \cdot \sum_{i=1}^{a-1} (1+r')^i = \frac{0.28 \cdot w - s \cdot w}{b} \cdot \frac{(1+r')^a - 1}{r'} \quad (4.26)$$

则对于劳动者而言，要比较职工养老保险给付水平是否高于居民养老保险和私人储蓄带来的回报水平，即在均衡状态下，两种选择的收入水平应该是相等的，即有

$$D_1 = 0.01 \cdot w \cdot a + 0.08 \cdot \frac{w}{b} \cdot \frac{(1+r)^a - 1}{r}$$
$$= D_2 = g + \frac{s \cdot w}{b} \cdot \frac{(1+r)^a - 1}{r} + \frac{0.28 \cdot w - s \cdot w}{b} \cdot \frac{(1+r')^a - 1}{r'} \quad (4.27)$$

由式（4.27）可以看出，个人选择正式就业或非正式就业，取决于一系列参数的取值，特别是投资回报率水平和政府补贴水平。

4.2.3.2 职工保与城乡保加个人储蓄的保障水平比较（以深圳为例）

要比较深圳职工保与城乡保的保障水平，首先根据深圳的实际情况对式（4.27）的参数进行校准。在最简单的情形下，假定两种利率相等且都等于 0，即养老金个人账户和个人储蓄的增值率与通货膨胀率相等[①]，则有

———————

[①] 根据有关规定，中国目前的城镇职工养老金和居民基本养老金个人账户资金除少量交由全国社保基金运营能获得一定的投资收益外，大部分资金只能以银行存款和投资国债为主，投资收益率一直在低位徘徊，甚至有时低于 CPI 增长率，参见郑秉文（2013）等。

$$D_1 = 0.01 \cdot w \cdot a + 0.08 \cdot \frac{a}{b} \cdot w$$

$$D_2 = g + 0.28 \cdot \frac{a}{b} \cdot w \tag{4.28}$$

要满足 $D_1 = D_2$ 且 $g \geqslant 0$，则必须有 $b = 20$。这意味着即便是没有补贴（$g = 0$）的情况下，养老金居民也必须连续领取养老金 20 年，才能使得职工保和城乡保加个人储蓄收益相等，少于 20 年则职工保收益低于城乡保。根据我国第六次人口普查数据，预期寿命只有 74.83 岁，这意味着大部分人难以领取养老金超过 20 年。因而只要政府有一定水平补贴，居民就一定会选择居民养老保险。若加上政府补贴，则城乡保加个人储蓄的收益更高。

从另一个角度来看，若假定劳动者缴纳和领取养老金年限均为 15 年且政府对城乡保的补贴为 0，则 $D_1 = 0.23w < D_2 = 0.28w$。这明显违背了精算公平的概念，这是因为中国现有的职工养老保险的运营还担负着消解国企改制造成的"老人""中人"的改制成本的功能，0.05w 就成为个人向"老人""中人"的补贴。正因为这一补贴的存在，即便政府不向城乡保进行补贴，城乡保和个人储蓄提供的保障水平也要高于职工保的保障水平。

考虑养老金个人账户投资增值率高于个人储蓄水平的情形。假定个人账户投资增值率为 5%，储蓄利率设为 0（即完全被通货膨胀率所抵消）。进一步假定个人缴费 15 年（最低缴费年限），领取养老金 15 年（按女性 170 个月计算），则有

$$D_1 = 0.01 \cdot w \cdot 15 + \frac{0.08 \times 21.6}{15} \cdot w = 0.265w$$

$$\tag{4.29}$$

$$D_2 = g + \frac{s \times 21.6}{15} \cdot w + \frac{0.28 \times w - s \cdot w}{15} \cdot 15 = g + 0.44sw + 0.019w$$

根据《深圳市人民政府关于印发深圳市实施〈广东省城镇居民社会养老保险试点实施办法〉细则的通知》的规定，深圳市居民养老保

险基础养老金水平为 300 元/月，合 3 600 元/年，根据《深圳统计年鉴》，深圳平均在岗职工工资水平（59 010 元），求得 g＝0.06w，代入上式，可得 s＝0.423。这一结果表明，在给定的政府补助标准下，若个人账户投资增值率高于个人储蓄利率水平，则要达到与职工养老保险体系相同的保障水平，在居民养老保险体系中就必须选择较高水平的缴费额（本例中相当于平均工资的 42.3%）以上。因此，如果职工保个人账户能取得相对于个人其他储蓄形式更高的增值率，则会吸引大批劳动者选择职工养老保险。

对目前的中国养老金体系而言，由于养老保险个人账户全部由政府部门管理，除全国社保理事会管理的少部分社保基金外，绝大多数社会保障基金并没有专业投资机构和投资人员参与，因而多年来社保基金大都以银行存款、国债等保守资产的形式进行保管和投资，增值率非常低，与此同时，由于金融市场的不完善，家庭也缺乏必要的投资渠道，资金增值率非常有限，这都与本节第一种情形非常类似，因而在这种情况下必然导致劳动者选择不缴纳职工社会保险而转向城乡居民社会保险。要解决这一问题，就必须通过发展金融市场，提高养老金的投资回报率，过渡到本节所讨论的第二种情形，才能解决这一问题。

类似地，相对于新农村合作医疗（新农合）和城镇居民医疗保险，城镇职工医疗保险也有类似的影响（甘犁、刘国恩和马双，2010）。但由于新农合和城镇居民医疗保险尚未实现融合，对于没有加入所在城市户籍的流动人口和农民工而言，是否加入城镇职工社会保险实际上是在原城镇职工医疗保险和新农合之间进行比较和选择，由于城镇职工社会保险缴费水平较高，而这些缴费的流动人口大都是身体健康的年轻劳动力，因而对医疗的需求较低。因此，流动人口更不愿缴纳城镇职工医疗保险，更愿意领取现金。

根据上述分析，对于土地城镇化形成的城市新市民及许多进城农民而言，他们面对的选择是进入城镇职工养老保险和城乡居民养老保险加个人储蓄的组合。对于他们而言，如果不参加城镇职工社会保障，而将这部分支出投入到城镇居民社会保障及个人储蓄，可能获得更高的投资回报率。因而理性的农业转移人口会比较两种保障水平，在城乡保加个人储蓄更合算的条件下，他们将转向非正规部门就业。而非正规就业的扩大会加大政府补贴的财政压力，在人口老龄化的背景下也会因缴费人口减少而加大城镇职工社会保障系统的偿付缺口。因此地方政府一般都会力推扩大城镇职工社会保障。深圳市政府甚至提出，要在 2015 年使城镇职工基本养老保险参保率、常住人口基本医疗保险参保率及工伤保险参保率均达到 95% 以上。从上文的分析来看，要实现这个目标任重道远。

4.2.3.3　城镇居民社会保障的非正规就业含义

对于规避社会保险的劳动者，用工方不给他们缴纳保障水平较高的城镇职工养老保险，而让他们自己选择带有一定水平政府补贴的城镇居民养老保险，从而降低了企业的用工成本。虽然我们缺少深圳和梅州城镇职工养老保险覆盖率的具体数据，根据广东省总体水平可以大致推断这两个城市也面临就业非正规化的问题。根据《中国统计年鉴》有关数据进行计算可知，2012 年广东省城镇职工养老保险（简称职工保）参保人数占总人口比例约为 38%，低于北京的 58%、上海的 60%、浙江的 40%，位列全国第四。考虑到广东较为年轻的人口结构、较低的政府机关事业单位工作人员比例（政府机关事业单位工作人员的养老保险主要是单位工资制），广东的城镇职工养老保险覆盖率并不是很令人满意，这意味着仍有相当大规模的就业人员并未加入城镇职工养老保险，而是选择了城乡居民养老保险。

在城镇的农业转移人口或城镇居民选择城乡居民社会保障，其影响已远超个人选择。一方面，选择城镇居民社会保障人数的增加意味着领取补贴的人数增多，从而增大了政府对养老系统补贴。另一方面，选择城镇居民社会保障人数的增加意味着缴纳城镇职工养老保险的人数减少，从而减少了分摊职工养老保险体系转轨成本的人数，因而在养老金转轨改革和人口结构变迁的双重压力下，意味着更大的养老金缺口。为了填补新增的养老金补贴缺口和职工养老金缺口，政府不得不增加税收，或是进一步提高正规部门的社会保障缴费比例，从而进一步恶化了正规部门劳动者的收入状况，造成经济的进一步非正规化。正规部门和非正规部门的福利成本和收入差距，正是拉美经济的典型特点，也是拉美国家陷入中等收入陷阱的重要原因。

4.3　农村居民养老保险

作为拥有一个庞大农业部门的发展中国家，2013 年中国经济仍有一半劳动力在农业部门，建立全覆盖的公共养老金制度就必须重视农村居民养老保险的建设。考虑到如此庞大的人口基数和目前的经济条件，建立农村居民养老保障体系是一项宏伟的社会工程。Patriquin（2007）回顾了英国福利国家建立的历史，对在一个农业国建成社会福利体制所经历的困难与问题进行了回顾，对中国发展农村居民养老保险有重要的启示。

经过长期调研和探讨，中国农村居民养老体系于 2009 年建立，结束了数千年来农民无养老保障的历史。但有关农村居民养老保险的研究并未特别注意农村居民的典型特征，认为农村居民养老保障建立以前仅依靠养儿防老这种传统的社会保障方式（如刘昌平、殷宝明和谢婷，2008 第 8 页），仅将农村居民养老保险看成是养老保险体系的简单扩大。事实上，中国农村居民绝大多数都是拥有土地作为资产的自雇型劳动者，与城市中被雇用领取工资的工薪阶层有显著区别。脱离这两个特点来讨论农村居民养老保险，显然是脱离经济现实的。

4.3.1　农村居民的自雇性质

中国大陆地区自 1950 年以来实行了旨在按人口均分土地的改革政策，打破了原有的土地集中政策，也使所有在第一产业劳动的农民都拥有了对土地的使用权，受雇佣无自有土地的佃农基本消失。因而直至今天，除被征地之外，所有农民的名下基本上都有耕地可供耕种。因此，在分析有耕地的农村居民时，就应当将农民作为自雇劳动者进行看待。

农民作为自雇劳动者，就与城镇中从事个体劳动的非正规就业人群性质相同。自雇劳动者的重要特征是所有纯利润均由自己所得，劳动所得、资本收入与利润无法区分。由于通常意义上的公共养老金体系是专门为领取工资的工薪阶层所涉及的，缴付责任也是在雇主和雇员两者之间划分的。以中国为例，职工养老金体系中雇主和雇员合计的缴费比例达到了 28%，若以同等标准缴纳，则自雇人群需要缴纳 28%，才能按照职工养老保障标准发放养老金。

4.3.2　土地的社会保障资产性质

另一个典型的区别是农业和工业服务业生产方式的差异。农业生产中，土地是重要的资产，而在现有体制下，农民至少拥有土地的使用权，除了征地之外，这种使用权是没有期限的。这也是马列主义经典并不将农民列入无产阶级的原因。从这个意义上说，农民所拥有的土地本身就可以作为一种养老的资本，因而若通过政府补贴将农民与城市普通劳动者放到同一水平的公共养老金水平上，这意味着对农民的补贴远高于城市普通劳动者。

在一个二元经济中，农村人口与城市人口的养老模式有着重要的差异。与城市大多数居民不占有生产资料或资本不同，农民占有土地这一重要的资本，因而可依靠土地进行养老，即作为地主向佃农（在当代中国大多数情形下是自己的儿子）收取地租。虽然由于资本存量太低、技术水平低、未发挥规模经济等原因，这种方式因农业劳动生产率低下而在当代中国日益失去吸引力，但仍不失为保持基本生活需要的一种选择。随着结构变迁，劳动逐渐从农业部门转移到其他部门，且农产品的价格逐渐上涨，劳动部门的地租将稳步上升。此时拥有土地的农民就成为典型的自雇劳动者或企业主，应当制定相应的养老金体系。

4.4　城镇化移民的养老保险

当农业转移人口进入城市后，如何实现人口市民化以获得城镇基本公共服务和社会保障则成为新型城镇化背景下的重要课题，社会保障、特别是养老保障是市民化的最重要组成部分，也是农业转移人口市民化考虑的首要因素（国务院发展研究中心课题组，2011）。从我国社会保障体系架构来看，城镇职工社会保障体系是城镇的主体社保架构，在农业转移人口中推广城镇职工社会保障是农业转移人口市民化的主要工作内容。早期许多社会调查研究都指出，农业转移人口、特别是农民工都被排除在社会保障制度之外（如刘传江、程建林，2008；张国胜，2009等）。根据 2006 年和 2008 年的中国社会状况调查数据，农民工参与职工养老农业转移人口保险、医疗保险的比例分别仅为 9% 和 17%，远低于城镇居民（李培林、李炜，2010）。随着社会保障制度的全面推进，特别是农村和城镇居民社会保障体系的建立健全和融合，农业转移人口的市民化意愿已不再像以前那样强烈（如张丽艳、陈余婷，2012；姚植夫、薛建宏，2014 等），他们是否加入城镇职工社会保障体系就成为个人选择而非制度约束。由于农业转移人口可划分为乡城迁徙农民工和土地城镇化的失地农民（Chen 和 Song，2014），在研究时要区分土地划转和乡城迁徙两类农业转移人口的选择机制。对于乡城迁徙的农业转移人口而言，离乡不离土的可行性为他们提供了土地保障的可能，市民化与否的选择实际上是比较土地保障加城乡居民社会保障的综合保障水平相对于正式职工社会保障的相对高低,而对于土地流转的农业转移人口而言,他们面临的选择是个人自我保障和城乡居民社会保障之和与城乡职工社会保障的相对水平。由于农业转移人口的社会保障选择行为还往往意味着非正规部门的发展,而非正规部门对于收入分配格局的合理有序和社会保障制度的公平可持续都有较大阻碍,因此剖析农业转移人口的社会保障选择行为,探讨其选择城镇职工社会保障的条件,对探讨推进新型城镇化有着重要的现实意义。

4.4.1　城镇化过程中进城农民的社会养老保险

根据 2014 年 3 月公布的《国家新型城镇化规划(2014—2020年)》,城镇化的定义是"伴随工业化发展,非农产业在城镇集聚、农村人口向城镇集中的自然历史过程"。在不精确的定义上,城镇化过程实际上就是劳动人口由第一产业向第二、第三产业迁移、由农村向城镇迁移的过程。这一过程的主要特征就是农民脱离土地和农业生产,进入到城镇从事二三产业的生产过程,由于失去了土地作为养老保障的重要资产,城镇化过程中进城农民的社会养老金建设问题则更为复杂。

2010 年颁布的《中华人民共和国社会保险法》规定,"征收农村集体所有的土地,应当足额安排被征地农民的社会保险费,按照国务院规定将被征地农民纳入相应的社会保险制度。"在农民进入城市市民化后,他们的养老问题应如何处理,关系到城镇化的深入发展。

若要正式建模对城市化过程及进城农民的养老金决定,则牵涉到城市化过程的文献。Lucas(2004)等提供了较好的分析框架。Caucutt,Cooley 和 Guner(2013)给出了一个很好的人口结构变迁(城市化)对养老金的影响的理论模型。农村人口与城市人口的养老金差异:农村地区可依靠土地进行养老,城市人口则需要通过公共养老金体系养老。因此,在农民进入城市市民化后,在保证得到城居保或新农保支付水平之外,还应该为进城农民提供一定水平的安置费用,用于补偿农民的土地收益。

　　对于乡城迁徙的农业转移人口而言，城乡户籍所附加的社会保障水平是他们面临的重要选择。许多研究认为，城市居民身份带有重要的社会保障功能，但这一优势随着单位体制的瓦解、农村居民社会保障体系的全面建立而逐渐消解，城镇居民主要依靠社会保障制度满足养老等需要。除了在政府部门和事业单位就业的少部分城市居民外，绝大多数在正规部门就业的城镇居民都必须参加城镇职工社会保障体系。而对于农村而言，农民除了新建立的农村居民社会保险体系外，还有土地这种传统的保障方式。因此，讨论乡城迁徙的农业转移人口的市民化条件，就是讨论农村居民所拥有的土地保障和城乡居民社会保障水平之和带来的保障水平和城镇职工社会保障水平的权衡选择。

　　本节我们假定乡城迁徙的农业转移人口只关心退休后的养老保障水平，而不关心养老保障经费的来源。虽然我们知道，即便是城镇职工养老保险的统筹账户也是与个人缴费水平紧密相关的，因而土地保障加有政府补贴的城乡保一定严格优于自我储蓄的职工保。然而，个人对养老安排的短视即只关心退休后的保障水平而不去比较支出责任，正是政府推行强制储蓄的社会保障的主要原因之一（Lindbeck 和 Persson，2003）。

4.4.2　土地保障+城乡保和职工保的权衡选择

　　由于医疗保险牵涉到医疗服务的提供，而后者往往受到地理区隔的影响而变得复杂，我们先以养老保障为例讨论农业转移人口面临的城乡户籍附加的社会保障方式选择。当劳动者缴纳城镇职工养老保险（简称职工保）时，需要缴纳税前工资的 28% 作为养老金，其中，20% 进入社会统筹账户实行现收现付制的发放方式，8% 进入个人账户进行投资实现保值增值，退休后个人账户养老金按退休后平均存活寿命进行发放。假设在最简单的情境下，个人工资 w（与社会平均工资相同）、保值率 r、通货膨胀率 ρ 为 0、个人缴费 a 年、领取养老金 b 年（假定个人余命与社会平均余命相同），则个人每年能获得的养老金由下式决定

$$D_1 = 0.01 \cdot w \cdot a + 0.08 \cdot \frac{w}{b} \cdot \sum_{i=1}^{a-1} (1 + r)^i$$

$$= 0.01 \cdot w \cdot a + 0.08 \cdot \frac{w}{b} \cdot \frac{(1 + r)^a - 1}{r} \tag{4.30}$$

等式右边第一项表示统筹账户养老金，为社会平均工资的一定比例，该比例的计算办法为每缴纳 1 年增加 1%。右边第二项表示个人账户，计算办法为退休时个人账户养老金（包括缴费金额和投资增值部分）根据退休时的平均余命分摊到每一年[①]。

若农业转移人口仍然保留土地，则他仍然能从土地获得地租作为一种保障形式。地租的水平取决于农业产出水平和地租在农业总产出中的收入份额。根据常见的农业经济学研究文献，农业部门生产函数为包括资本、劳动和土地在内的三部门 CD 型生产函数，并满足规模报酬不变及稻田条件等常见条件（Echevarria，1998），资本和劳动的产出弹性分别为 α 和 β，则土地的产出弹性为 $1 - \alpha - \beta$，则农民人均地租水平由下式给出

$$D_2^q = (1 - \alpha - \beta) \frac{Y^A}{L^A} \tag{4.31}$$

与此同时，不参加职工保的农民应自动选择缴纳城乡居民养老保险（简称城乡保），这一保险体系已实现城乡保障水平一体化，每年可获得的养老金计算办法为

$$D_2^j = g + \frac{h}{b} \cdot \sum_{i=1}^{a-1} (1 + r)^i$$

$$= g + \frac{h}{b} \cdot \frac{(1 + r)^a - 1}{r} \tag{4.32}$$

其中，g 为政府补贴，h 为缴纳水平。由于居民可以选择养老保险的缴费水平，则假定居民选择的缴费水平为收入的比例 s，即 $h = s \cdot w$，则

---

① 为简单起见，式（4.30）还假定了退休后个人账户金额不再增值，但即便放松这一假定也不影响本节结论。

式（4.24）可以表示为

$$D_2^j = g + \frac{s \cdot w}{b} \cdot \frac{(1+r)^a - 1}{r} \tag{4.33}$$

则居民面临户籍选择的问题为比较下列两项保障水平的高低。

$$D_1 = 0.01 \cdot w \cdot a + 0.08 \cdot \frac{w}{b} \cdot \frac{(1+r)^a - 1}{r}$$

$$D_2 = D_2^q + D_2^j \tag{4.34}$$

$$= (1 - \alpha - \beta) \frac{Y^A}{L^A} + g + \frac{s \cdot w}{b} \cdot \frac{(1+r)^a - 1}{r}$$

可以看出，乡城迁徙的农业转移人口是否选择市民化从而缴纳城镇职工保，主要取决于各养老体系的参数。

4.4.3 职工保与土地保障水平比较（以深圳为例）

要考虑在深圳的乡城迁徙农业转移人口是否会选择深圳户籍从而缴纳深圳职工保，首先要根据深圳的具体情况对式（4.34）的重要参数进行校准。对于农业生产函数中各要素产出弹性系数，有许多不同的计量方法和结果。例如，Jacoby（1993）、Cornia（1985）、Echevarria（1998）等。大致的结论是，劳动的产出弹性在 0.11 ~ 0.4，资本的产出弹性在 0.05 ~ 0.08，土地的产出弹性在 0.4 ~ 0.6。可见土地租金和劳动仍是主导。参照 1953 年土改之前佃农与地主之间对农业最终产品分配的比例，我们假定劳动份额 $\alpha = 0.35$，资本份额 $\beta = 0.15$，则土地份额 $1 - \alpha - \beta = 0.5$[①]。

---

① 1953 年土改完成后，佃农生产作为一种生产方式基本消失，因而较难观察农业生产最终产品的分配，而土改前佃农与地主对农业最终产品的分配比例，几乎都是按照佃农（劳动报酬）、地主（土地地租）和农具农畜与种子（资本）三个部分进行分配的，且分配比例大致符合前述现代计量得到的报酬结果。参见方行（1992）等研究。虽然传统的佃农生产方式在现代科技条件下不可能复活，现代技术水平下的农业必将以专业化和规模化方式经营，但农产品的生产过程并无革命性变化，因而可以合理假设农业生产函数中各要素弹性保持基本稳定。

考虑最简单的情景，假定个人选择居民养老保险缴费额为工资的比例与职工养老保险相同，均为工资的 8%，且居民养老保险与职工养老保险个人账户的增值率相等，则 D_1 和 D_2 两个养老保障方案的个人账户养老金可以抵消，并假定缴费年限固定不变为 a，则户籍选择退化为农业转移人口所获职工保统筹账户养老金水平和他所拥有耕地产生的地租收入与政府对居民养老保险基础养老金补贴之和的比较。当能获得更高的统筹账户养老金较高时，他倾向于选择加入城市户籍，缴纳城镇职工养老保险进行养老准备；而当进城农民工缴费工资指数较低，而农业地租收入和政府补贴较高时，他们将选择保持农业户籍。

根据有关统计数据，我们可以大致计算出在深圳的农民工所面临的职工保和土地保障。采用《中国统计年鉴 2012》中有关第一产业产出值和第一产业就业人数计算得到，农业部门劳均产出约为 20 000 元，按农业部门的分配模式，劳动分配份额为 0.35，年收入仅仅为 7 000元，因此选择外出打工更好；保留土地所有权则可获取租金，土地租金分配份额高达 0.5，则从理论上说，土地能获得约 10 000 元的租金。

假定乡城迁徙的农业转移人口选择保留在家乡的土地，则他所能领取的城乡保养老金水平取决于家乡的养老金政策。假定该农业转移人口来自梅州，则根据《梅州市人民政府关于印发梅州市城乡居民社会养老保险实施办法的通知》，他能获得的基础养老金为 65 元/月，合 780元/月。则土地保障与城乡保养老金支付水平之和为 10 780 元。

考虑深圳职工保的保障水平。当农民工的工资水平为深圳平均在职水平 59 010 元/年时，则 15 年的养老保险缴费能带来每年 8 851.5 元的统筹账户养老金，甚至都低于地租一项。进一步测算可以发现，只有当农民工的指数工资水平（为个人工资和社会平均工资的加权平均）超过 104 000 元时，参加职工养老保险才能超过土地养老和城乡居民保险的保障水平。而这一点，对于农民工而言可能往往难以达到。这意味着深圳职工保完全不能和土地保障加职工保的综合保障组合相比。

上述的分析是在假定存在自由竞争的土地租佃市场的条件下，拥有土地的农民可以得到土地对最终产品的贡献份额作为地租。但由于在中国现有政治环境下，土地私有化且自由买卖不可能实现，因此不存在市场决定的地租水平。我们在梅州的调查结果表明，农户土地流转所采用的形式都是固定租金，每亩每年约为 500 ~ 1 000 元，政府每年还有土地流转补贴 100 元/亩，但由于政策不断鼓励推动，这一价格在逐年上涨。根据《梅州统计年鉴 2013》计算得到 2010—2012 年梅州农业部门劳均耕地面积约为 2. 53 ~ 2. 66 亩，以 2. 5 亩计算，地租按每亩 800 元计算，则每年可获得地租 2 000 元。则地租与城乡保之和仅为 2 780 元，低于 8 851. 5 元的城镇职工养老保险水平，因此从这个角度来看，对农业转移人口而言，加入城镇职工保在短期还是具有较大吸引力的。进一步计算可以得出，只有当地租达到 3 228. 6 元/亩时，农业转移人口从土地保障和城乡保组合中得到的保障水平才能高于职工保。

但是，养老保险是一个长期问题。本节讨论的乡城迁徙农业转移人口所面临的土地保障加城乡保和职工保的选择问题，最少也是在他们可以领取退休金前 15 年，以确保符合缴纳职工保 15 年的最低要求。假定个人领取养老保障 15 年，以反映预期寿命 75 岁左右的统计事实，则农业转移人口必须考虑 30 年的土地租金水平。由于政府支持鼓励和农业专业合作社的发展，土地流转价格即地租近年来已在不断上涨，所占最终产品份额在逐渐提高。随着政府在土地确权流转方面的政策支持和倡导推动，不需要再过几年，按现有框架计算的劳均地租就将毫无悬念地超过 3 228. 6 元。因此，农民对地租水平有更高期待，因而不愿过早流转，或不愿流转时间太长。对于农业转移人口而言，他们因此对土地保障逐渐更关注，对土地租金上涨的期待使他们对城镇职工保的兴趣进一步下降。

4.5 公共部门养老金及 "双轨制" 并轨改革

"双轨制" 养老金体制一直在媒体和学术界备受批评，被认为是计划经济的产物。但即使是在作为市场经济最典型代表的美国，联邦政府公务员与企业机构也有不同的养老金系统，这是由公务员/政府雇员与企业劳动者所具有的不同特征决定的，如一般而言公务员（在西方国家不包括任期制的政治家）是实行永久雇用制度的，由于工作风险低，工资与企业劳动者有较大差距，因而公务员养老金制度为退休者提供更为优惠的待遇。同时，企业劳动者一般还能通过企业年金等方式获得补充的养老金，而政府机构没有这种补充渠道，因而公务员养老金应该要比主要为企业劳动者提供的公共养老金要有利。但中国的问题是公务员系统养老金本质上是退休金，仅与退休前工资挂钩，这在公共养老金普遍实行与自己缴纳水平挂钩的精算公平原则相违背，因而有必要设计基于与公共养老金原则相似但充分考虑公务员特点的公务员养老金体制，建立不同但公平的 "双轨制" 公共养老金制度。这需要对基准模型进行拓展，引入两种不同行为经济人，如假定经济人均为风险规避，但一个行业高风险，一个行业零风险，探讨如何建立对代表性经济人效用无差异的 "双轨制" 养老金体制。

双轨制不是问题：其一，在一个健全的养老金体系中，公共部门与私人部门相比较，公共部门是不具有企业年金的，因而如果将公共部门的公共养老金水平完全与私人部门的公共养老金水平等同，就意味着公共部门的养老金水平将远远低于私人部门。其二，在成熟的社会中，公共部门的惯例都是永久雇用，这意味着失业风险较低，而私人部门的收入一般包含了失业的风险补偿，因而仅仅按在职工资水平的比例来计算缴费率并进行比较是不合理的。其三，公共部门劳动者工资随着工作年限逐步上升，退休前达到最高，而私营部门中个人的年收入很可能在四十岁前后达到最高，随后逐渐降低，这就意味着比较按退休前工资水平计算的缴费率也是不合理的。其四，劳动经济学的研究表明，在成熟的社会中，公共部门劳动者人力资本更为丰富，所在的工作单位规模更大，这就揭示了公共部门劳动者工资局部地高于私人部门。因此，美国等国家都广泛采用的是公务员等公共部门实行不同的养老金体系。事实上，美国等国家大都存在着多个平行并存的养老金体系，这就是前面所说的多支柱、多项目养老金体系。从本质上说，养老金双轨制不是核心问题，核心问题是公共部门和私人部门之间要有较高的流动性，只要有较高的流动性存在，最优的养老金体制的衡量标准就是使得两大部门基本维持均衡即可，是否双轨制根本不是问题。

4.5.1　公共部门的就业性质

劳动经济学对于公共部门劳动就业特征进行了非常详尽的分析。尹志超和甘犁（2009）对公共部门和非公共部门工资差异进行了深入研究，得到了工资差异的显著特点，但该文的主要问题是首先过于注重平均值的比较，而忽略了方差的比较，公共部门劳动者工资方差要远低于非公共部门，这表明非公共部门工资中很有可能包括了风险溢价；其次是缺少对两个部门劳动者生命周期内工资变化的描述，没有注意到公共部门工资上升缓慢、且公共部门的教育与经验回报值低于非公共部门等事实。

中国的政府机关和事业单位都属于公共政策与经济研究所指的公共部门，对公共部门有关的经济学研究对公共部门的雇用特征、劳动者特点及薪酬福利发放等都已有丰富的研究。与私人部门相比，公共部门在以下方面有其独特特点。

其一，公共部门的就业的通行惯例是永久雇用。一方面，这意味着失业风险较低，因此与私人部门的收入可能包含了失业的风险补偿相比，同等条件下的公共部门就业人员的工资是相对较低的（Bellante 和

Link，1981）。这就意味着在公平的条件下，公共部门就业人员的按照在职工资与养老金待遇计算的替代率应略高于私人部门，以反映失业风险补偿对私人部门收入的提升作用。另一方面，永久雇佣意味着，与私人部门可以只需缴满最低年限就能领取养老金相比，公共部门的就业人员必须缴费至退休，因此缴费年限较长，因而公共部门就业人员往往因较长的养老金缴费年限能获得一定的奖励，如更高比例的替代率。

其二，劳动经济学的研究表明，在许多发达国家，公共部门劳动者人力资本更为丰富，所在的工作单位规模更大，这就使得公共部门劳动者平均工资要略高于私人部门，这也使得公共部门养老金水平往往略高于私人部门（Gregory 和 Borland，1999）。

其三，公共部门劳动者工资随着工作年限逐步上升，退休前达到最高，而私人部门中个人的年收入很可能在四十岁前后达到最高，随后逐渐降低。这就使许多研究中使用的按照退休前几年的工资平均水平与退休金待遇水平所求出的替代率，很容易高估公共部门与私人部门养老金待遇的差别。

其四，在一个健全的养老金体系中，第二支柱即企业年金的发展也会造成公共部门与私人部门养老金待遇的差异。在多支柱养老金体系中，私人部门就业人员除了交由社会统筹的基本养老金外，还往往有较大规模的企业年金，用于鼓励员工在企业长期工作，或为了吸引更多优质员工加入企业。而公共部门的薪金几乎全部由财政资金支付，是否区分第一支柱和第二支柱没有太大意义，因此很多国家并未设立公共部门职业年金。在设计有第二支柱的养老金体系中，如果将公共部门就业人员的全部养老金水平仅与私人部门的第一支柱公共养老金水平等同，就意味着公共部门的养老金水平将远远低于私人部门，从而形成对于公共部门的分配不公。

基于以上原因，各国所采用的社会养老保障体制虽然千差万别，但大多数国家公共部门养老金采用的是与社会养老体系不同的体制

（Palacios 和 Whitehouse（2006），龙玉其（2012））。由于国家往往是最大的雇主，公共部门同样面临由于人口结构变迁和政治经济条件变化等原因造成现行养老金体系面临困境，许多国家也逐渐开始了公共部门养老金体系的改革（Ponds，Severinson 和 Yermo，2011）。虽然改革的趋势是加大个人责任、延长退休年限、建立包括职业年金的多支柱体系、逐渐与国民养老金体系融合（龙玉其，2012），前述的公共部门就业特点决定了公共部门就业人员的养老金制度仍然具有一定的独特性。

4.5.2 中国公共部门的特殊性

由于中国国情和经济所处的阶段不同，中国公共部门与西方国家相比，有一些明显的区别，认识到这些区别，也是中国公共部门养老金改革的先决条件。

第一，作为计划经济的遗留产物，广义的中国公共部门还包括国有企业，以及大量具有一定企业特征的事业单位，这使中国的公共部门的定义和就业人数统计非常复杂。首先，虽然经历了多年的市场化改革，国有企业仍有鲜明的行政特征。在计划经济时期，所有的企业和机关事业单位一样，都是由财政供养、盈利和亏损全部由财政承担，就业人员身份和待遇统一由政府管理，生老病死和全部福利都由单位全权负责。随着市场经济改革，国有企业的运作和管理逐渐市场化，许多企业都成为上市公司，成为中国市场经济中的重要组成部分。然而，国有企业仍保留了一些行政特色，如企业主要负责人仍具有行政编制身份，政府机关事业单位与国有企业负责人之间仍经常有常规的人事调动。其次，许多事业单位与政府机构的界限不够清晰。由于机构改革，行政机关编制缩减，一些原有的政府机构改制为事业单位，承担了一些政府管理职责。再次，还有一些事业单位具有一些企业的特征，也已经逐渐市场化，如出版社、电视台、报社等文化单位，另一些事业单位能通过一些经营活动获得营业收入，如医院。事业单位功能和口径的复杂性，使事业单位人事制度非常复杂，从而增加了养老金改革的复杂性。对于这一问题，中央政府已经开始了事业单位体制改革，将事业单位进行分类，将一部分事业单位逐渐改制为企业，另一部分保留其公益性质，管理方式与政府相近。[①]

第二，作为一个高速增长和转型的发展中国家，中国经济和社会建设任务繁重，需要一个规模相对较大的政府和承担一些社会管理与组织职责的事业单位。中国经济在改革开放以前，城乡分割严重，城市化率、工业化率较低，农村生产方式仍然较为传统，因而，要在数十年间完成由传统经济向现代经济、农业经济为主向工业和服务业经济为主、小农经济和计划经济向市场经济的多重过渡，这需要政府在短时间内尽快提供长期增长所需的物质和社会基础设施。政府主导的现代化是东亚模式的典型特点，也是目前世界上较少的发展中国家实现快速工业化的成功模式。随着经济的增长与发展，对于教育、社会保障等公共服务需求的增加也要求公共部门保持较大规模。经济体的成熟会使公共部门不断扩大，这已成为美国、欧洲等发达国家的普遍规律。因此，中国在相当长的时间内，与发达国家在历史上的发展阶段相比，可能都将保持一个规模较大的公共部门。

第三，由于中国独特的财政体制，在应对转轨成本时可能可以采用除税收和国债等常见手段之外的措施以消解转轨成本。由于仍存在较大的国有企业，公共部门本身具有生产性，这就为通过公共部门的生产活动部分或全部消除转轨成本打下了基础。再者，由于土地为国家所有，只有土地使用权才能转让和交易，这也为通过土地流转、租赁等方式消解转轨成本留下可能性。根据公共经济学相关理论，除了总量税外，其他各种税收都可能对各经济变量产生扭曲效应，而根据李嘉图等价原

---

① 有关事业单位复杂的养老金问题和改革建议，参见赵立波（2003）、臧宏（2007）和陈佳（2009）等。

理，政府债务与税收的作用效果本质上是一致的，因而都有一定程度的扭曲。而在国有企业、国有土地流转等公共部门的生产活动本来就存在的前提下，由于对居民与企业的生产与消费行为不会造成较大的扭曲，因而使用这种生产活动来消解转轨成本可能是较为可行的做法。

4.5.3　中国公共部门养老金改革思路

有关公共部门养老金改革，国内外许多文献进行了深入讨论。国内许多研究都认为，中国现行的政府部门和事业单位采用的退休工资制与企业部门采用的统账结合制养老金系统形成的双轨制养老金体系，给社会公平乃至宏观经济可持续性增长造成了严重后果（徐舒、赵绍阳，2013）。

但事实上，许多国家的公共部门养老金体系是分开运营的，如美国联邦雇员工资系统（General Schedule Pay Rates），没有理论支持公共部门的养老金就应当私人部门完全相同。即便实行了完全并轨，与企业年金类似的职业年金也是由政府财政支出。换言之，政府作为政府机关和事业单位的雇主，无论通过在职工资 + 退休工资还是在职工资 + 社会统一的养老金 + 职业年金，其来源和总数不会发生显著变化，改革前后政府机关和事业单位的待遇水平不会有明显变化。

但从 2014 年的舆论来看，中国政府似乎已经确定要将公共部门养老金体系改革提上日程。从理论上说，中国公共部门目前实行的退休工资制类似于西方养老金改革前的待遇确定型现收现付制，而目前私营部门广泛实行的体制类似于由缴费确定型现收现付制（统筹基金）和缴费确定型基金制组合成的部分积累制。因而，养老金并轨改革非常类似于由一个待遇确定型现收现付制向缴费确定型积累制的转轨。这种转轨与西方国家社会保障制度的转轨改革非常类似，因而，第 4.1.6 节讨论的由现收现付制向（部分）积累制养老金体系过渡的国外经验与政策建议也适用于中国公共部门养老金改革。

如果实在要推行并轨改革，那么为政府机关和事业单位工作人员增缴职业年金以保证退休待遇与现有水平基本不变就是可以预料的必然结果。但与国有企业改革类似，必须引起重视的是公共部门养老金的改革问题，不能再像国有企业改革一样全部由未来的"新人"来支付转轨成本，否则现有的养老金体系将不堪重负。

4.6　本章小结

本章试图从理论上阐释公共养老金制度存在的原因及其对结构变迁的影响，分析现收现付制和完全积累制养老金体系的优劣，讨论老龄化对养老金体系的影响，并探讨中国现阶段存在的非正规就业人员、农村居民、公共部门养老保险体系建设及改革问题。

个人储蓄不能分散长寿风险，这种风险能被现收现付制公共养老保险体系所分散，但基于人头税的现收现付制养老保险体系要比基于工薪税的现收现付制养老保险更有助于精算公平，当存在工资差异的情况下，后者往往会导致富人少报收入以减少养老保险缴费。基金制养老保险有助于提供精算公平，但无助于分散长寿风险。养老金体系主要通过资本积累而影响结构变迁，现收现付制会降低资本积累，因而过高的现收现付制缴费水平会影响结构变迁，而完全积累制本身就是一种资本积累，有助于结构变迁。因此，采用现收现付制和完全积累制的结合，能够在一定程度上综合两种养老金体系的优点并避免各自的缺点。老龄化将使现收现付制养老保险体系负担越来越重，但对完全积累制养老金没有直接影响。

在中国现有体系下，城居保和职工保中对非正规部门的优惠政策，可能会助长非正规就业部门的增长和职工保体系的负向激励问题。中国农民作为拥有土地这一资产的自雇劳动者，从理论上说不应当实行与城市无业人员或非正规部门相同的养老保险（和补贴）标准，城镇化过程中要做好进城农民的社会养老保险安排。中国公共部门养老金改革并不具有理论和现实的必要性，如果要推行并轨改革，必然会通过职业年金等方式保证退休待遇标准基本不变，值得高度重视的是必须通过适当方式消减转轨成本，否则再通过现有养老金体系进行消化将使得养老金体系不堪重负。

第5章　中国公共养老金制度改革测算与模拟

为进一步理解中国公共养老金体系现存的问题，需要对中国养老金制度进行测算。目前为止，已有一些学者进行了较为系统的测算（如刘昌平，2008；马骏、张晓蓉和李治国等，2012 第 8 章；李扬、张晓晶和常欣等，2013 第 15 章等）。但这些测算的共同问题包括：（1）假定经济变量（包括 GDP、工资、城市化率、资本增值率等）外生，使模型过于机械，核算结果不够准确；（2）测算将各种养老金体系的缺口合并，由于存在某些养老金体系缺口大、某些缺口小甚至没有缺口的可能性，合并后的养老金缺口规模估计过于笼统，建立在此结论上的政策建议可能缺乏操作性；（3）测算未能反映养老金基金作为一种金融资产可能增值导致缺口出现多种情境的可能性。因而本章首先介绍和回顾了中国社会养老保险体系的历史和现状及未来改革的合理推测，并在前文理论模型校准与数值模拟的基础上，对中国经济增长趋势及养老金体系状况进行测算和估计。

5.1　中国经济增长的校准与估算

由于未来养老金给付取决于未来工资水平和人数，在对养老金体系进行测算之前，我们需要首先对未来中国经济的增长率和工资水平进行估算，而这两个关键变量与中国的结构变迁有着极为重要的联系。前文给出了中国经济结构变迁增长模型，则我们可以在运用中国经济现实数据进行计量与校准，得到生产函数与居民行为的相应参数，从而根据中国经济增长收敛到稳态的动态路径可以得到未来中国数十年的运行轨迹预测。

5.1.1　中国经济收敛动态路径

如第 3.4.3 小节所述，由于中国经济具有由非均衡状态向均衡状态收敛和由较低发展水平向较高发展水平收敛的双重性质，要分析中国经济的收敛动态，必须同时考虑两种收敛过程的共同作用。通过第 3.4.3 小节的数值模拟结果，可以获得在没有要素流动壁垒的条件下中国经济中劳动和资本随着结构变迁过程在三次产业中的分配比例动态。通过模型参数，可运用时间消去法、shoot、松弛算法等方法得到模型的全部动态路径和稳态的数据。由于模型设置较复杂，求解较为困难，本书采用最为简单的办法，运用 Barro 和 Sala-i-Martin（2004）所采用的收敛系数法，对中国未来经济中的稳态资本存量及资本存量收敛动态、劳动和资本在三个产业中的分配比例动态进行模拟。

求解稳态资本可以利用式（3.52）进行计算，然而在中国的问题是由于存在要素壁垒，农业部门的资本边际报酬与工业服务业很可能不相同，因而本书将农业部门去除，只通过工业部门和服务业求解稳态资本水平。求解时需要其他一些模型参数，特别是需要一个最优的劳动和资本在三次产业中的分配情况。将第 3.4.3 节的模拟结果和现实经济数据进行对照发现，模拟数值和美国经济结构非常相似，因而采用美国 2007 年要素在产业间分配的数据进行求解，其中就业数据来自世界发展指数（World Bank，2013），资本的产业分配数据来自世界投入产出（Timmer 等，2012）数据库。将一些参数值及有这些参数求出来的各部门生产函数中的常数一并代入，则可得到稳态的资本水平。由 Matlab 数值模拟值，可得以下稳态资本水平为 454 万亿元人民币（1978 年价格）。

表 5 - 1　　　　　　　中国经济增长与收敛模拟赋值及依据

数值	取值	依据	数值	取值	备注
aA*	1.44%	美国 2007 年数据（Timmer et al.，2012）；	bA*	6%	美国 2007 年数据（World Bank，2013）
aM*	50%	美国 2007 年数据（Timmer et al.，2012）；	bM*	40%	美国 2007 年数据（World Bank，2013）
aS*	4%	美国 2007 年数据（Timmer et al.，2012）；	bS*	54%	美国 2007 年数据（World Bank，2013）
aA0	6.34%	中国 2012 年数据，根据 Wu（2009）测算	bA0	33.6%	中国 2012 年数据，国家统计局
aM0	66.13%	中国 2012 年数据，根据 Wu（2009）测算	bM0	30.30%	中国 2012 年数据，国家统计局
aS0	27.53%	中国 2012 年数据，根据 Wu（2009）测算	bS0	36.10%	中国 2012 年数据，国家统计局
cA	0.43	生产函数代入计算，2012 年取值	Z	16	2012 年数据，单位千万公顷，国家统计局
cM	0.11	生产函数代入计算，2012 年取值	N	76700	2012 年劳动人口，中国经济增长前沿课题组等（2012）
cS	0.89	生产函数代入计算，2012 年取值	K0	218208	中国 2012 年资本存量，根据课题组及金戈（2012）测算

根据最优资本存量数据及表 5 - 1 所给出的参数，可以通过如下收敛公式求得经济中未来资本存量增长的动态路径。

$$\ln K_t = e^{-\omega t} \cdot \ln K_0 + (1 - e^{-\omega t}) \cdot \ln K_{SS} \qquad (5.1)$$

根据中国近 5 年来的经济现实数据，将收敛系数 ω 设为 0.015，则可以得到中国经济的未来的资本增长与收敛的路径。图 5 - 1 给出了根据这些数据计算得到的未来 300 年间资本存量水平及增长率的动态路径，可以看出资本的年增长率逐渐下降，但总的资本存量仍将面临长时间的持续增长，直至200多年后才显现出资本的收敛。这样设定参数，也是为了能够解释发达国家如美国、日本仍然有较为显著的经济增长和资本积累速度，而不是完全陷入零增长状态。

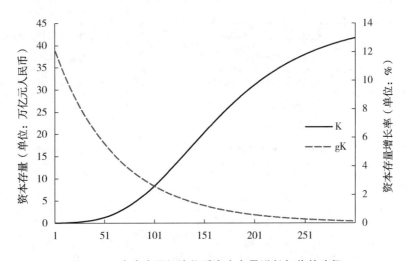

图 5-1　未来中国经济物质资本存量增长与收敛路径

5.1.2　要素结构演变推算

用得到的资本存量动态数据计算出每期的工业品消费，一同代入式（3.22）和式（3.23），可以得到随资本存量提高而不断变化的资本和劳动在三次产业中的分配比例动态。但如前所述，由于这样得到的数据是在不存在要素流动壁垒的理想状态数据，不符合中国经济现实，还需要考虑中国经济由存在要素流动壁垒的非均衡路径向均衡路径收敛的因素。

要考虑两重收敛的综合效应，可以采用类似资本收敛的办法，将经济由非均衡向均衡路径的收敛过程叠加到结构变迁动态过程上。即根据以下方程计算结构变迁过程中的资本和劳动在三次产业中的分配比例

$$\hat{a}_t^A = \mathrm{e}^{-\omega t} \cdot a_0^A + (1 - \mathrm{e}^{-\omega t}) \cdot \breve{a}_t^A$$

$$\hat{a}_t^S = \mathrm{e}^{-\omega t} \cdot a_0^S + (1 - \mathrm{e}^{-\omega t}) \cdot \breve{a}_t^S$$

$$\hat{a}_t^M = 1 - a_t^A - a_t^S$$

$$\hat{b}_t^A = \mathrm{e}^{-\omega t} \cdot b_0^A + (1 - \mathrm{e}^{-\omega t}) \cdot \breve{b}_t^A \qquad (5.2)$$

$$\hat{b}_t^S = \mathrm{e}^{-\omega t} \cdot b_0^S + (1 - \mathrm{e}^{-\omega t}) \cdot \breve{b}_t^S$$

$$\hat{b}_t^M = 1 - \hat{b}_t^A - \hat{b}_t^S$$

其中，a_0^i，$\hat{a}_t^i$，$\breve{a}_t^i$分别为资本的初始值、最终估计值、理想状态估计值，对于劳动各个参数记号含义也相同。此处的收敛系数根据中国经济现实情况取 0.038，以反映近年来每年农村劳动力向城镇迁徙导致农业劳动力比重每年下降约 1.5 个百分点。则可以求得资本和劳动分产业的动态变迁路径，如图 5-2 所示。

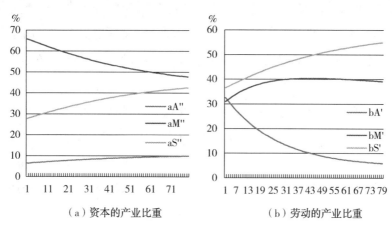

（a）资本的产业比重　　　　　（b）劳动的产业比重

数据来源：作者数据模拟。

图 5-2　未来中国经济资本与劳动的产业结构变迁模拟

图 5-2 （a）表明，在本书所关心的未来 80 年，资本在工业部门的比重将逐渐降低，而在服务业部门的比重将逐渐提升，反映了产业结

构变迁的态势。值得注意的是，农业部门的资本比重也有较明显的上升，这主要是要减少农业部门的劳动比重且保持农业品生产的持续增长，必须保持适当的农业资本增长率。

图5-2（b）表明，未来中国70年内，劳动要逐渐由农业部门转移到工业和服务业部门，值得注意的是，目前中国工业部门的就业比重仍然偏低，需要提高到40%以上，并一直保持在较高水平，才能保证经济结构变迁的持续。

5.1.3 经济增长率推算

在得到资本存量、资本份额、劳动份额的动态数据，再求得基础设施和人力资本数据（耕地面积被设定为不变），加上前面给出的所有参数，即可求得未来中国经济各部门的增长情况。根据前文模型推论，最优的基础设施和人力资本增长率应与物质资本相同。从中国经济现实情况来看，设定基础设施存量和人力资本存量增长率等于物质资本也是较为切合经济现实的。中国经济多年来基础设施投资增长率一直高于其他物质资本，而由于基础设施的拥挤性质，基础设施过快增长必然造成浪费和低效。以教育投入为标准，衡量的人力资本也在2007年后有了突飞猛进的增长，但同样，在其他变量没有显著提高的条件下，人力资本过快增长也会引发人力资本投资的无效率，因而与其他物质资本保持同步增长是合理的。

根据所有参数和计算结果，可求出未来中国经济的总体和分产业的增长率，如图5-3所示。可以看出，由于假定基础设施、人力资本与物质资本的增长率相同，三次产业的增长率基本相同，都呈现出向较低水平的稳态增长路径逐渐收敛的态势，体现了中国正在经历的增长放缓是结构性减速的判断。

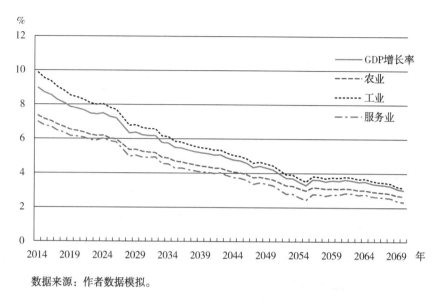

数据来源：作者数据模拟。

图 5 - 3　中国未来经济增长率推算

5.1.4　工资增长率与基准利率推算

在求出各产业产出水平和所有参数的基础上，假定税收按照 2012 年的标准分别对农业、工业和服务业征收，即根据《中国税务年鉴 (2012)》计算得到的第一、第二、第三产业的税率分别为 0.17%、22.59%、22.34%，则根据式 (3.19) 即可求出税后的工资水平和利率水平。由于中国存在劳动力流动的障碍，农业部门与工业、服务业部门之间的差距非常显著，因此，本章将非农部门的平均工资作为养老金计算的平均工资。采用类似的方法，根据式 (3.19) 还可以计算出非农部门的平均利率，如图 5 - 4 所示。可以看出，中国未来数十年间平均工资水平将平稳上升，利率水平将逐步下降。

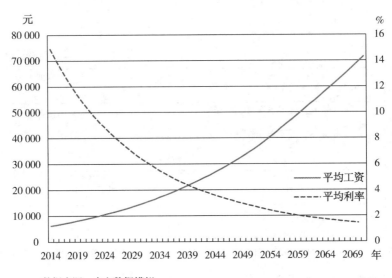

数据来源：本文数据模拟。

图 5-4　未来中国全社会平均工资和平均利率

由于公共养老金采用的是名义工资，则设定外生的 CPI 涨幅为每年 2.3%，则很容易将以工资转换为各年度的名义工资，作为公共养老金计算的工资标准。

5.2　人口测算[①]

5.2.1　测算思路

为测算中国公共养老金缺口的规模，需要首先对整个经济中的人口结构进行测算。在马骏、张晓蓉和李治国等（2012）及李扬、张晓晶和常欣等（2013）等养老金测算的基础上，本节进行了中国 2011 年到 2070 年人口规模及结构的全面测算。与前面两份重要的测算报告不同，

---

①　本节测算过程中得到了李扬、张晓晶和常欣等（2013）养老金测算部分的作者刘学良博士的帮助和指导，在此特别表示感谢。

笔者测算中尽量采用前文模型估计和计算结果，减少外生假定，以尽可能保证模型一般均衡的特征，使测算更接近经济现实。

为尽量做到减少外生的假定，本节测算人口数据的思路是，首先根据 2010 年第六次全国人口普查的分年龄人口数据推算死亡率、生育率，而后根据前文的结构变迁模型校准获得中国经济 2011—2070 年分产业劳动人口数量，在此基础上推算劳动迁移数量及城乡人口结构，然后在给定死亡率和生育率的变化趋势及所计算出的各种变化率的基础上，计算出各年度分城乡分性别各年龄人口数量。

5.2.2　统计口径与定义

总人口：由于我们采用的基础数据主要来自 2010 年第六次人口普查统计数据，而人口普查的数据时间期限是 2009 年 11 月 1 日—2010 年 10 月 31 日，与日历年度不完全吻合，因而在总人口数上与《中国统计年鉴》2010 年人口总数有约 800 万的差异。为尽量减少数据口径的不一致，本文采用统计年鉴的总人口数据。

劳动年龄人口：根据年龄结构，根据中国通用的人口统计口径，计算从 16 ~ 64 岁人口总数作为劳动年龄人口。16 岁大多数学生完成了九年制义务教育可以开始劳动，而在非正式部门，工作到 64 岁也是大量存在的。

劳动人口：采用《中国统计年鉴》劳动人口数据，等于劳动年龄人口与劳动参与率之乘积。

城镇人口：将 2010 年第六次人口普查数据中城市和镇人口合并成城镇人口。在估算中，由于城市和镇的出生率、死亡率等都不尽相同，采用先分别估算最后加总的办法。

城镇化率与非农劳动人口比率：在第 4.4.1 节中，我们将城镇化等同于劳动力由第一产业向第二、第三产业迁移的过程，但在实际过程中，非农劳动比例与城镇化率是不完全等同的。图 5 - 5 对比了 1978—

2012 年城镇化率（城镇人口占总人口比例）和同期非农劳动比重（第二、第三产业劳动人口占总劳动人口比例），可以看出，前者要比后者高十多个百分点①。从 2010 年第六次人口普查的长表数据来看，城镇（城市和镇）约有 5 000 万劳动人口从事第一产业的生产，而乡村约有一亿劳动人口从事第二、第三产业的生产。这一结果，一方面是乡镇企业计入了农村人口；另一方面是农村仍有大量工匠作坊、个体工商户等为农村提供必要的工业品和服务品，使农村人口中存在一定比例的非农劳动力。

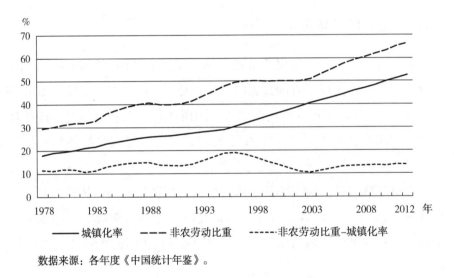

数据来源：各年度《中国统计年鉴》。

图 5 - 5　1978—2012 年城市化率与第二、第三产业劳动比重的比较

在测算过程中，为简洁起见，我们假定农村劳动人口中非农比例保持在农村劳动力的 1/4 不变，且工业和服务业比重相同，则根据之前得到的劳动在三次产业之间的分布即可得到城镇和农村劳动力分布。

①　这一结果与 2010 年第六次人口普查长表数据结果相差非常大。《中国统计年鉴》中 2010 年第一产业劳动力比重为 36.7%，而根据六普长表数据的第一产业劳动力比重为 48.34%。由于绝大多数研究都采用《中国统计年鉴》的数据，认为中国近年来第一产业劳动力比重接近 1/3，本文也采用这一数据。

5.2.3　出生率和死亡率

参照以往研究的方法，采用 2010 年六普长表数据中前一年内 (2009 年 11 月 1 日—2010 年 10 月 30 日) 各年龄育龄妇女生育子女数量计算生育概率，分别加总后得到城市、镇和农村的总和生育率分别为 0.88、1.15、1.44，全国综合生育率为 1.18。由于许多研究都表明，人口普查结果数据严重低估了总和生育率，因而我们采用李扬、张晓晶和常欣等 (2013) 的办法，假定该生育率低估 18%，将三项生育率分别除以 0.82，得到城市、镇和农村的总和生育率为 1.076、1.407 和 1.753。

2013 年 11 月 15 日，《中共中央关于全面深化改革若干重大问题的决定》对外发布，中央决定放开"单独二孩"政策。随后，2014 年 3 月前后，各省市区先后制定和发布了新的人口生育政策法规，全面放开"单独二孩"政策。单独二孩政策可能引发短期内补偿性生育造成短期的生育堆积现象，在长期来看也会在一定程度上提高城镇妇女的总和生育率 (周长洪、陈友华，2013)，但这一堆积效应和生育提高的效果需要更进一步深入探讨。为简化测算分析，假定城市和镇育龄妇女的生育概率由于单独二孩政策提高 20%[1]，则可以得到 2014 年以后城市和镇的综合生育率分别提高到 1.291、1.688，农村没有变化。

根据计算得到的各育龄妇女的生育概率，则可以很便捷地得到每年出生的人数。考虑到育龄妇女的城乡迁移，我们首先计算迁移，再根据迁移后的育龄妇女人数计算出生人数。出生性别方面，我们假定出生性别比一直维持在 107：100 的水平。

---

[1]　对于放开单独二孩的生育政策效果很难做出评价，除了可能出现的堆积出生率提高之外，对长远的出生率提高幅度很难估计，采用 20% 的增长率使城市，特别是镇的出生率与农村进一步接近，但仍然能保持相对较低的水平。

死亡率的计算方法类似，根据 2010 年第六次人口普查（简称六普），数据一年内的分年龄性别死亡人数与总人数的比值分别计算城市、镇和农村的各年龄的死亡率。由于数据没有给出 100 岁以后各年龄的存活概率，采用通常的处理方式，在计算时直接假定 100 岁人口的死亡概率为 1，以减少计算的烦冗程度。计算得到各人群预期寿命分别如下：

表 5－2　　　　　　根据六普数据计算的各人群预期寿命

城市男性预期寿命	城市女性预期寿命	镇男性预期寿命	镇女性预期寿命	农村男性预期寿命	农村女性预期寿命
79.43	83.43	76.92	81.43	72.94	78.24

考虑到随着经济的发展和医疗条件的改善，各人群的预期寿命将不断提高，为简化分析，本书直接对各年龄的死亡率进行线性下调，假定每年每个年龄对应的死亡率下降 1.5%（为前一年的 98.5%），则预期寿命每年都随之提高。通过计算可以看出，这样计算的结果使 2050 年城市男性的预期寿命将达到 85.5%，与李扬、张晓晶和常欣等（2013）的估算结果基本一致。

5.2.4　人口迁移

由于人口迁移不仅决定了当期的城乡结构，还通过城乡不同的生育结构影响着未来的人口总数，同时，不同年龄的人口迁移率对城乡年龄结构有着重要的影响，因而人口变迁数量的估计必须尽可能做到细致。以往的研究大都假定人口迁移服从一个外生的变化过程。如刘昌平（2008）运用 Logistic 增长模型估计我国未来城市化水平，但该模型对 20 世纪 90 年代中后期以来城市化不断加速的趋势拟合情况并不理想。马骏、张晓蓉和李治国等（2012）根据联合国预测的中国未来城镇化率水平估计值强行给定一个平均五年下降 20% 的假定。而李扬、张晓晶和常欣等（2013）则直接利用 2005 年人口 1% 抽样调查、2006—

2009 年人口 0.1% 抽样调查、2010 年六普及历年人口总数的数据计算
出各年龄人口的迁移概率，然后将这一概率作为 2011—2050 年各年龄
人口的迁移概率。这种做法可能因为 2005—2010 年中国正好处于快速
城市化阶段，采用这一期间的迁移概率作为不变的迁移率估计，很可能
高估了中国人口迁移的概率。

乡城劳动人口迁徙率（定义为劳动人口由农村向城市迁移人数占
总劳动人口的比例）：由模型推导出分产业劳动人口的变化趋势。其计
算公式如下

$$U_t^L = (b_t^A - b_{t-1}^A) \cdot L_t = (b_t^A - b_{t-1}^A) \cdot N_t \cdot \Lambda \qquad (5.3)$$

其中，L_t 为全社会劳动人口，N_t 为全社会总人口，Λ 为劳动参与率。

劳动参与率：中国自 1990 年来，劳动参与率逐步下降，从 1990 年
的 84.8% 降至 2012 年的 76.4%，呈现出明显的线性下降趋势。但我们
没有理由认为这种下降趋势将一直持续下去。一方面，1990 年及以前
劳动参与率高的一个重要原因是农业部门中存在极大规模的隐性失业，
因而劳动参与率的下降对经济增长的负面影响被更大规模的富余劳动力
从农业部门向城市工业部门和服务业部门的再配置带来的积极影响所抵
消，使人们能够有更多的机会转向接受更多教育或享受闲暇。但随着刘
易斯拐点的到来，农村富余劳动力逐渐减少，工资水平即人们闲暇的机
会成本逐渐提高，人均受教育年限也已经有了大幅提高，劳动参与率降
低的空间和可能性不是太大。另一方面，从世界情况来看，即便是美国
1990 年以来也保持了数十年劳动参与率 75% 左右的水平，2008 年经济
危机以来还保持了 72% 的高水平。因而我们可以假定中国的劳动参与
率一直保持在 77% 的水平①。

——————————

① 由于从农村迁移进城的劳动者往往劳动参与率非常高，可以抵消城镇原有劳动者降低劳
动参与率的效果，因而 76% 的固定劳动参与率假定与蔡昉和王美艳（2004b）有关中国城镇居民
劳动参与率不断降低的发现并不矛盾。

各年龄人口迁移概率（定义为每一年龄组迁移的概率，全部年龄组迁移概率之和为1）：各年龄分性别的人口迁移概率是计算各年龄人口迁移人数的重要数据。我们将马骏、张晓蓉和李治国等（2012）有关迁移只发生在15～59岁的假定放松到包括0～14岁未成年儿童，因为在迁移中带着未成年子女迁移的现象也是非常常见的，这也是所谓打工子弟学校问题的主要来源。而李扬、张晓晶和常欣等（2013）给出的算法太烦琐，需通过各年度人口抽样与普查数据排除死亡数据后进行计算，其结果也因为各次抽样与统计口径变化导致误差较大。为简单起见，本文对马骏、张晓蓉和李治国等（2012）所报告的数据进行一些修改，假定0～4岁的流动概率与30～34岁以上相等，4～9岁与35～39岁相等，10～14岁与40～44岁相等，以反映农民乡城流动的举家迁移性质，再对这一数据进行平滑处理，得到的各年龄迁移概率分布图如图5-6所示。可以看出，图5-6的概率分布曲线与李扬、张晓晶和常欣等（2013）、严善平（2004）及唐家龙和马忠东（2007）所统计的图形基本一致。

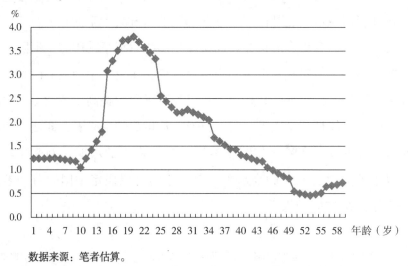

数据来源：笔者估算。

图5-6 各年龄农村居民乡城迁移概率分布

注意到图 5-6 的估算包括了 0~14 岁，而在劳动力迁移中只考虑 15~59 岁，因而必须在测算时将劳动力加入。具体加入的方法为，根据各年龄农村居民乡城迁移概率，计算出劳动人口迁移人数占全部人口的比例，则由产业结构变迁所决定的迁移劳动人口可以反推所需迁移的总人口。同时，假定迁移的性别比例为 1∶1，则可以求得各年龄迁移人口人数。

各产业的劳动投入比例：直接采用 5.1.2 小节的估计结果。

5.2.5　人口测算结果

在得到这些基础数据后，根据人口迭代模型可以计算出未来数十年的城镇（将城市和镇合并）和农村分性别年龄的人口数量。在进行迭代时，首先根据死亡率排除死亡人口，而后计算由农村向城市的迁移，将存活人口与迁移数量加总即可得到下一期下一岁的人口数量。根据迁移后的生育人口数量计算得到分性别的新生人口，则每一年度的全部人口结构计算完毕。

根据测算结果（如图 5-7 所示），中国人口总量峰值将于未来十余年左右到来，之后人口数量就会因为人口城镇化率和出生率锐减而降低，城镇化率将逐渐提高，到 2070 年将接近 80%。

从人口的年龄结构来看（如图 5-8 所示），由于出生率降低，少儿抚养率一直缓慢下降，而老人抚养率在不断上升，从而造成总抚养率快速上升。由于农村老人逐渐去世，年轻人迅速城镇化，农村老人抚养率也随之下降，从而总抚养率同时会有所下降。

从劳动人口来看（如图 5-9 所示），中国未来劳动人口总数将随着人口老龄化而不断下降。农村劳动人口下降的主要原因是城镇化，而城镇劳动人口下降更为重要的原因是人口的老龄化。

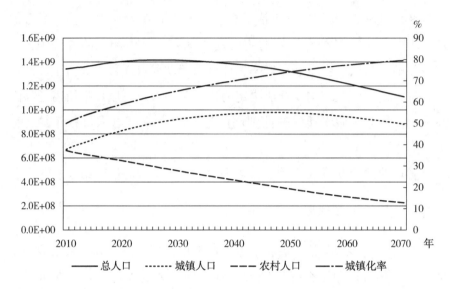

数据来源：本章人口迭代模型。

图5-7　中国城乡人口结构与城镇化率变化趋势

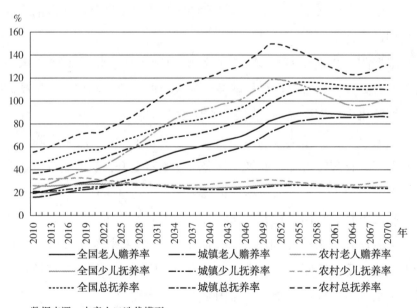

数据来源：本章人口迭代模型。

图5-8　中国未来全国、城镇和农村人口不同年龄结构抚养率及赡养率对比变化

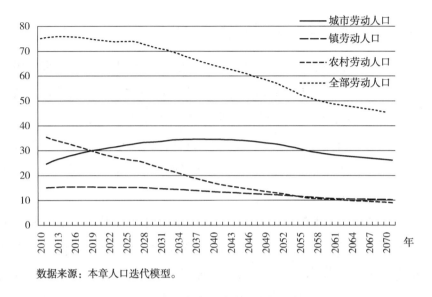

数据来源：本章人口迭代模型。

图 5 - 9　中国未来劳动人口城乡结构预测

5.3　养老金测算

　　由于养老金测算时要尽量减少统计中的异质性，我们假定劳动者参加工作年龄平均为 20 岁，退休年龄对于城镇男性平均为 60 岁，城镇女性为 53 岁。由于不同体系有不同的缴费和待遇要求，故分体系进行计算。

　　在测算时，由于很难直接推断城镇职工养老金体系和城镇居民养老金体系所覆盖的人口数量，只有计算出公共部门的覆盖人口，才能计算城镇职工养老保险的覆盖人口，从而才能计算城镇居民养老保险体系的覆盖人口。本书通过假定城镇就业人口公共部门工作人数占总劳动人口数量比例不变，且公共部门就业人口全部覆盖在退休工资制制度下，而后假定余下的城镇就业人数的一定比例参加城镇职工养老保险，最后假定所有其他城镇人口和农村人口参加城乡居民养老保险。

5.3.1　公共部门退休工资制覆盖人口测算

"六普"长表数据提供了较好的分行业的性别年龄结构数据，可作为全国政府机关工作人员和事业单位工作人员总数的较好估计。六普数据"4-5 全国分年龄、性别、行业大类的就业人口（长表）"提供了 20 个大类 95 个行业的就业人数的统计数据，我们按照常见的处理办法将"19. 公共管理和社会组织"门类全部视为政府机关工作人员[①]，得到估计人数约为 1 550 万人。

事业单位工作人员的估计比较复杂，由于事业单位改革后一些行业中部分单位已经企业化运营，难以获得精确的行业分布数据，本书将"13. 科学研究、技术服务""16. 教育""17. 卫生、社会保障和社会福利业"三个大类工作人员全部视为事业单位工作人员，不包括已经改制部分企业化的"14. 水利、环境和公共设施管理业""18. 文化、体育和娱乐业"[②]。这一事业单位工作人员口径或许不够精确，这些行业中有相当规模的机构和就业人员不属于事业单位，也有一些行政事业单位被计入农业、制造业及其他服务业，但根据这一匡算得到的事业单位工作人员总数约 3 000 万人，与其他类似估算人数基本接近（黄佩华、王桂娟和吴素萍等（2003），赵立波（2003））。

根据计算的政府机关和事业单位就业人口和 2010 年总劳动人口，可以推算根据目前中国政府机关和事业单位工作人员分别占总劳动人口的 2.04% 和 3.94%。假定两者的年龄结构与全部 18 岁以上至退休年龄劳动人口结构完全一致，即各年龄政府机关及事业单位就业人口（男性为 18~59 岁，女性为 18~54 岁）占相应年龄总劳动人口比例分别为

---

① 包括 "90. 中国共产党机关"、"91. 国家机构"、"92. 人民政协和民主党派"、"93. 群众团体、社会团体和宗教组织"、"94. 基层群众自治组织"，其中，91、92 和 94 占 97%。
② 包括 "72. 研究与试验发展"、"73. 专业技术服务业"、"74. 科技交流和推广服务业"、"75. 地质勘查业"、"81. 教育"、"82. 卫生"、"83. 社会保障"、"84. 社会福利业"。

2.04% 和 3.94%，则可求出公共部门各性别年龄组的就业人口。

2010 年公共养老金退休人口的计算，是根据《中国统计年鉴（2011）》，2010 年机关事业单位的退休人数总计 493.3 万人。假定退休人口性别年龄结构与城镇人口相同，则可以得到 2010 年公共部门退休人员的分性别年龄组的人口数据。

在测算未来公共部门退休工资制覆盖人口时，本书进一步引入两个假定：一是城镇就业人口公共部门工作人数占总劳动人口数量比例不变；二是公共部门就业人口全部覆盖在退休工资制制度下。第一个假定较为保守，因为中国公共部门就业人口占总人口比例低于世界其他国家，发达国家大都有相对更大的公共部门（Behar 和 Mok，2013），公共部门的规模可能会随着经济发展而逐渐扩大，但由于公共部门的扩大可能表现为体制外雇员的增大，或因各种用人体制改革或养老金改革等原因使覆盖在公共部门退休工资制下的人数并未发生变化，因此，出于简单考虑可假定总人口比例保持不变。第二个假定隐含地将部分参加社会保障的公共部门雇员排除在外，这是因为一方面，参加社会保障的公共部门雇员比例相对较低，主要集中在公共部门的所谓编制外人口。由于公共部门社会保障体系改革方向仍然未定，且即便是完全实行并轨改革（在第 5.5 节讨论），仍需通过财政资金追加职业年金，这对于财政压力没有实质减轻，只是将原本用于公共部门退休职工的工资发放转为职业年金补贴而已。因此，采用上述两个假定并不会对整个人口和养老金测算带来重大区别。

在上述假定及前文估算的劳动人口数量的基础上，本书可以得到 2011 年及以后各年度的公共部门就业总数及各性别年龄组人数。这里没有采用人口迭代算法是因为公共部门通过各种招考、招聘及调动等方式向社会招收工作人员，政府机关和事业单位工作人员也能流动到私人部门，而流动的方向、规模和年龄结构是难以预测的，所以直接采用总量比例的方式能大大简化计算。

对于公共部门的退休人口，本章采用根据死亡率迭代，死亡率按照第5.2节计算的城市人口死亡率，以反映政府机关和事业单位相对较好的医疗条件和工作环境。当年新退休人口根据上一年度退休年龄前一岁人口的存活人数计算，其他退休年龄按照上一年前一岁人口的存活人数计算，则可计算得出各年度政府机关和事业单位的在职和退休人数。

由测算结果来看（见图5－10），中国未来政府机关和事业单位的在职人数都随着总人口和劳动人口数量的下降而急剧下降，退休人数则逐渐上升到一定高度再缓慢下降。

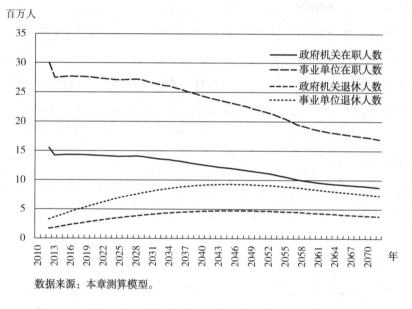

数据来源：本章测算模型。

图5－10　中国未来政府机关和事业单位在职与退休人数演化趋势

由于政府机关和事业单位目前仍然实行的主要是退休工资制，且笔者认为对于政府机关和事业单位而言，由于大都由财政供养，无论公共养老体系如何改革，工作人员的待遇和财政负担并不会有显著变化，因而我们可以直接从人口数量结构变化推知，人口老龄化对于政府机关和事业单位的退休工资或养老金支付也同样会带来一定的压力。若要对政府机关和事业单位进行养老金改革，将公共部门与私人部门养老金系统进行并轨，其结果除了造成巨大的转轨成本之外（将在第 5.5 节分析），并没有其他的总量影响。

5.3.2　城镇职工养老保险测算

根据 2005 年文件，城镇职工养老保险中的老人、中人和新人，采用的是不同的待遇标准。因此首先要测算老人、中人和新人的人数。

老人：根据《中国统计年鉴》与人社部公报数据，2005 年全国社保基本养老保险参保人数中，离退休人数为 4 367.5 万人[①]。计算时采用 2000 年第五次人口普查关于人口年龄与性别结构，按照男性 60 岁退休，女性 55 岁退休的标准，计算得到 2005 年离退休人群的分性别年龄数据。然后根据刘昌平（2008）所提供的 2000 年第五次全国人口普查数据计算的城市人口生命表，迭代计算 2006—2010 年各年龄存活的老人。为保证与第 5.2 节的数据计算口径一致，2011 年及以后迭代均采用本书计算得到的在六普生命表基础上人口不断降低的生命表。

计算出老人人数后，假定老人的养老金发放标准根据不变的替代率计算得出。这一假定也是一个强假设。李珍和王海东（2010）指出，在现行计发办法规定下，虽然统筹账户水平与当年社会平均工资水平相等，但由于工资水平上涨速度超过调整幅度，受益人个人账户部分的发放水平将相对下降，且由于计算年限的逐步延长也将使个人账户发放被不断摊薄，因此替代率将逐步下降。但林东海和丁煜（2007）认为这只是个人账户没有做实之前名义账户制盯住名义工资水平所造成的，做实之后则由于个人账户投资绩效将提高替代率。由于目前养老金发放标准的调整完全取决于政府的决定，很难了解政府调整的原因和依据，因此假定盯住当年平均工资水平的替代率固定不变有助于简化估算，也是

[①]　我们没有采用企业离退休人员人数，是因为职工养老保险包括部分试点的事业单位，他们的养老金发放办法与参加社会职工基本养老保险的企业标准是一样的。

对于未来政府建立合理的养老金调整机制的估算。

对老人而言，马骏、张晓蓉和李治国等（2012）将老人的替代率设为统计局公布的平均工资的42.6%，虽然看起来和李珍、王海东（2010）所计算的趋势基本一致，但后者计算中其实包括了一部分退休中人。根据国发〔2005〕38号文件规定，缴费年限35年的职工替代率应能达到59.2%，故将"老人"替代率设为55%。

中人：采用马骏、张晓蓉和李治国等（2012）的办法，根据2010年缴纳城镇职工基本养老保险的退休人数与前面计算的2010年"老人"退休人数之差作为2010年退休中人的数量，并根据2010年六普数据所计算的人口性别年龄结构，推算出自2006—2010年退休的男性60~64岁、女性53~57岁人口数量，作为2010年之前退休的中人人数。

可以用类似的方法计算出2010年尚未退休的中人比例。根据定义，2010年仍然缴纳社会职工养老保险的劳动者减去1997年后参加工作的劳动者人数即为仍然在职工作的中人。根据六普数据中城市劳动人口年龄结构推算2010年城镇劳动人口年龄结构，将2010年时年龄为32岁（即1997年为18岁参加工作）至退休年龄的劳动者根据六普人口数据计算出各性别年龄占计算年龄段劳动人口的比例，与2010年缴纳职工养老保险的在职人数相乘，即可从而得到2010年尚未退休的中人人数。

将2010年退休与尚未退休的中人连成一个性别年龄人数数列，该数列给出了2010年年龄为31~64岁的男性人口和31~57岁的女性人口，则根据前面在六普数据基础上调整的生命表，则可计算出2010—2050年的在职和退休的中人数量。通过与马骏、张晓蓉和李治国等（2012）等给出的中人数据进行比较，可以发现笔者计算的结果大致类似。

由于中人还需根据自己的工作年限缴纳一部分个人账户，缴费从2005年起开始直到退休，与马骏、张晓蓉和李治国等（2012），李扬、张晓晶和常欣等（2013）类似，假定缴费比例为当年社会平均工资的16%。这是因为对于许多企业而言，采用的工资计算标准低于统计局的工资水平，部分职工（城镇个体工商户和灵活就业人员及农民工及其雇主）缴费率低于20%，且高收入人群缴费比例上限为当地平均工资的3倍，这使社会总的缴费比例不可能达到28%。

根据文件规定，中人的支付水平由基础养老金、个人账户和过渡养老金三部分组成，每部分有复杂的计算方法。本书为简单期间，采用与李扬、张晓晶与常欣等（2013）类似的办法，将中人养老金替代率设定为44%~54%，根据缴费年限设置不同的替代率，与支付当年社会平均工资挂钩。

新人：1997年以后参加工作的人员，由于不断有新人加入，需直接从2010年起开始估算。计算的办法是将所计算年龄的城镇劳动人口减去参加公共部门的人群并乘以新人参加养老保险的覆盖率。新人参加养老保险的覆盖率设定为70%以与2010—2013年数据相匹配。本书未采用李扬、张晓晶和常欣等（2013）所假设的73%~83%，而采用了他们根据2005—2010年退休企业养老金人口占相应年龄城镇总人口的比例63%~73%的折中值，这是因为很难假定2010年以后这一比例能迅速提高，由于非正式劳动、自雇劳动者、自由劳动者等大量存在，以及许多人不愿意缴纳超过15年的养老金，使得虽然可能在覆盖人群数量上有所增长，但缴费年限没有增加，从而那种扩张没有太大意义。

新人退休人数的计算采用类似的方法进行。假定劳动人口70%被公共部门退休工资制或城镇职工养老保险所覆盖，由于老人、中人和新人的年龄并不重合，则将总劳动人口的70%减去公共部门退休人数，即为新人退休人数。

新人缴费标准与中人相同，按照社会平均工资的16%进行计算，而支付水平则按照43%的水平进行计算。之所以设置43%的替代率水平，是因为根据郝勇、周敏和郭丽娜（2010）等人的研究，以确保退休人员退休前后的生活水平大致相当和基金平稳运行为目标的合理养老金替代率水平为39%~56%。马骏、张晓蓉和李治国等（2012），李扬、张晓晶和常欣等（2013）都把新人的养老金替代率设为32%，这一水平太低，恐怕会引发社会危机。

根据上述参数和算法，可以计算出城镇职工养老保险参与人数与基金平衡的动态演变趋势。图5－11比较了城镇职工养老保险参与人数的动态演化趋势，结果表明，老人退休人数和中人在职人数将迅速降低；中人退休人数将逐渐提高而后随着中人逐渐去世而降低；新人在职人群因为覆盖的劳动年龄人口从16~32岁逐渐扩展到全部劳动年龄而逐渐提升，而后又因为新人逐渐退休和老龄化导致的劳动力减少而逐渐下降；新人退休人口在2030年开始出现，随后一直上升。

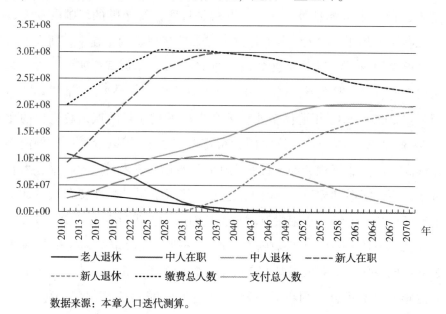

数据来源：本章人口迭代测算。

图5－11　中国未来城镇职工基本养老保险覆盖人群演化趋势

根据老人、中人、新人各自的缴费率和替代率，进一步计算各年度职工养老保险基金的平衡情况。如图5－12所示，由于退休人口的增加，职工养老保险各年度缴费总额难以覆盖当年的支付总额，每年都将出现收不抵支的状况。

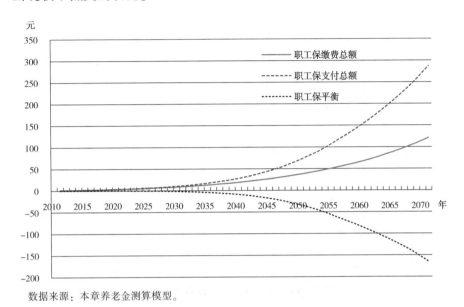

数据来源：本章养老金测算模型。

图 5－12　城镇职工养老保险体系收支预测

5.3.3　城乡居民养老保险测算

根据城乡居民养老保险的设计，居民的个人账户完全属于个人，但更重要的是政府要对每个参与者的基础养老金进行补贴。为简单起见，我们不考虑个人账户，只考虑政府的补贴责任，则只需测算出每年的领取人口即可。

测算城乡保的领取人口，可直接通过各年龄组人口减去由公共部门退休工资制和城镇职工养老保险覆盖人口即可。如图 5－13 所示，城乡保的覆盖人群主要包括农村人口和城镇人口。之所以仍有一些城镇人口被城乡保覆盖，是因为很多农村人口进入城镇后，新农保可以直接转换成城居保，同时还有月 30% 的劳动者选择不缴纳或因年限不够不能享受职工保而转向城居保。

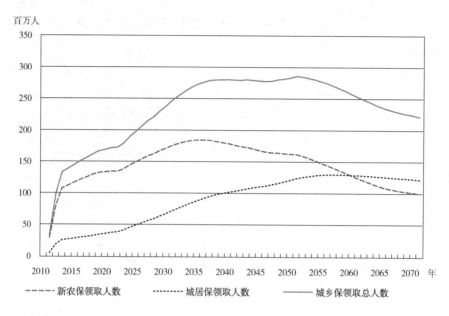

百万人

图 5 - 13　城乡基本养老保险领取人数

5.3.4　养老基金平衡测算

模型估算结果表明，随着中国经济结构变迁的逐渐完成，资本不断收敛到稳态水平，资本回报率（利率）将不断下降，这将意味着在投资结构不变的条件下，养老金的回报率也将不断下降。

根据目前的养老金管理模式，中国目前的城镇职工养老金是省级统筹，仅少数几个省份委托部分城镇职工养老金给全国社保基金管理和投资。由于省级养老金的管理与投资并无明确规定，也没有成立专门的专业投资基金来进行管理和投资。根据郑秉文（2012）整理的数据，2011年做实账户的企业部门城镇职工基本养老保险的个人账户基金仅 2 285 亿元用于投资运营，其中，仅 23.89% 委托全国社保基金管理，投资分别有 30.77%、27.72%、12.86%、2.10%、2.63% 用于定期存款、协议存款、活期存款、国债和其他投资。据全国社会保障基金理事会网站，全国社会保障基金自成立以来的累计投资收益额 3 492.45 亿元，年均投资收益率8.29%[①]，远高于年均 CPI 或 GDP 折减指数衡量的通货膨胀率。综合起来看，全部社会保障基金的平均收益率水平大约保持在3%。

根据3%的增值率计算从2010年起基金余额开支后余额，若为负则以5%的比例向银行或金融机构贷款，从而可以得到未来各年度的养老基金的平衡缺口，并将这一缺口与当年 GDP 进行比较。可以看出，自2017年起，中国城镇职工养老金将面临严重缺口，到2070年将达到 GDP 的60%，因此，必须采取适当手段处理这一巨大缺口，否则经济将难以为继。即便未考虑任何政府补贴，本书估计的结果要远低于李扬、张晓晶和常欣等（2013）所测算的2050年缺口占 GDP 的90%，其可能的主要原因是本书将职工的个人账户金额也算了进来。事实上，在现有管理体制下，个人账户和统筹基金在管理和投资中都是混合的，只是在账面上分别记账而已。

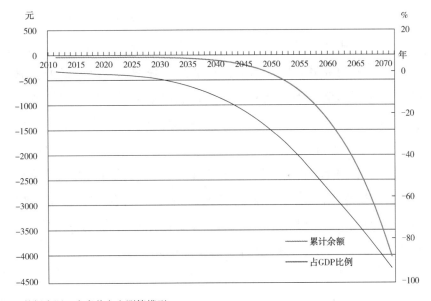

数据来源：本章养老测算模型。

图 5 - 14　城镇职工养老保险基金缺口动态预测

[①]　全国社会保障基金理事会，《2012年全国社会保障基金理事会基金年度报告》，全国社会保障基金理事会网站，网址：http://www.ssf.gov.cn/cwsj/ndbg/201309/t20130928_5909.html，发布时间：2013年6月27日，访问时间：2014年2月10日。

5.4 中国公共养老金缺口估计

要分析应对城镇职工养老金缺口的对策，首先要找出职工养老金缺口产生的原因。学者们大都认为，缺口产生主要有两个原因：原有的国有企业改制造成的转轨成本一直没有消化是现阶段公共养老金空账运营的主要原因，而后一阶段老龄化带来的公共养老金缴费和给付规模的消长是随后养老金缺口的主要原因。将这两个缺口进行分别估计，对于估算养老金缺口发展趋势并制定相应的解决办法，有着重要意义。

5.4.1 国有企业改制缺口

国有企业改制时，由于政府并未对改制产生的转轨成本进行填补，而改由空账运行的公共养老金体系中个人缴费逐渐解决，这就产生了规模巨大的养老金空账缺口。彭浩然、陈华和展凯（2008）估算了因社会统筹基金收不抵支而挪用个人账户基金所产生的"空账"缺口，根据其测算，2000—2005 年社会统筹基金的累计收支缺口约为5 432亿元（不含利息支出）。2005 年后，由于社会统筹账户的缴费率升至20%，并且随着养老保险扩面工作的大力推进，社会个人账户"空账"规模逐渐降低。郑秉文（2012）根据历年数据计算了2006—2011 年城镇基本养老保险个人账户基金变化与养老基金规模变化，结果表明2007 年当年空账额达 1.096 万亿元，随后一直上涨到2011 年的 2.216 万亿元。

由于国企改制造成的转轨成本主要是给老人和中人赋予不缴费即可领用养老金的权利，而新人则必须通过完全缴纳才能得到对应的养老金给付，则要计算转轨成本可简单计算出老人和中人退休时养老保险体系需对老人和中人的补贴金额即可。由于这种补贴并不是一次完成的，而是根据老人和中人退休支付需要分很多年度进行支付的。对于老人的给付容易计算，按照退休人数 × 当年平均工资 × 目标替代率即可。对于中人而言，由于他们根据自己离退休的年限长短支付了部分养老金，且在退休时根据退休年份分别领取 44%~54% 的不同养老金替代率，则我们根据其缴费年限占设计缴费年限（34 年）的百分比计算职工保对中人的补贴比例，再乘以该年龄组中人的偿付标准，加总即可得到对老人和中人的补贴，即国企改制转轨成本的大小。

图 5-15 给出了每年职工保体系需对退休老人和中人的补贴金额，为直观比较，将计算得到的补贴金额与当年 GDP 进行比较，可以看出这一补贴的数量并不是特别大，从 2010 年 GDP 的 2.5% 左右稳步下降。因而从这个角度来看，政府通过专项财政补贴等方式，能够很轻松地化解这一转轨成本。

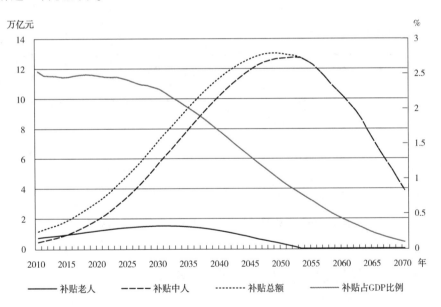

数据来源：本章养老金测算模型。

图 5-15 城镇职工养老金保险体系每年需对老人和中人的补贴金额

5.4.2 人口老龄化的影响

要探讨中国人口老龄化对城镇职工养老基金带来的冲击，可以只关注新人养老金资产结余即可。假定 2010 年底新人养老金资产总数为 1.03 万亿元，约为当年新人缴费总额的 2 倍。由于新人已缴费 5 年，这一估计应当是非常保守的。在假定 3% 的增值率、5% 的借贷利率条件下，每年结息后将在职新人缴费收入和退休新人给付开支完，则每年年底的余额如图 5 - 16 所示，随着新人人数增加而上升，而后随着新人退休人数增加而下降，到 2063 年左右将出现缺口。

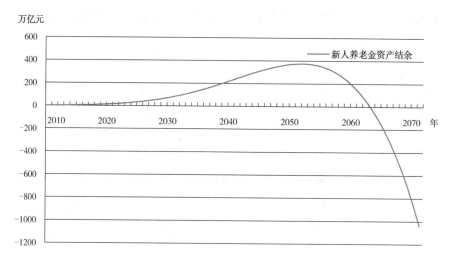

图 5 - 16　城镇职工养老保险新人养老资产变化趋势

5.5　政府机关与事业单位改革测算

如前所述，政府机关与事业单位养老金体系改革仍在激烈讨论，具体改革方案并未确定。而由于公共部门开支大都由财政列支，在改革不改变既有待遇的条件下，无论采用何种方案对于财政支出负担并无长期系统性影响。但如果采用并轨改革，即将类似于现收现付制的退休工资制转轨为部分积累制，则改革时仍在工作的改革世代面临转轨成本，转轨成本必须通过某种方式进行消解。因此，对于政府机关与事业单位的养老金改革而言，最为重要的是要估算处理转轨成本的规模和相对影响。

陆明涛（2013b）在工资和 GDP 增长率外生的假定下估计了双轨制并轨的转轨成本。在考虑国外养老金改革经验和中国公共部门的特殊特点的基础上，利用 2010 年全国第六次人口调查相关数据，测算了政府机关和事业单位养老金转轨成本。若政府于 2010 年按照企业职工缴费标准一次性做实改革世代的养老金账户，则需为政府机关公务员补缴养老金约 3.9 万亿元，为事业单位工作人员补缴约 5.2 万亿元，共计约 9.1 万亿元。若政府在改革世代养老金到期支付时才承担支出责任，则在社会平均工资 50% 的保障水平等假定下，2011—2085 年每年转轨成本占 GDP 的比例最高不超过 0.7%，占财政收入的比例最高不超过 6%；若按 4% 的折现率折现至 2010 年，则规模达 2010 年 GDP 的 34%，2010 年财政收入的 166.37%。因此，公共部门养老金双轨制并轨改革虽然成本规模总体可控，但如不采取适当措施消除转轨成本，并轨后的中国公共部门养老金缺口将对社会养老金体系的严峻形势带来更大挑战。

为简化分析，本书将转轨成本定义为 2010 年公共部门全部在职工作人员（定义为改革世代）截至当年若按照企业标准应缴纳的全部养老金规模，即 Arrau（1990）所指的由智利式场外认购证券所消解的转轨成本。换言之，假定在 2010 年及以前退休的公共部门就业人员仍然采用原有的退休金制度，2010 年后所有公共部门就业/退休人员完全按照企业标准缴纳/领取基本养老金。将并轨后公务员养老金标准降低到企业标准，意味着替代率将从 80% 左右降至 40%～50%（郝勇、周敏和郭丽娜，2010），且暂时不考虑公共部门职业年金。这种简化分析，着重讨论为解决转轨过程中的老人和中人问题所产生的成本，可为政府和学术界讨论养老金并轨成本提供一个较为稳定的参考基准。由于政府可能采用做实改革世代个人账户和承担到期支付的养老金责任两种方式消解转轨成本,我们分别测算这两种情形下的转轨成本规模。

5.5.1 一次性做实改革世代账户的转轨成本测算

我们计算一次性做实改革世代账户(包括向社会统筹账户和个人账户)的转轨成本,即假定在某一时间点上,对在职的政府机关和事业单位工作人员的养老金全部按照企业职工基本养老保障缴费水平进行缴纳,之后他们的养老金与企业职工基本养老保险完全合并运行,则做实账户到该时间点的成本即为转轨成本。

这种计算方法也就是计算假定在转轨开始立即做实个人账户所需支付的转轨成本,计算时需根据职工工作年限不同补缴相应年数。匡算时若假定所有工作人员工资取全社会平均工资水平,则可得某一人群 i(不同年龄性别组)的转轨成本可用下式计算

$$C_i = a \cdot w \cdot Y \tag{5.4}$$

其中,a 为缴费率,w 为全社会税前工资水平,Y 为应补缴工作年限。将各年龄性别组各自转轨成本加总即可得到社会总转轨成本。可以看出,这种计算方式是静态结果,不依赖未来人口增长率、利率或通货膨胀等未知变量的猜测,是较为确定的基准值。

我们计算的基础数据是第六次全国人口普查数据。由于无法取得工作年限的数据,我们直接根据年龄计算应补缴年限。考虑到政府机关和事业单位工作人员就业的稳定性,可将改革的原则确定为将政府机关和事业单位工作人员缴费年限补齐。根据机关事业单位工作人员退休年龄规定(男性60岁,女性55岁,高级干部与高级知识分子提高 5 岁以上),临近退休的年龄组需补交最高30年,其他年龄组依次递减,男性30岁以下、女性25岁以下不予补贴。对于一些超过退休年龄仍然返聘或尚未退休的工作人员,按照比例逐渐递减补充年数,以反映由于余命降低带来所需养老金的降低,但由于这一人群的平均寿命可能高于全社会平均寿

命，而我们也难以获得相关人群余命的有关数据，故简单设定 65 ~ 69 岁在职工作人员应补缴 20 年，70 ~ 74 岁补缴 10 年，75 岁以上只需补缴 5 年。可以看出，本书所设补缴标准是非常保守的，很多政府公务员的工作年限超过 30 年，男性 30 岁以下、女性 25 岁以下工作人员总数也达到了 600 余万人，但这样匡算可以降低提前退休、去世、部分工作人员年限低于 30 年以及部分编制外已参与职工基本保险人员等其他情形。

若以 2010 年城镇单位就业人员平均工资作为统一的税后收入计算标准，则根据 28% 的税前收入养老金征缴率，可得每人每年养老金征缴标准，从而可计算出转轨成本的大小（见表 5 - 3）。根据计算，为实现养老双轨制的并轨，若通过做实账户（包括个人账户和统筹账户）消解转轨成本，应为政府机关公务员补缴养老金约 3.9 万亿元，应为事业单位工作人员补缴约 5.2 万亿元，共计约 9.1 万亿元，而 2010 年 GDP 总值约为 40 万亿元，2010 年全国财政收入总额约为 8.31 万亿元，则为补齐账户所需支付的转轨成本是当年 GDP 的 22.6%，是当年财政收入的 109.27%。可以看出，若为政府机关与事业单位工作人员补缴养老金以补齐他们的个人账户与统筹责任，其规模将耗尽一年的财政收入，规模非常大。

表 5 - 3　为做实账户需为政府机关与事业单位工作人员支付的养老金改革转轨成本

性别年龄组	政府机关工作人员总数	事业单位工作人员总数	应补标准年数	政府机关应补标准年数	事业单位应补标准年数
男	12 422 640	12 224 180	-	176 946 350	165 575 700
16 ~ 19 岁	58 660	56 740	0	0	0
20 ~ 24 岁	590 580	573 990	0	0	0
25 ~ 29 岁	1 219 510	1 496 970	0	0	0
30 ~ 34 岁	1 579 990	1 822 960	5	7 899 950	9 114 800
35 ~ 39 岁	1 982 890	1 910 860	10	19 828 900	19 108 600
40 ~ 44 岁	2 016 640	1 827 830	15	30 249 600	27 417 450

续表

性别年龄组	政府机关工作人员总数	事业单位工作人员总数	应补标准年数	政府机关应补标准年数	事业单位应补标准年数
45～49 岁	2 122 250	1 738 510	20	42 445 000	34 770 200
50～54 岁	1 459 860	1 302 980	25	36 496 500	32 574 500
55～59 岁	1 085 240	1 094 870	30	32 557 200	32 846 100
60～64 岁	187 420	241 750	30	5 622 600	7 252 500
65～69 岁	73 060	101 040	20	1 461 200	2 020 800
70～74 岁	30 540	38 470	10	305 400	384 700
75 岁及以上	16 000	17 210	5	80 000	86 050
女	5 939 530	14 922 360	–	94 254 550	202 273 650
16～19 岁	25 190	192 530	0	0	0
20～24 岁	405 290	1 609 470	0	0	0
25～29 岁	805 260	2 748 940	5	4 026 300	13 744 700
30～34 岁	936 740	2 701 650	10	9 367 400	27 016 500
35～39 岁	1 063 750	2 485 130	15	15 956 250	37 276 950
40～44 岁	1 054 400	2 157 610	20	21 088 000	43 152 200
45～49 岁	998 840	1 773 390	25	24 971 000	44 334 750
50～54 岁	426 370	876 540	30	12 791 100	26 296 200
55～59 岁	149 290	276 170	30	4 478 700	8 285 100
60～64 岁	45 690	63 630	25	1 142 250	1 590 750
65～69 岁	17 160	22 960	20	343 200	459 200
70～74 岁	6 520	9 120	10	65 200	91 200
75 岁及以上	5 030	5 220	5	25 150	26 100
总计（人）	18 362 170	27 146 540	补缴年数（年）	271 200 900	367 849 350
城镇单位就业人员税后平均工资（元）	36 539				
每年需支付养老金（28%×税前收入）	14 209.61		需补缴养老金(元)	3 853 659 321 983	5 226 996 210 975

注：根据《中国 2010 年人口普查资料》长表数据、《中国统计年鉴（2011）》等计算。

5.5.2 改革世代养老金到期支付责任的转轨成本测算

改革世代的年龄结构决定了他们退休年限，从而养老金的支付责任将在相当长的一个时期内到期。位于性别年龄组 i 的个人在 t 年的转轨成本可用下式计算得出：

$$C_{it} = b_i \cdot r \cdot w_t \tag{5.5}$$

其中，b_i 为不同年龄组由于截至 2010 年工作年限决定的政府支付责任比例（不随时间变化），r 为假定不变的目标替代率，w_t 是随时间变化的实际平均社会工资水平，后两者决定了公共部门养老金改革的目标水平。根据改革世代各年龄性别组在各年份的存活人数和由式（5.5）计算得到的个人转轨成本即可得到每年政府应承担的转轨成本。

由于这种测算方法需要对未来经济环境和政策参数进行估计，需要引入一系列特别假定。首先，我们需要计算公共部门工作人员在未来各年度的存活人数，即考虑未来各年度各年龄组的死亡率。刘昌平（2008）给出了基于"五普"调查数据的分城市、镇和乡村的各年龄/性别人口的生命表，其中有精确的死亡率计算结果。由于目前没有基于"六普"的生命表计算结果，我们采用刘昌平计算的分性别的城市人口死亡率作为全部公共部门就业人口的死亡率。虽然五普计算是 2000 年人口死亡率，用于估计 2010 年的死亡率可能会高估，但考虑到公共部门工作人员健康状况普遍较差①，公共部门就业人员中也包括了大量镇和农村人口，因而五普的城市人口死亡率应当是 2010 年公共部门就业人口死亡率较好的估计。刘昌平的生命表编制了 0～100 岁人口的死亡率，因而我们的测算也相应算到 100 岁。

其次，需要对经济环境和公共部门就业人员养老金改革目标进行假

---

① 见中国日报网转载《北京日报》相关报道："报告称内地超七成公务员存健康问题主因压力大"。http://www.chinadaily.com.cn/zy/ws/131/201206/62226.html.

定。如果要从理论上细致探讨公共部门劳动者养老金的待遇给付水平，需要设定许多人口与经济变量的大小及动态方程，包括城乡人口迁移、人口老龄化、产业变迁、资本增长率、通货膨胀率等许多变量的设定，而这些参数的细微变化可能造成分析结果较大的波动。为简化假设，我们假定改革的目标公共部门就业人员的养老金支付水平为当年平均工资水平的 50%，转轨成本则为根据就业人员年龄政府所应承担的比例。同做实个人账户测算的假定一致，我们假定政府最多承担 30 年的养老金责任，这意味着仅临近退休工作人员才能完全由财政补贴，而其他年龄段人群需要按年龄自己承担余下的部分。在退休年龄方面，仍然假定男性为 60 岁退休，女性为 55 岁退休。虽然目前已有有关延迟退休的大量讨论，但对于公共部门就业人员而言，由于工作稳定、风险较小，工作年限超过 30 年的概率非常大，因此，即便全社会普遍延迟退休他们也能根据工作年限而按时退休[1]，因而暂不考虑提前退休的问题。根据生命表的假设，在 2010 年公共部门就业人员中，仅需考虑 30 岁起的男性和 25 岁起的女性，这些劳动者将一直存活到 2085 年，因而我们的测算将覆盖到 2085 年。

与刘昌平（2008）、马骏、张晓蓉和李治国等（2012）的研究类似，我们假定全社会平均工资水平服从一个逐渐降低的增长过程，这反映了中国经济向发达经济体收敛的过程。为了避免通货膨胀率的干扰，我们假定工资增长率为实际增长率，则所有的工资都为 2010 年价格。

最后，在计算得到各年度转轨成本规模后，为便于与做实账户法进行比较，需采用一定的折现率将各年度转轨成本折算为 2010 年价值。我们假定折现率为 4%，以便于与刘昌平（2008）等研究进行比较。

---

① 世界大多数国家在延迟退休年龄的同时，也规定工作年限达到一定年限允许提前退休，且不会影响养老金的发放。如美国联邦政府公务员退休制度规定，服务年限达 30 年的公务员，在 55 岁即可正常退休（龙玉其，2012，第 161 页）。

在上述假定的基础上，我们根据式（5.5）即可计算出各年度政府应承担的养老金补贴，即转轨成本。由于六普的分性别各行业从业人员的年龄结构数据是按照 5 岁年龄间隔计算的，我们首先采用该数据计算 2010 年后每隔五年的时间点上转轨成本的规模，以得到养老金转轨成本的变化趋势。然后将六普年龄数据分拆为更为精确的 1 岁年龄间隔数据，从而计算从 2011—2085 年全部转轨成本的取值，以得到总的转轨成本贴现值。

直接采用六普数据计算时，我们采用的是每年龄组中位年龄的死亡率计算得到生存概率，将这个生存概率的五次幂作为该年龄组的生存概率。工资增长率也按照类似的方法得到。按照该方法计算得到的五年间隔转轨成本如表 5 - 4 所示。由于死亡率计算的粗糙，表 5 - 4 的计算结果不够精确，但可以展示转轨成本的变化趋势。可以看出，由于 2010 年公共部门工作人员的年龄结构具有近期退休人数较少的特点，其养老金转轨成本随着退休人数的增加而不断上升，而后随着退休人员去世造成补贴人数减少而降低。转轨成本的高峰期约在 2030—2060 年出现。

表 5 - 4　2015—2085 年到期需支付的公共部门就业人员养老金转轨成本

年份	工资增长率（％）	社会平均实际工资（元/年）	政府机关2010 年工作人员中需补贴人数	事业单位2010 年工作人员中需补贴人数	政府机关需补贴养老金（元）	事业单位需补贴养老金（元）
2015	8	53 688	1 952 801	2 637 380	50 611 358 234	68 462 674 617
2020	7	75 300	4 157 752	5 420 999	139 918 969 249	183 064 816 166
2025	7	103 167	6 819 792	8 745 888	279 689 298 898	360 943 503 953
2030	6	138 061	9 064 358	12 108 679	437 041 151 185	581 945 023 159
2035	6	180 440	10 748 747	15 282 826	580 246 265 388	807 361 832 138
2040	5	230 293	11 461 660	17 828 182	658 534 959 488	965 679 257 289
2045	5	286 987	9 547 327	15 465 221	640 362 474 712	980 999 494 901

续表

年份	工资增长率（%）	社会平均实际工资（元/年）	政府机关2010年工作人员中需补贴人数	事业单位2010年工作人员中需补贴人数	政府机关需补贴养老金（元）	事业单位需补贴养老金（元）
2050	4	349 163	7 388 775	12 653 611	553 880 931 287	900 663 418 809
2055	4	414 697	5 221 768	9 606 560	419 309 755 868	735 428 466 070
2060	3	480 747	3 299 362	6 630 272	271 869 759 034	523 670 713 581
2065	3	543 921	1 810 675	4 042 567	148 136 634 752	317 700 772 948
2070	2	600 533	831 616	2 073 598	65 513 149 590	157 841 557 747
2075	2	663 037	306 096	849 083	23 191 946 429	62 540 078 914
2080	2	732046	81 365	245 985	5 940 999 579	17 824 977 359
2085	2	808 238	13 746	46 924	925 824 022	3 160 512 987

注：根据《中国2010年人口普查资料》长表数据、刘昌平（2008）给出的生命表等计算。

为得到更为精确的估计，我们将公共部门就业人员的5岁间隔的性别年龄组数据细分成1岁间隔数据。最简单的做法是将20~74岁各5岁间隔组人口数平均分到各年龄组，对测算结果也不会造成太大的影响。然后运用前面的假定与方法，计算出各年度养老金转轨成本。各年度转轨成本可绘成如所示的曲线[①]。由图5-17可知，政府机关工作人员的养老金转轨成本将于2041年左右到来，约为6 000亿元；事业单位工作人员的养老金转轨成本最高峰将于2044年左右到来，约为9 000亿元。将两项转轨成本加总，总成本将于2043年左右达到最高峰。

为得到各年度转轨成本相对于GDP和财政收入的相对规模，进一步假定实际GDP增长率逐渐由2011年的7.5%降低到3%，假定财政收入占GDP的比例一直保持在11%的水平，以与马骏、张晓蓉和李治国等（2012）保持一致，从而便于比较。将各年度转轨成本占GDP之比

---

① 详细的测算数据，可向作者索取。

与转轨成本占财政收入之比复合到图 5－17，可以看出这两个比例与转轨成本规模曲线有相似的形状，在 2034 年前一直保持上升态势，随后逐渐下降。可以看出，如果分摊到各年度，转轨成本相对于 GDP 和财政收入的规模是可控的，占 GDP 的比例最高不超过 0.7%，占财政收入的比例最高不超过 6%。但这一结果是建立在将政府机关和事业单位养老标准降低到社会平均工资 50% 的基础上的，不考虑可能推行的职业年金补贴，也不考虑改革前退休和改革后进入公共部门就业的新进人员养老金缴纳与支付情况。考虑到上述因素，以及人口老龄化对公共部门同样可能产生的影响，每年的公共部门支付金的缺口可能更大。

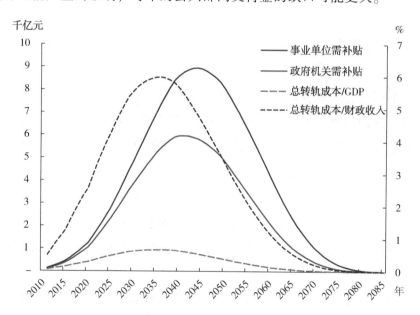

数据来源：本章养老金测算模型。

图 5－17　2010—2085 年各年度到期需支付的公共部门养老金转轨成本数与占比

采用 4% 的折现率将各年度总转轨成本折现至 2010 年，总计约 13.826 万亿元，远高于做实个人账户计算的转轨成本。计算所得的转轨成本约为 2010 年 GDP 的 34%，2010 年财政收入的 166.37%。结合马骏、张晓蓉和李治国等（2012）的研究，他们估算的中国养老金统筹账户收支缺口不包括双轨制并轨改革带来的转轨成本，但折现规模已达到了 2011 年 GDP 的 69%。这意味着中国养老金改革的总和缺口折现很有可能将达到 GDP 的规模，从这个角度来看，并轨后的中国公共部门养老金缺口将对处于严峻形势下的社会养老金体系带来更大挑战。

由于企业养老金转轨成本目前仍未消解，机关事业单位养老金制度改革不能重走老路，再度制造巨大转轨成本影响养老金的持续运转，而应在考虑现行制度特点与转轨成本规模的情况下，参照国外成熟经验，制定代价最小的应对措施。

5.6　本章小结

本章在前几章模型分析的基础上对中国经济结构变迁中的公共养老金问题进行校准，在对中国经济未来 50 年产业结构变迁、经济增长率、工资增长率、利率与养老金增值率进行预测的基础上，对人口总数及年龄结构、城乡结构等进行了预测，在此基础上估算了政府机关和事业单位退休工资制、城镇职工养老金体系、城乡居民基本养老保险的覆盖人数及收支平衡动态，估算了国有企业转轨成本和人口老龄化对城镇职工养老保险体系造成的缺口及可能的政府机关与事业单位并轨改革造成的转轨成本。

测算结果表明，中国经济将逐渐收敛到较低的增长状态，资本和劳动的产业分配比例将发生相应变化，就业将逐渐服务业化（2070 年服务业就业将达到约 55%），平均工资将持续上升，利率将持续下降。由于有大量劳动力从农业迁移到服务业（工业基本不变），人口和城镇化率将发生相应的变化，城镇化率将达到约 80%，全国老人赡养率将达到 89%，老龄化形势非常严峻。

根据养老金人口测算，由于对老人和中人转轨成本的支付，职工保系统实际上一直保持赤字运营的状态，但由于近年来扩面等因素的影响，公共养老基金当期收支缺口将在 2017 年出现，此后将不断增大。政府用于城乡居民养老保险的补贴也将随着缴费人口逐渐老龄化而不断上涨。若将养老保险体系对老人和中人的补贴即国有企业改制造成的转轨成本和由于老龄化造成的缺口区分开，则可以看出每年支付的转轨成本其实并不算高，不超过当年 GDP 的 3% 且占比在逐渐下降，而由于老龄化带来的缺口将在 2064 年左右出现。

第6章　中国公共养老金体系改革的对策

根据前几章的模型推导和测算，可将中国公共养老金体系的问题和决定因素放在结构变迁、人口变迁和制度变迁的背景下进行理解。相对应的，公共养老金体系改革就可以从结构变迁角度采用适当措施加快经济增长与结构变迁进程，从制度变迁角度采用财政补贴方式消解转轨成本和改革养老金投资方案，并从人口变迁角度采用延迟退休的办法应对人口老龄化的冲击。

6.1　加快经济增长与结构变迁

6.1.1　积极引导农业投资，加快农村劳动力转移速度

由前文的模型和理论测算可以看出，农业部门的劳动生产率是结构变迁的重要决定因素。农业部门是经济结构变迁的基础，农业品供给是消费和生产的起点，农业部门大量存在的劳动力是第二、第三产业扩大生产规模的劳动力来源，只有当农业部门生产率提高到足够水平，能够以少数劳动即可满足整个经济的粮食和生产原料供给时，才能产生能转移到其他部门的冗余劳动力。

从中国目前的情况来看，与发达国家同一发展阶段或根据模型推导的最优相比较，中国农业部门的劳均资本存量太低，劳动份额过高，资本份额相对过低。因此，积极引导资本向农业部门进行投资，不断提升

农业部门的劳动生产率，是我国经济由现阶段发展水平转向最优增长路径的需要，也是中国经济未来转向平衡增长路径的需要。

从中国现实情况来看，中央政府很早就意识到农业部门对于结构变迁和经济增长的重要作用，改革开放初期，中共中央连发多个一号文件，明确农业发展的重要地位，由家庭联产承包责任开始，通过制度改革提高农业部门生产力，开启了中国快速结构变迁的进程。2004年至今，中共中央连发 11 个一号文件聚焦"三农"问题，从各个方面对农业生产等问题出台了大量优惠政策，明确了通过农业产业发展提高经济增长和发展的可持续性。特别是近年来，政府对农业专业合作社的鼓励和倡导，对农业产业化经营的支持与发展，成为近年来农业劳动生产率飞速发展的重要原因。但是，由于历史原因，中国目前的农业劳动生产率仍有较大提高潜力，农业固定资产投资仍然有待进一步发展。

6.1.2　继续加强基础设施建设，提高资本有效积累速度

在前文的结构变迁模型中，基础设施建设也是结构变迁的关键因素。对于一国经济而言，工业部门的产出决定了可供积累的资本品最大数量，而基础设施的存量水平通过工业部门的生产函数决定了工业品产出的最大可能数量。由于基础设施是公共品，一般很难由私人部门提供，而基础设施的投资水平又决定了私人部门面临的投资回报率，因而对于许多发展中国家而言，基础设施的瓶颈限制了该国工业部门的增长，从而限制了这些国家经济的发展。

中国经济快速增长的一个重要原因就是国家对基础设施建设的重视和大力发展。与印度等发展中国家相比，中国的基础设施存量远高于普通一般发展中国家，这是中国经济高速增长的一个重要原因（张军等，2007）。但是，从模型计算来看，虽然基础设施水平在近年来有了很大提高，从本书测算的最优水平与现实水平的比较情况来看（见图 6 - 1），

自 1984 年以来基础设施缺口不断缩小，但由于近几年来资本存量的提升速度超过基础设施存量，使基础设施存量缺口有所拉大。与此同时，本书第 5 章对中国经济的预测都是建立在基础设施增长比例与其他物质资本相同，这意味着中国基础设施存量仍然要保持较高增长速度，这对于中国经济而言，也将是一个重要挑战。

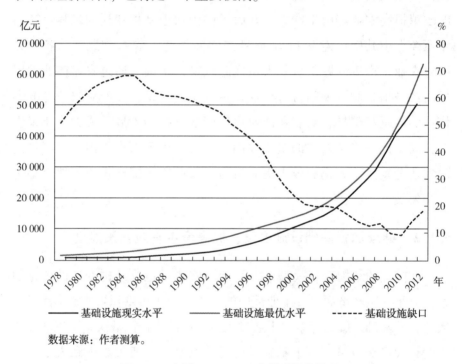

数据来源：作者测算。

图 6–1　中国 1978—2012 年基础设施缺口

从经济现实来看，中国基础设施还有较大的发展潜力。从基础设施构成上来看，交通基础设施、资源类基础设施仍有较大的提高空间（刘生龙、胡鞍钢，2010）。中央政府也意识到基础设施对于经济增长的重要作用，2014 年颁布的《国家新型城镇化规划（2014—2020 年）》明确提出："到 2020 年，普通铁路网覆盖 20 万以上人口城市，快速铁路网基本覆盖 50 万以上人口城市；普通国道基本覆盖县城，国家高速公路基本覆盖 20 万以上人口城市；民用航空网络不断扩展，航空服务覆盖全国 90% 左右的人口。"因此，保持与资本存量增长率匹配的基础设施增长率，对于未来中国经济增长有着重要意义。

6.1.3　继续加大研发教育投入，提高人力资本积累

根据上一章的模型测算，中国人力资本积累的情况也在 2003 年以后得到改观，中国政府加大了用于科教文卫的投入，甚至提高到了 GDP 的 4%，使改革开放以来一直逐渐拉大的人力资本缺口得以迅速填补。如图 6 - 2 所示，中国到 2012 年以财政支出积累的人力资本存量基本达到了最优水平，人力资本的缺口基本得到完全填补。人力资本的发展为服务业的发展和整个经济的技术进步做出了重要贡献。

目前经济发展过程中，人力资本缺口基本消失并不意味着中国未来不需要再进行教育投资。第 5 章所进行的模拟都假定未来人力资本的增长速度与物质资本保持一致，这意味着中国未来仍需继续投资教科文卫。

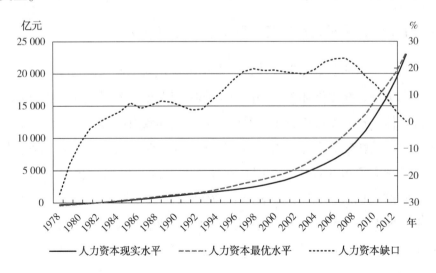

图 6 - 2　中国 1978—2012 年人力资本水平与缺口对比

6.2 财政补贴消解转轨成本

财政补贴公共养老金体系不仅已在《中华人民共和国社会保险法》上明确规定，也早已是中国政府所做的工作成绩的一部分。据高培勇、杨志勇（2014），2010—2012 年财政对养老金补贴金额分别为 3 451 亿元、5 081亿元、6 185 亿元，占国家财政支出比例为 2.1%，且这一比例在近三年来都基本稳定。但根据图 5 – 15 所示，近年来用于老人和中人的补贴需达到 GDP 的 2% 左右，可见财政补贴仍远远不够，为保持公共养老金体系的正常运转政府需进一步加大财政投入以消除国企养老金体系改革转轨成本对现有养老金体系的影响。

为消解转轨成本，并最大限度减少对经济的扭曲影响，政府可以通过拨入原有需发放的退休工资、减持国有股和征缴国企利润，以及动用土地出让金等方式填补转轨成本的空账。

6.2.1 原有用于退休工资的财政资金重新拨入

由于中国的公共养老金体系建设本来就是为了替代计划经济时期的退休工资制，在由退休工资制向社会保障制度过渡期间，老人和中人的部分退休工资的发放减少了当时的国有企业和政府的责任，因而，如果政府将这笔转轨成本完全由社会保障体系在长时期内平摊，势必是推脱了自己理应承担的责任。特别是在即将开始的政府部门和事业单位的"双轨制"并轨改革，政府若不将改革世代的养老责任承担下来，将对现有的养老金体制产生巨大的影响。因此，政府和改革成功的国企将原有用于退休工资发放的财政资金重新拨入现有养老金体系，是合理且可行的举措。

6.2.2 国有股减持与国企利润上缴

正如前文所言，中国国有企业在 20 世纪 90 年代的减员增效等改革之后，逐渐发挥出较强的规模效率和竞争优势，成为许多行业中的主导企业。因此，国有企业现在的辉煌，与当时改革时老人、中人及其中的下岗工人所作的贡献是分不开的。因而，如今的国有企业通过各种方式消减转轨成本，填补当时改革留下的空账，是符合公平原则的。同时，国有股作为中国政府和全国人民的共同资产，应当发挥提高居民福利的责任。

根据高培勇、杨志勇（2014）整理的数据，2010—2012 年中央国有资本经营收入分别为 558.67 亿元、765.01 亿元、970.68 亿元，分别占到了当年 GDP 的 0.14%、0.16%、0.19%，2012 年地方国有资本经营收入为 525.22 亿元，占当年 GDP 的 0.10%。由于 2012 年时对国有资本利润上缴的比例要求非常低，未来这一标准仍有较大提升空间，国有资本利润可以为养老金提供一定水平的补贴。

6.2.3 土地出让金

第三个从公共生产领域而非税收等扭曲手段抽取资源消解转轨成本的办法是将土地出让金用于填补空账。据高培勇、杨志勇（2014）整理的数据，2007—2012 年各级政府获得的土地出让金分别达到了 7 285 亿元、9 942 亿元、14 254 亿元、30 397 亿元、33 477 亿元、28 892 亿元，2010—2012 年土地出让金收入分别占到了 GDP 的 7.57%、7.08% 和 5.57%。根据财政部网站《2009 年全国土地出让收支基本情况》，2009 年土地出让金支出占当年收入额的 86.6%，其中用于征地和拆迁补偿、土地开发、土地出让业务支出、补助被征地农民支出等直接支出约占 53.4%，换言之仍有 46.6% 的土地出让收入用于其他支出。因此，土地出让金能成为较好的消解转轨成本的财政收入来源。

6.3 养老金投资方案改革

由于我国的公共养老金体系建成时间仍然较短，公共养老金的投资仍然处于基本的确保安全性阶段，投资于存款及其等价物比重过高，而投资于更高回报率资产比例过低（伊志宏、张慧莲等，2009）。

中国公共养老金投资收益率低的原因是多方面的。其一，在企业年金和职业年金发展严重滞后、商业养老保险发展很不成熟的条件下，公共养老金体系作为我国现有的唯一养老保障体系，对风险的可承受程度非常低。据报道，截至 2013 年上半年，全国有 5.9 万家企业建立企业年金，积累基金仅 5 366 亿元，参与企业年金的职工人数为 1 957 万人，仅占参加基本养老保险职工总数的 6%。[①]与此同时，作为第三支柱的中国的个人储蓄养老金市场发展严重滞后（Javier Alonso 等，2012），截至 2012 年，中国个人储蓄养老金总规模仅为 1 337 亿元，仅占 2012 年中国养老保险资产规模的 3.3%。[②]因此，公共养老金不能承受投资损失的特点决定了投资方式只能保守的基本特征。其二，中国居民的风险偏好程度也决定了公共养老金不太可能走高风险高回报的路径。据西南财经大学"中国家庭金融调查"课题组 2012 年调查结果，中国居民家庭金融资产中，银行存款、现金占比分别达 57.75%、17.93%，股票、基金、银行理财产品分别仅占 15.45%、4.09%、2.43%（中国家庭金融调查与研究中心，2012），这充分表明，中国居民对风险的厌恶程度非常高，即便是采用类似美国 401（k）计划的养老金自主投资计划方式，

---

① 《商业养老税延露曙光 企业年金税优落地速度超预期》，《华夏日报》，2013 年 12 月 11 日，转引自新浪财经，http：//finance. sina. com. cn/china/20131211/235217604893. shtml，2014 年 3 月 11 日访问.

② 产业信息网，《2013—2018 年中国养老保险市场深度评估与发展前景预测报告》，转引自《2013 年中国养老保险体系存在的主要问题分析》，产业信息网发布于 2013 年 12 月 18 日，访问网址：http：//www. chyxx. com/industry/201312/225391. html，访问时间：2014 年 3 月 12 日。

居民的养老金投资可能仍将采取趋于保守的投资策略。其三，从目前养老金的管理模式来看，由于城镇职工、城乡居民基本养老保险制度实行的都是省级及以下层次的统筹和管理，地方政府管理当局没有动机采用积极的投资策略，没有激励承担投资带来的任何风险，因此公共养老金的管理与投资只能采用存款和国债的稳健保值模式。

从经济上考虑到公共养老基金的巨大规模，仅投资国债和存款是非常不明智的行为。中国作为高速发展的经济体，资本回报率整体应高于欧美等发达国家，因而为了应对公共养老金的投资缺口，应当将这些资产盘活，投资到实体和金融经济中，为经济增长提供必要的资本投入和金融资金。Blake（2006b）认为，养老金可投入到金融资产、货币市场、土地、基础设施，建立一个篮子。必须先计算各种资产的风险与回报率，再根据回报率与利率进行比较，以确定回报率的权重。对中国而言，这一思路有着重要的启示。

6.3.1 各种可行资产风险与回报率估算

中国经济的资产回报率估算，由于计算方法、数据来源、处理方法等的差异，估计值有较大差异。本书不关注各研究对资本回报率具体数值估计的差异，而只关心估计区间内中国资本回报率的曲线形状，即在哪一时期资本回报率相对较高，哪一时期回报率较低。

许多研究采用宏观数据估算。大多数研究都是基于资本—产出比假定上的测算，如 Bai, Hsieh 和 Qian（2006）（中文版见白重恩、谢长泰和钱颖一，2007）与孙文凯、肖耿和杨秀科（2010），结论是中国资本回报率在早期一直比较高，但 1995 年以来有下降趋势。本书的估计方法是建立在两种要素生产函数的基础上，最重要的是采用了产出中的资本份额来估计。因而当生产函数是包括多部门和多重要素时，由于资本—产出比不再固定不变，基于固定资本—产出比假定的估算就可能会出现偏差，这或许也是 Bai, Hsieh 和 Qian（2006）所估计三次产业资本回报率差异较大的主要原因。不需要资本产出比假定的宏观数据测算，如方文全（2012）采用年份资本估计，结论是中国资本回报率从1995年来逐渐下降，在2002年起逐渐上升。

一些文献采用微观数据估算，如 CCER 中国经济观察研究组（2007）估算中国较大规模工业企业的资本回报率，结论与方文全（2012）类似。辛清泉、林斌和杨德明（2007）采用 Mueller 和 Reardon（1993）的模型以及 Bau-mol 等（1970）的模型估算中国上市公司的资本回报率，结论是资本回报率甚至低于资本成本，但该研究的估计时间区间为1999—2004年共5年，由于对数据要求较高，样本也只有约670家企业，因而难以作为整个经济较长时间区间的估计值。

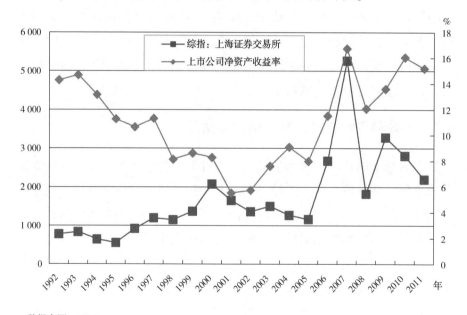

数据来源：CEIC。

图6-3 1992—2011年中国上市公司净资产收益率与上证综指

6.3.2 金融资产投资方案

由于养老基金涉及经济中绝大多数人口，金额巨大，在很多国家养老基金（包括公共养老金和私人养老金）都是全球金融市场的主要机构投资者。由于公共养老金是所有人养老保障的第一支柱，关系到所有人退休后的基本生活，养老基金的金融投资方案必须以稳健为主，尽量规避各种非系统性风险。

从世界其他国家公共养老体系的情况来看，各国第一支柱的公共养老保险大都实行确定缴费型的现收现付制，如美国社会养老保险（OASI）、英国的国家基础养老金、日本的国民基础养老金等（伊志宏，2000）。但各国大都在第一支柱之外，都建立了强制性的以基金制为主的第二层次养老金体系，如美国的 401（k）计划、英国的国家附加养老金（又称国家收入关联养老金计划，SERPS）等，这些养老金计划大都采用个人账户制运营，或是采用国家监管下的私人基金运营。这些强制性个人积累账户基金的投资方向对于中国而言，具有较大的借鉴价值。

以美国 401（k）计划为例，法律允许雇主可以选择自己建立401（k）计划，也可以选择一家银行、互助基金或保险公司甚至专门的养老专业机构帮助建立和维持计划运转，安排一家信托基金管理养老金计划的资产。参加计划的雇员可以选择自己 401（k）养老金计划资产的投资方向，可选范围包括：（1）固定基金（或担保投资合同），即与保险公司签订担保利率合同的投资，这种方式最为简单，实际上是将风险转移给保险公司；（2）债券基金、货币市场基金、固定收入证券，这种投资方式比较稳健，能获取一定水平的盈利率，承担一定水平的风险；（3）股票基金（equity fund）和其他高收益高风险投资，雇员可根据自己需要选择不同的投资基金，并承担全部投资风险；（4）平衡基金，即采用股票投资和债券投资的某种投资组合，以确保投资稳定增值。其他可选的还包括本公司股票，以提升员工的工作积极性。

根据金融经济学基本原理，制订投资组合方案需要考虑的主要是投资的风险和受益组合。罗格和雷德尔（2003）列举了 1994 年美国公共养老金计划资产配置情况，并和私营信托养老基金的资产配置进行了比较。美国公共养老金计划的主要投资资产是国内股票（40.2%），包括公司债券和政府债券在内的国内债券（35%），以及房地产股份和抵押（5.4%）、外国权益类投资（6.5%）、外国固定收益证券（2.4%）、短期投资（4.2%）和其他（6.2%）。私营养老基金的投资结构也主要集中在股票（38%~42%）、债券（23%~36%）、现金（9%~10%），结构比较相近。

对于中国而言，中国实行的个人账户制是统一管理统一运营的养老保险基金，因而不能采用与西方国家那样根据个人选择与风险偏好进行个性化的投资。而由于养老金个人账户的资产规模巨大，若采用与美国相近的比例进行股票投资，必然对股票市场造成巨大冲击，且同时中国股票市场自建立以来由于市场容量仍然非常小，股市行情波动巨大，近年来低迷不振，投资风险远大于美国股市，股指偏离经济基本面的剧烈波动，也使股指产品很难实现风险的分散与平滑。因此，可以预料，在相当长的一段时间内，中国股市仍需进一步规范建设和发展，很难达到与美国养老金体系中相等同的重要性。因而，在养老金市场中，虽然有许多研究认为，加快养老金入市有利于中国资本市场建设、有利于养老基金的发展，但养老金持股入市的进度必须稳健，不能力度太快。

据汇丰银行统计，中国国内债券市场规模已达 4 万亿美元，2012年即成为仅次于美国、日本、法国之后的世界第四大债券市场，远超过上海证券交易所的 2.4 万亿美元的规模，并仍以每年 30% 的速度在迅速增长①。中国迅速成长的债券市场得到国内外金融机构与基金的热捧，据报道，2013 年 4 月，澳大利亚央行称计划将 5% 的储备约 20 亿美元投资于中国国债②。这充分表明，中国的债券市场可以成为公共养

① 金泽，中国债券市场正在发生巨大变革，华尔街见闻，2013 年 10 月 24 日发布，网址：http：//wallstreetcn. com/node/60924，访问时间：2014 年 3 月 10 日。

② 财新网报道，澳央行拟以 5% 外汇储备投资中国国债，财新网 2013 年 4 月 25 日发布，网址：http：//economy. caixin. com/2013 - 04 - 25/100520167. html，访问时间：2014 年 3 月 10 日。

老基金较好的投资渠道。

　　中国现有的债券市场主要交易品种包括国债、政策性金融债、商业银行债和企业债等债券种类。康书隆和王志强（2010）比较中美两国国债的利率期限结构时发现，中国 2002—2008 年利率波动起伏大，短短几个月能有剧烈的波动，且容易出现中短期利率大幅高于长期利率的极端情形，而美国国债利率相对平稳，利率结构也比较平稳。从 2008 年 7 月以来的中美两国国债利率期限结构数据对比（见图 6 - 4），我们可以发现中国利率频繁波动仍然存在，半年之内竟然能出现一个百分点的波动，但中短期利率高于长期利率的现象基本消失，这表明中国债券市场较之 2008 年前有了较大的进步。从中美两国比较情况来看，中国的国债收益率要远高于美国国债，这主要原因是中国发行国债的目的主要是筹集资金用于经济建设，而中国经济增长速度远高于美国经济，经济的高速成长就决定了国债的高回报率。虽然目前中国国债规模相对美国等国家而言仍然非常小，且国债品种少、难以形成稳定不变的市场基准利率，但包括地方债在内的中国国债仍然具有重要的投资价值。

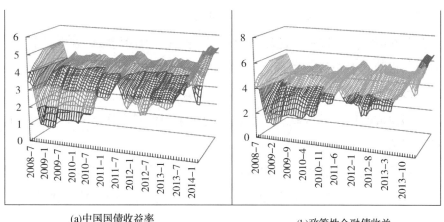

(a)中国国债收益率

（银行间，即期，1~30年）

(b)政策性金融债收益

（银行间，即期，1~30年）

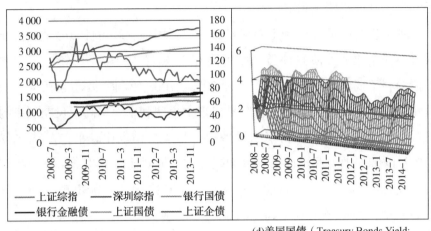

(c)中国部分证券债券指数

(d)美国国债（Treasury Bonds Yield: Constant Maturity: Nominal:）（0~30年）

数据来源：CEIC Data。

图6-4 中国与美国金融资产的利率期限结构

从银行间市场的国债收益率和政策性金融债收益率的比较来看，政策性金融债的收益率要大幅高于国债收益率，而由于政策性金融债的主要投向是国家开发银行、中国农业发展银行、中国进出口银行等政策性银行的大中型基础设施、基础产业、支柱产业的建设和发展，风险虽比国债略大，但仍然是相对安全的投资渠道。

图6-4（c）进一步比较了2008年来中国国债指数、企业债指数、金融债指数和股市综合指数的变化情况，可以看出，除了上证综指和深圳综指外，国债、企业债和金融债指数都在不断上升，这虽然有中国债券市场建成时间短的因素，但更重要的是中国债券市场确实具有重要的投资价值。

由于国债和政策性金融债占据了中国债券市场的近3/4，企业债规模仅占8.42%[①]，且企业债风险未必比股票小，由于企业能选择通过股

---

① 中央结算公司债券信息部，2013年度债券市场统计分析报告，发布日期2014年1月6日，网址：http://www.chinabond.com.cn/Info/17395899，访问日期：2014年3月8日。

票方式融资，对中国企业而言，许多企业通过到海外上市进行融资，因而国内企业债虽然从 2002 年的 0.04 万亿元增长至 2012 年的 2.25 万亿元，比重则从 2002 年的 1.8% 上升至 2012 年的 14.3%，2013 年又遭遇了较大下滑，在 2014 年又出现企业债违约的事件[①]。可以预料，在相当长一段时间内，中国的企业债仍将保持相对较小的市场容量，债务风险也因企业数量较少难以进行分散操作，从而难以成为养老金投资的主要渠道。

6.3.3　投资基础设施投资

通过投资基础设施可以实现养老金的保值增值。这一命题可从理论上得到简单的证明。由工业部门生产函数可知，基础设施的提升实际上是一种希克斯技术进步，能提升整个经济的资本和劳动回报水平，因而从整个社会来看，基础设施投资的社会回报率是非常明显的。

将社会回报率转化为实际回报率，由私人部门投资建造而非政府部门直接投资，在此过程中采用 BOT、PPP 等形式保证投资、建造和运营的效率，已成为公共经济学的一项共识。

从理论上说，这种转换实际上就可以理解为，由式（3.40）中的基础设施与私人资本存量比例关系可求得经济中的最优基础设施存量，则只要能保证最优设施存量的供给，在经济人无差异的假定下，采用政府征税和企业向用户收费的方式都是等价的。因而我们事实上可以通过这一等价条件来计算企业进行基础设施投资可以得到的投资资本回报率。

克拉克（2008）认为，将养老金投资于基础设施是一个很好的投

---

① 2014 年 3 月 5 日，超日 3 月 4 日公告 2011 年公司债券第二期利息无法按期全额支付，从而正式违约，成为国内首例债券违约事件，这也标志着延续至今的中国债市刚性兑付就此终结。http://bond.hexun.com/2014－03－05/162731624.html。

资方案。他搜集了日本信贷（Nippon Credit）等机构所进行的澳大利亚基础设施投资业绩数据库的基础设施投资项目数据，绘制了1984—1994年澳大利亚的基础设施投资与现金、政府债券等资产的回报率与风险分布图。其中，权益类产品是将基础设施包括在内的广口径权益类资产，A类固定是指至澳大利亚政府债券，A类证券是指澳大利亚的普通股票，I类证券是根据摩根士丹利国际资产指数（Morgan Stanley Capital International Index）评估的国际股票。根据克拉克的介绍，在根据如债券/证券比、股利发放等因素调整后，相对于风险而言，所有的基础设施的回报率整体要高于其他资产。进一步细分基础设施的类型，可以进一步看出某些资产的年度回报率仍要高于其他类别的基础设施。

基于上述数据，克拉克进一步给出了基础设施和其他资产种类的相关性，基础设施投资的回报率与A固定的回报正相关，相关系数为0.53，与A证券、I证券、现金和权益的回报负相关，相关系数分别为−0.47、−0.38、−0.55、−0.86。克拉克进一步模拟了在养老金投资的资产组合中加入基础设施，以确定基础设施和其他资产类别的最优组合。研究结果表明，少量的基础设施投资组合加入平均衡回报水平的投资组合就能立刻改善该资产组合的风险回报状况，随着基础设施项目投资比例的提升到超过30%，这一改善效果将持续提升。这就意味着，在养老金投资的投资组合中，基础设施可以作为一个高回报的固定收益产品在投资组合中扮演重要的保值增值和风险对冲的作用。

因此，基础设施作为投资大、回收周期长、收益率高、风险相对可控的资产，与养老金的期限结构能够进行较好的匹配，也能为养老金资产带来较高的回报率。值得注意的是，克拉克的计算与结论，都是基于对私人养老金基金投资的，而中国考虑的问题是公共养老金基金，对于风险的控制要求应该要比对私人养老金投资要求要高。但与澳大利亚不同，中国仍然处于经济快速增长和结构转型的关键时期，所需的基础设施投资数量仍然有巨大的规模，基础设施的回报率可能远高于澳大利亚

20 世纪 80—90 年代，而风险可能也要低于澳大利亚当时的水平。因而，中国的基础设施可以作为中国公共养老金投资的重要渠道。

事实上，中国的公共养老金基金如能进入基础设施投资领域，对于中国各级政府的资产负债表情况将大有裨益。由于中央政府逐渐从基础设施投资事务中退出，地方政府成为基础设施建设与投资的重要组织者，而地方政府由于缺乏资金，只能通过建立融资平台等手段向银行筹集短期资金进行基础设施建设，而这样做的结果是造成了基础设施投资收益期限长和银行贷款到期期限短的错配现象，给地方政府的财政可持续性带来了巨大的压力。因此，在审慎的基础上，在对项目进行严格监督的前提下，公共养老金基金可以通过购买地方政府城建债务或平台债券的方式，持有基础设施资本，解决期限错配问题，再通过较长时期的财政偿还或用户付费等方式逐渐收回投资，实现资本的保值增值。

张军（2012）估算了中国基础设施的资本回报率，其结果为电力和水气供应行业资本回报率在 12%～14%，而铁路则只有 5% 左右的资本回报率，需要 20～25 年才能收回成本。由于缺乏回报率的数据来源和测算方法的了解，我们难以判断该回报率的准确与否，但张军的测算结果也证实了不同类型的基础设施回报率有较大差异，反映了风险和市场结构的影响。电力和水气供应行业竞争性强，风险相对较大，铁路行业有自然垄断特征，风险相对较小，因而资本回报率较低。不同类型基础设施的不同风险和回报率也为养老金基金的分散投资风险提供了一种处理办法，那就是可以通过分散持有各种基础设施资产以实现风险与回报的最优组合。换言之，为实现较高的资本回报率，公共养老基金可持有一定比例的水电气行业基础设施建设的政府债务，而为降低风险保证较高的稳健性，可持有一定比例的铁路建设债务。

6.3.4 投资土地与房地产

在本书前面的模型中，农业仅作为生产要素进入农业部门。在现实经济中，农业对于工业和服务业的生产也有一定的关系，但在土地可以流动的假定下，非农用途的土地投资回报率肯定不会低于工业与服务业部门。同时，由于用于工业和服务业部门土地投资的回报率受到土地地理位置、用途等原因的影响，而这些原因过于繁杂且难以建模和刻画，因而以农业部门的投资回报率作为整个经济中土地投资回报率的参考值应当是非常合理的。

由农业部门的生产函数可知，农业土地所获地租是农业总产值的固定比例，因而在假定农业土地数量不变的条件下，地租的平均水平将随着农业部门总产出的提升而不断提高。在现实中土地用于工业和服务业将获得更高的产出，因而可以预计，持有土地将为公共养老金带来稳定且高水平的回报。

6.3.5 持有大型国有企业股份

许多研究提出，从资本市场发展的角度来看，应当让国有股实行全流通，以解决"同股不同权"的股权分置问题。杨俊、龚六堂和王亚平（2006）从国有股管理成本角度重新考虑了这一问题，认为国有股作为一种资产形式，若能持续向作为所有者的全民进行分红，则能体现国有股对居民收入的促进作用，在这一条件下，国有股可看成为有效率的持有资产，而由于持有国有股可能会造成一定的效率损失和管理成本，从而存在一个最优的国有股持有水平，就中国目前而言，他们认为中国应当在适当减持的条件下，将国有股转由公共养老金所持有。

持有国有股的可行性探讨面临的第一个问题就是国有企业的效率与盈利能力。学者们对自改革开放以来国有企业的效率进行了许多实证分析，基本的共识是改革开放以来很长一段时间内，国有企业的效率远低于非国有企业（刘瑞明，2013），无论是从技术效率、创新效率、TFP等指标来衡量，还是考虑其对增长的促进作用，甚至有人提出国有企业的双重效率损失（吴延兵，2012；刘瑞明、石磊，2010）。但这些研究大都采用2005年股权分置改革等重要国有企业改革以前的数据进行分析，而2006年及以后的数据倾向表明，国有企业相对于其他企业而言，各种指标测度的效率和盈利能力都要更高（马荣，2011；张晨、张宇，2011）。数据表明，2009年中国石化和中国移动两家国有企业的利润总额甚至超过了500家最大私营企业的利润总额①，这充分说明，我国目前国有企业盈利能力已经非常强了。斯蒂格利茨（2011）甚至提出，由于私有企业同样存在所有者与经营者相分离，在金融市场不完善和帕累托最优的理想条件不能满足的情况下，私有化未必能带来更高的效率。这些研究都表明，中国的国有企业改革取得了重要成绩，也可以预计在未来相当长一段时间内，只要建立足够好的监管体制和允许建立完善的经营机制，国有企业的资本充足、技术条件优越、市场地位巩固的优势就可以持续得以发挥，效率可以持续保持高位水平。这样，持有国有股就可以成为中国公共养老金较好的一个投资策略。

实行"抓大放小"、股权分置等一系列国有企业改革至今，中国国有企业大都占据了最重要的战略行业，如石油、电力、资源、银行等，这些行业虽然都在政府的价格管制和运营监管之下，但他们的利润率一直都居高不下。虽然国有企业的垄断地位和腐败在国内外遭致了广泛批评与抵制，但由于2013年以来国有企业各系统的反腐和规制力度进一步加强，预计国有企业招致批评的问题将得到较大缓解。国有企业通过分红的方式可以获得一定水平的资本回报。

---

① "China's state capitalism: Not just tilting at windmills"，Economist Magazine，2012 年 10 月 6日，转引自 Economist 网站，网址：http://www.economist.com/node/21564235.

6.3.6　投资养老产业

2013 年 8 月，国务院印发了《关于加快发展养老服务业的若干意见》（国发〔2013〕35 号），提出了加快发展养老服务业的总体要求、主要任务和政策措施，旨在到 2020 年全面建成以居家为基础、社区为依托、机构为支撑的覆盖城乡的多样化养老服务体系，将为破解养老难题、拓展消费需求、稳定经济增长发挥重要作用，提出了加快发展养老服务业的总体要求、主要任务和政策措施。该意见还提出了统筹规划发展城市养老服务设施、大力发展居家养老服务网络、大力加强养老机构建设、切实加强农村养老服务、繁荣养老服务消费市场、积极推进医疗卫生与养老服务相结合等主要任务。

从目前养老服务业发展情况来看，融资仍然是一个重要问题。由于养老服务投资周期长，社会福利性质浓厚，对私人资本而言壁垒较高，而盈利空间相对不太大，因而私人资本进入较少。随着人口老龄化的不断推进，生育率不断下降导致的家庭养老日益难以为继，社会养老成为老龄人口的必然选择，这就意味着养老服务业的市场需求将不断增长。

对于公共养老基金而言，老龄化带来的给付年限提高将给养老金体系的可持续性带来严重挑战，在养老金投资渠道单一、投资风险要求偏稳健的条件下，投资养老服务业将是一个理想的选择。养老服务业一方面满足养老金投资的基本要求，盈利风险低、盈利水平平稳，并能有效对冲因寿命延长带来的总体长寿风险（aggregate longevity risk）；另一方面也能解决养老服务业融资困难的问题，为社会提供必需的资本。

从投资回报角度来衡量，公共养老金投资养老服务，可通过自身的公共属性消解养老产业发展中的各种壁垒，有助于私人资本稳定进入养老服务产业。在有私人资本参与的养老服务产业中，公共养老金很容易获得与市场平均投资水平相当的回报率，从而能通过提高公共养老基金的总体投资回报率。在保证公共养老基金运转的条件下，由公共养老金运营的养老服务产业能够以较低的价格向老年人特别是弱势群体提供必需的养老服务。在因某种客观原因导致的养老基金投资短期回报波动时，即使出现短期或周期性的公共养老金支付困难，公共养老基金还能通过实物服务折算形式向养老金领取人员支付养老金。

6.3.7　投资组合方案优化设计

根据资产组合原理，可设计出包含无风险资产、有一定风险的金融资产、有一定风险的实体资产等三种资产形式的投资组合方案，在控制风险的条件下为中国养老基金提供更高的保值率。全国社保基金理事会历年来所获取的较高水平的投资收益率就说明，设计能获取较高收益率的养老保险投资方案是可行的。

具体来说，我们可以简单将中国目前的短期国债收益率和银行存款利率设定为无风险资产回报率，因为从美国数十年来的发展历史和中国经济现实来看，短期国债收益率和银行存款利率主要和宏观周期波动有关，与结构变迁关系不大。以股票回报率为主的风险资产回报率及其风险主要通过股市指数回报率进行估算，不考虑个别股票的涨跌。由于中国股市研究大都认为与美国等发达国家相比，中国股市收益率低，波动较大，因而可以认为股市的收益率和风险（标准差）与结构变迁紧密相关，随着经济的增长和发展，股市收益率将逐渐走高，风险（标准差）将逐渐缩小。则可通过设定中国股市收益率及其标准差向美国目前的平均水平收敛，采用 0.018 的收敛系数，则可得到未来中国股市收益率及风险的估计。对于基础设施投资、土地和房地产、大型国有企业股份等实体资产的回报率，可直接采用第 5 章中国经济资本回报率的模拟数据，减去必要的折旧率等作为资本的净回报率。由于基础设施投资、大型国有企业股份和土地及房地产在中国经济中的分量较大且处于经济的重要地位，因而这方面的投资风险应该不太大。即便是在三四线城市土地和房地产由于近年来的过热发展可能导致局部地区的地价和房价的下降造成投资风险，对于北京、上海等特大城市和绝大多数省会城市及区域中心城市，由于地理位置的稀缺性，地价和房价不太可能有太大降幅①。因此，可以假定实体经济的方差为股市方差的一半。这样，我们就得到了一个包括无风险资产（中国国债）和两种风险资产（股市和实体经济）的可投资选择的收益率和方差（如表6－1所示）。

根据表6－1的收益率和方差，可以采用投资组合理论方法求解出最优组合（可参见博迪、凯恩和马库斯，2012）。从数据来看，得到6%的年收益率应当不成问题。

表6－1　　　　　　　　养老基金可投资选择的收益率与方差

项目	中国国债	中国股市		中国基础设施等实体投资	
计算方法	中国向美国股市收益率和方差收敛结果	中国向美国股市收益率和方差收敛结果		系统模拟值	
定义（收敛系数＝0.018）	国债收益率：银行间：即期：1年	中国1991—2014年上证指数收益率	美国股市S&P500收益率	收益率＝资本回报率－折旧率5%	标准差＝股市标准差/2
收益率	2.53%	1.91%	11.63%		
方差		3.47%	20.81%		
年份	收益率	收益率	方差	收益率	方差
2011	2.53%	2.08%	3.78%	17.37%	1.89%
2012	2.53%	2.25%	4.08%	15.72%	2.04%
2013	2.53%	2.42%	4.38%	14.28%	2.19%
2014	2.53%	2.58%	4.68%	13.89%	2.34%
2015	2.53%	2.75%	4.96%	13.65%	2.48%
2016	2.53%	2.90%	5.25%	13.40%	2.62%
2017	2.53%	3.06%	5.52%	13.15%	2.76%
2018	2.53%	3.21%	5.80%	12.88%	2.90%

---

① 即使是在发达经济体如美国，纽约曼哈顿的房价和地价仍然居高不下。

续表

项目	中国国债	中国股市		中国基础设施等实体投资	
2019	2.53%	3.36%	6.06%	12.61%	3.03%
2020	2.53%	3.51%	6.33%	12.32%	3.16%
2021	2.53%	3.66%	6.59%	12.05%	3.29%
2022	2.53%	3.80%	6.84%	11.79%	3.42%
2023	2.53%	3.94%	7.09%	11.52%	3.54%
2024	2.53%	4.07%	7.33%	11.27%	3.67%
2025	2.53%	4.21%	7.57%	11.05%	3.79%
2026	2.53%	4.34%	7.81%	10.83%	3.90%
2027	2.53%	4.47%	8.04%	10.61%	4.02%
2028	2.53%	4.60%	8.27%	10.35%	4.13%
2029	2.53%	4.72%	8.49%	10.05%	4.25%
2030	2.53%	4.85%	8.71%	9.78%	4.36%
2031	2.53%	4.97%	8.93%	9.51%	4.46%
2032	2.53%	5.09%	9.14%	9.26%	4.57%
2033	2.53%	5.20%	9.35%	9.02%	4.67%
2034	2.53%	5.32%	9.55%	8.76%	4.78%
2035	2.53%	5.43%	9.75%	8.51%	4.88%
2036	2.53%	5.54%	9.95%	8.24%	4.98%
2037	2.53%	5.65%	10.14%	7.99%	5.07%
2038	2.53%	5.76%	10.34%	7.75%	5.17%
2039	2.53%	5.86%	10.52%	7.51%	5.26%
2040	2.53%	5.97%	10.71%	7.28%	5.35%
2041	2.53%	6.07%	10.89%	7.06%	5.44%
2042	2.53%	6.17%	11.06%	6.84%	5.53%
2043	2.53%	6.26%	11.24%	6.65%	5.62%
2044	2.53%	6.36%	11.41%	6.45%	5.70%
2045	2.53%	6.45%	11.58%	6.25%	5.79%
2046	2.53%	6.55%	11.74%	6.05%	5.87%
2047	2.53%	6.64%	11.90%	5.86%	5.95%

项目	中国国债	中国股市		中国基础设施等实体投资	
2048	2.53%	6.72%	12.06%	5.66%	6.03%
2049	2.53%	6.81%	12.22%	5.47%	6.11%
2050	2.53%	6.90%	12.37%	5.29%	6.18%
2051	2.53%	6.98%	12.52%	5.11%	6.26%
2052	2.53%	7.07%	12.67%	4.92%	6.33%
2053	2.53%	7.15%	12.81%	4.72%	6.41%
2054	2.53%	7.23%	12.96%	4.53%	6.48%
2055	2.53%	7.31%	13.10%	4.33%	6.55%
2056	2.53%	7.38%	13.23%	4.12%	6.62%
2057	2.53%	7.46%	13.37%	3.96%	6.68%
2058	2.53%	7.53%	13.50%	3.80%	6.75%
2059	2.53%	7.61%	13.63%	3.65%	6.82%
2060	2.53%	7.68%	13.76%	3.51%	6.88%
2061	2.53%	7.75%	13.89%	3.37%	6.94%
2062	2.53%	7.82%	14.01%	3.25%	7.00%
2063	2.53%	7.89%	14.13%	3.14%	7.07%
2064	2.53%	7.95%	14.25%	3.02%	7.13%
2065	2.53%	8.02%	14.37%	2.92%	7.18%
2066	2.53%	8.08%	14.48%	2.81%	7.24%
2067	2.53%	8.15%	14.59%	2.70%	7.30%
2068	2.53%	8.21%	14.71%	2.60%	7.35%
2069	2.53%	8.27%	14.81%	2.50%	7.41%
2070	2.53%	8.33%	14.92%	2.40%	7.46%

数据来源：国债收益率、上证指数收益率、美国股市 S&P500 均来自 CEIC Data Manager；2011年收益率及方差均为作者估算。

通过合理设计投资组合方案提高投资率，即可基本解决未来中国数十年的新人养老基金的缺口问题。图 6-5 比较了 3% 和 6% 两个情境下新人养老金资产结余情况，在 6% 的投资收益率条件下，直至 2070 年新人养老金资产将持续保持上涨的态势。

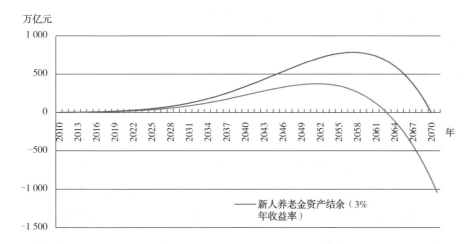

数据来源：本文养老金模型测算。

图 6 – 5　提高资本回报率的新人养老金资产结余预测

6.4　延迟退休方案述评

6.4.1　全部延退的可行性与必要性

由于新人养老金资产结余主要是老龄化造成的，因而要应对老龄化对养老金体系的冲击，就应当调整退休年龄，有针对性地延迟退休。就世界各国而言，退休年龄的延迟已成为一个普遍现象，美国等发达国家的退休年龄已经提高到 65 岁左右，一些国家如德国甚至已经达到了 69 岁[①]。中国现在男性 60 岁、女性 50 ~ 55 岁的退休年龄，已成为世界上比较低的国家。但对于统一延退的方案，社会上的反对意见比较大，而且从本文的测算方案来看，若能全部消除转轨成本，在 2050 年以前老

---

① 各国退休年限参见新华资料《60 岁退休早不早——各国退休年龄一览》，发布日期：2013 年 12 月 13 日，查询日期：2014 年 4 月 1 日，http：//news. xinhuanet. com/ziliao/2013 – 12/13/c_ 125852963. htm。

龄化对新人养老基金平衡都不会造成影响，因而延退的紧迫性对于中国而言还为时尚早。

6.4.2　部分延退的方案

全面延退虽然实施简单，但造成的社会后果可能难以预料。尽管如此，仍然存在部分延退的方案。具体可以在以下方面进行改革。

（1）女性劳动者退休年限应当适当延长。

首先，将女性劳动者退休年龄延长至 60 岁是出于各养老保险体系间公平的需要。在机关事业单位退休工资制、城镇职工基本养老保险和城乡居民基本养老保险三个体系全面建成后，养老保险基本上实现了全覆盖、普惠制。从理论上说，各体系的一些基本参数应该基本一致，但实际上由于历史原因各体系间有着明显的差异。正如前文所言，一些差异是有道理的，如机关事业单位和企业由于雇主不同，可以采用不同的养老保险体系；但另一些差异是不应当存在的，如对于退休年龄的限定上。一个显然荒谬的现实问题是，城乡居民养老保险体系中对于男女性劳动者的退休年龄要求都是 60 周岁，而现行的机关事业单位和城镇职工养老保险体系对于女性退休年龄的要求远低于男性。根据有关规定，企业职工中，除了个别高强度和高危职业，男性职工退休年龄均为 60 岁，而女性工人的退休年龄仅 50 岁，女性干部退休年龄也仅为 55 岁。这种不同制度间对于退休年龄的不同要求是严重不合理的。如果说各体系待遇水平的差异可以通过劳动者在不同体系间的流动来消除待遇的不公平性，这种退休年龄的差异是更不合理的，应当予以统一。

其次，从测算结果来看，女性劳动者的劳动年限明显过短，以 18 岁参加工作起算，到 53 岁退休，工作时间约为 35 年。若按 28% 的缴费率进行匡算，根据生命表可得退休时的余命为 28 ~ 30 年，假定养老金符合精算公平的假定，则养老金的替代率只可能达到 30% 左右。

最后，从生命表情况来看，女性的预期寿命要高于男性 4 ~ 6 年，而退休时间反而要早于男性 4~6 年，这二者加总则意味着男性要比女性多缴纳 4~6 年的养老金，少领取 8~12 年的养老金，这一结果事实上造成男性向女性的收入再分配，从精算公平角度来看这是严重不合理的。

（2）要适当延长最低缴费年限，特别是适当延长个人自行缴纳养老金的年限，或适当调低最低缴费年限所能领取的养老金待遇。

从生命表来看，即便男女都在 60 岁退休，个人寿命在退休后的余命都有 20 年以上。而即便根据 28% 的缴费率，15 年缴费从精算公平角度来看也只能得到 28% 的替代率，但事实上根据核算，缴费 15 年养老金替代率要高于 28%，这就意味着缴费 15 年缴费的参保人员实际上是从养老保险体系中套利，而缴费 15 年的人口越多，养老保险体系偿付压力越大。

从世界其他国家情况来看，各国对于具有职业年金性质的养老保险缴费年限是有明确规定的。典型的案例是法国，根据法国法令，劳动者必须付费 40 年以上才能领取全额养老金，达不到 40 年的，养老金给付按照非常严厉的比例进行减额。据高山宪之（2012）所述，给付水平由付费年数占要求缴费年限之比和惩罚系数的乘积决定，后者是按 50% 的标准给付乘数按付费不足年限每 1 年降低 5%，即便是缴费达 36 年的参保者，也要因为提前了 4 年，只能拿到 $36/40 \times (50\% - 4\%) = 27\%$ 的给付率（高山宪之，2012，第 79 页）。更令人匪夷所思的是，法国已于 2013 年通过法令，将最低缴费年限延长至 41 年半。[①]

由于预期寿命限制，我国现在当然不可能实现工作年限 40 年，但就目前而言，中国公共养老金体系对于自由职业者和自雇人群的缴费年

---

① 法国改革退休制度 延长退休金缴费年限，人民网，2013 年 12 月 21 日，转引自凤凰网，网址：http://news.ifeng.com/gundong/detail_2013_12/21/32352383_0.shtml，访问日期：2014 年 3 月 21 日。

限要求太低。据报道，我国许多地方出现养老金套利现象，居民仅在退休前按个人缴费标准一次性补齐 15 年养老金缴费，就能在第二年享受养老金支付，可以获得超过 20% 的回报率。这都表明，现行的 15 年缴费年限以及可以按个人缴费标准一次性补齐的做法实际上对于职工养老保险体系是有害无利的。

事实上，人社部就延长最低缴费年限进行过专家咨询和研讨。据媒体报道，2013 年底，多部委与有关专家召开了为期两天的闭门会议，在养老制度上达成了多项共识，其中包括延长养老保险缴费年限和养老金实行并轨，但与此同时，也有民意调查机构调查发现，北上广城市只有三成民众同意延长缴纳的最低年限。因此，人社部有关领导向媒体表示，延长最低缴费年限应当慎重，主要原因是要保护非正规就业人群。[1]实际上，就中国目前情况来看，非正规就业人群之所以被称为非正规，就是因为他们参加社会保障水平低。以农民工为例，2005—2008 年他们参加养老保险的比例仅为 10%（朱玲，2010），2012 年的统计数据表明农民工养老保险的参与率也仅为 14.3%[2]。延长最低缴费年限，实际上对于包括农民工在内的非正规就业人群的影响是有限的。如果说延长最低缴费年限会降低一些人群的养老保障水平，降低的也是他们不应当从作为社会保险性质的公共养老金体系中享受的别人缴纳的养老金。如果这种改革使他们产生了生计困难，那也应该由社会救助体系来进行必要的援助，而非由公共养老金体系进行支持。

（3）适当延长脑力劳动者的工作年限。

脑力劳动者往往由于需要接受数十年的教育，导致参加工作时间往

---

① 胡晓义：延长养老保险缴费年限需审慎研究，人民网，2013 年 12 月 19 日，网址：http：//people. china. com. cn/2013 - 12/19/content_6541643. htm，访问日期：2014 年 4 月 22 日。

② 李长安：无须担忧延长养老保险缴费年限，环球时报，2013 年 10 月 21 日，转引自环球网，网址：http：//opinion. huanqiu. com/opinion_china/2013 - 10/4467736. html，访问日期：2014 年 3 月 21 日。

往在 25 岁以上，若男性劳动者在 60 岁退休，工作年限则只有 35 年，而女性劳动者在 55 岁退休，工作年限则只有 30 年。而对于大学教授、科学家、工程师等脑力劳动者而言，55 – 60 岁大都仍处于工作的巅峰状态，过早退休不仅对他们自己而言不划算，对于单位和全社会来说都是一笔损失。事实上，在很多高校、科研单位，就存在对于高级知识分子如博导、院士等，实行延期退休甚至永不退休的做法，并有大量的返聘现象。这也反映在 "六普" 职业数据中，在党政机关和科教文卫等事业单位中，仍有大量超过退休年龄的劳动者在劳动。

6.4.3　弹性延退的可能性

可能实行延迟退休的政策一经媒体报道便引发社会强烈反响，社会舆论呈现出一边倒的反对意见。舆论反对的主要原因是对于从事体力劳动的底层劳动者身体条件不允许，对他们不公平。有学者提出来，应当采用弹性延退的方式，像美国一样在制度设计上鼓励劳动者自愿延退。

6.5　本章小结

本章提出了中国公共养老金改革的几个思路，具体包括：

一是加快经济增长与结构变迁以提高居民收入水平，可采取的措施包括：积极引导农业投资以加快农村劳动力转移速度，继续加强基础设施建设以提高资本有效积累速度，继续加大研发教育投入以加速提高人力资本积累。

二是通过追加财政补贴消解转轨成本，其来源包括原有用于退休工资的财政资金重新拨入、国有股减持与国企利润上缴、土地出让金。

三是通过改善养老基金投资方案以提高养老金自我增值能力，可供选择的投资选择有：包括国债、各种债券和股票等金融资产，包括基础设施、土地与房地产、国有企业股份等实体经济资产。若能达到 6% 的盈利率，则 2070 年都不会出现新人养老金的收支缺口。

四是通过实行延迟退休方案。就中国而言，由于新人养老保险体系仍运行良好，直到 2050 年仍未达到需要全部延迟退休的地步，2050 年以后可以进行全面延迟退休。但是，可以适当延长妇女退休年限、延长非正规劳动者的最低缴费年限、延长脑力劳动者的退休年限，同时实行弹性退休制，鼓励和倡导适当延迟退休。

第7章 中国各地区公共养老金制度改革

7.1 中国经济的区域结构特征

地区差异是中国经济的典型问题。由于地理位置、自然资源、气候条件、交通状况等方面的差异性，中国各地区经济状况历来都有较大差异。对于中国这样的发展中国家而言，区域差异的长期存在且并不因要素流动、经济交往扩大等而程度降低，是区域结构的显著特点。对中国经济而言，区域结构的产生可能是地理意义上的禀赋差异（如土地、资源、气候、耕地面积等），更可能是区域不平衡发展战略政策造成的（庞瑞芝、李鹏，2011），或是改革力度所导致的市场化程度差异（盛丹、王永进，2011）。由于区域结构的存在，各地区经济绩效有着显著差异，中国区域经济呈现出鲜明的俱乐部收敛趋势（傅晓霞与吴利学，2009）。中国经济的区域结构性使同一政策措施在不同区域会产生不同甚至相反的效果，这表明各地区经济增长机制的异质性。如对外开放能显著提高沿海地区的全要素生产率但对内陆地区无效，而区域市场整合能提高内陆地区全要素生产率而不能提高沿海地区生产率（毛其淋、盛斌，2012）；土地城市化能促进发达地区经济增长，而不能促进内陆地区经济增长（陆铭，2011）；外资能促进东部地区经济增长，而对西部地区作用不明显，外资对经济的作用机制也完全不同（魏后凯，2002）（武剑，2002；许冰，2010）。因此，考虑各地区养老金，就有必要考虑地区差异与结构性的影响。

7.1.1 区域经济差异与结构变迁差异

　　虽然我们计算了各省份的资本存量（张自然、陆明涛，2013），收集了各省份资本在三次产业间的分配比例（Wu，2009）、劳动在三次产业间的分配比例、土地耕种面积的变化情况，但由于缺乏与本书前文模型假定和口径一致的各地区基础设施和人力资本投资的相关数据，且由于商品、资本和劳动的跨区域流动使上述省级数据准确性大打折扣，我们难以建立与前文一致的全国省级经济增长的面板分析模型。图 7-1将 2006 年各地区的主要经济数据与人均资本存量或人均 GDP 水平绘成散点图，可以看出各省市区的经济发展阶段存在重要的差异。①

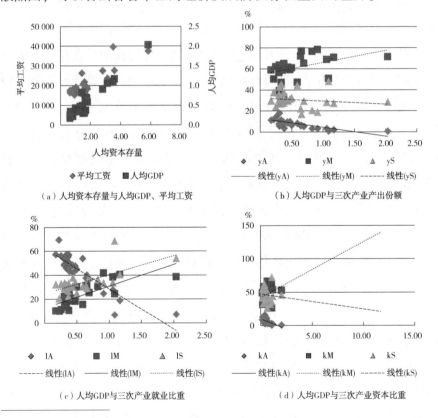

（a）人均资本存量与人均GDP、平均工资

（b）人均GDP与三次产业产出份额

（c）人均GDP与三次产业就业比重

（d）人均GDP与三次产业资本比重

---

　　① 之所以未能选用更新的数据，主要是受数据可得性和质量所限。但 2006 年数据所揭示的现象至今应该仍然适用。

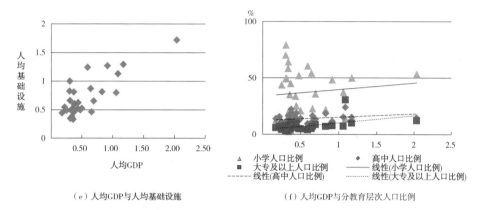

（e）人均GDP与人均基础设施　　　　（f）人均GDP与分教育层次人口比例

数据来源：所有数据均取 2006 年水平，其中各产业产出、资本与劳动的比重均计算自 Wu（2009），人均基础设施计算自金戈（2012），平均工资和受教育比例为从 CEIC 获取的抽样调查数据。

图 7-1　中国各省市经济结构的差异

　　各省份的人均 GDP 和人均资本存量存在非常突出的差距。2006 年，人均资本存量最高的上海市是最低的贵州省和广西壮族自治区的 9 倍多，人均 GDP 最高的仍然是上海，是仍排名最低的贵州省的 11.7 倍。造成的结果是，平均工资水平最高的北京是排名最后的江西的 2.58 倍。同时，图 7-1（a）表明，平均工资与人均 GDP 呈现出随着人均资本存量增长而直线上升的趋势，图 7-1（e）—（f）表明，各省份的人均基础设施水平和劳动人口的教育结构也存在非常明显的差距，而这两者也与人均 GDP 直接相关。这些统计图和前文所述的理论机制充分表明，中国地方经济差异的主要原因是人均资本存量造成的，各地经济处于不同的发展阶段。

　　各地区所处发展阶段的差异，从图 7-1（b）—（d）三个散点图能够更为清楚地看到，农业部门产出份额、劳动份额和资本份额呈现出明显的随人均 GDP 增长而降低的趋势。工业部门的产出份额在绝大多数省份中都保持较高水平，产出和劳动份额仍呈现出随着人均 GDP 的增长而提升的趋势，这表明工业部门仍将长期在各省区结构变迁中发挥重要作用，提供必要的资本。服务业的产出和劳动份额仍处于较低水平，这表明对于绝大多数省区市而言，结构变迁还远未结束，中国经济仍将面临较长时期的生产和劳动的非农化和城镇化。

区域经济结构的差异和结构变迁阶段的差异对公共养老金制度的影响是非常明显的。首先，平均工资直接决定了养老金的缴费和支付标准。其次，劳动力产业结构及城乡结构决定了城镇职工养老金体系和城乡居民养老金体系的相对比重，进而决定了地方政府用于补贴城乡居民养老金体系的压力大小。农业和农村比重小的省份，用于补贴城乡居民养老金体系的压力就要更小一点，这也是中央政府承担中西部地区城乡居民基本养老保险体系中全部基础养老金支付责任的重要原因。最后，劳动力结构也决定了城镇化对于公共养老金体系的冲击大小。农业劳动比重大的省份，未来城镇化的潜力要更大，为弥补进城农民所应支付的养老金成本就更大。

7.1.2 劳动人口的区域流动

由于区域间禀赋差异和工资水平的差距，要素的区域流动成为中国区域经济的典型现象。这一区域流动不仅体现在农民的乡城迁徙上，还体现在劳动人口的跨省流动上。事实上，自改革开放启动以来，中国实行的沿海逐步开放政策使劳动力大规模从劳动力富余的中西部省份流向东部省份，造成了数亿规模的人口迁徙。

2010 年进行的第六次人口普查提供了人口迁徙的统计数据。根据"六普"长表数据中分出生地和现住地差异人数，表 7 - 1 计算了各省份迁入和迁出的人口流动规模和比例。①从该表数据可以看出，中国的

---

① 虽然根据中国制度状况，一般计算人口流动是根据居住地和户口所在地进行计算，但由于许多流动人口已经取得了户籍，根据户口所在地计算流动人口会低估这部分流动人口。而根据出生地和户口所在地计算，可能会因为计入在外地出生的非户籍人口，如第二代农民工。综合两种方法的误差，笔者认为根据出生地计算的流动人口误差相对要小。

人口流动规模巨大，达到全部人口的 8% 以上。

表 7 - 1　　　　2010 年第六次全国人口普查人口迁移情况

省份	本省本地人口	外省流入	本省流出①	外省迁入比例	本省迁出比例②
全国	117 094 400	10 245 185	10 230 691	8.05%	8.04%
北京	1 010 144	839 331	40 453	45.38%	3.85%
天津	863 304	264 285	44 279	23.44%	4.88%
河北	6 825 067	212 553	486 183	3.02%	6.65%
山西	3 368 785	109 020	151 247	3.13%	4.30%
内蒙古	2 098 083	212 858	138 237	9.21%	6.18%
辽宁	3 981 205	270 871	219 458	6.37%	5.22%
吉林	2 455 198	95 925	211 563	3.76%	7.93%
黑龙江	3 270 560	194 491	332 750	5.61%	9.23%
上海	1 243 754	1 009 771	58 872	44.81%	4.52%
江苏	6 785 998	791 124	445 632	10.44%	6.16%
浙江	4 124 252	1 276 096	249 199	23.63%	5.70%
安徽	5 183 564	129 064	1 005 505	2.43%	16.25%
福建	3 061 703	415 788	179 135	11.96%	5.53%
江西	4 149 719	101 973	601 044	2.40%	12.65%
山东	9 021 656	250 847	547 352	2.71%	5.72%
河南	9 114 197	110 091	964 685	1.19%	9.57%
湖北	5 049 835	177 069	628 124	3.39%	11.06%
湖南	6 005 456	91 130	794 327	1.49%	11.68%
广东	7 445 759	2 230 830	114 779	23.05%	1.52%
广西	4 260 689	101 862	443 067	2.33%	9.42%
海南	752 593	73 967	37 391	8.95%	4.73%
重庆	2 482 494	127 388	349 441	4.88%	12.34%
四川	7 987 753	173 851	1 020 769	2.13%	11.33%
贵州	3 213 388	118 877	416 140	3.57%	11.47%
云南	4 331 413	136 124	172 160	3.05%	3.82%
西藏	246 513	19 391	6 440	7.29%	2.55%
陕西	3 456 731	158 156	242 016	4.38%	6.54%

续表

省份	本省本地人口	外省流入	本省流出①	外省迁入比例	本省迁出比例②
甘肃	2 544 097	78 997	220 863	3.01%	7.99%
青海	484 577	50 835	29 546	9.49%	5.75%
宁夏	550 493	61 464	29 686	10.04%	5.12%
新疆	1 725 420	361 156	50 348	17.31%	2.84%

数据来源：由 2010 年第六次全国人口普查长表数据表 7－7 "全国按现住地和出生地分的人口"计算。

注：① 全国流出人口和流入人口不相等的原因是有 14494 人迁移至国外。

② 本省迁出比例由迁出人数／（本省出生地人口 + 本省外地人口）计算得出。

值得重视的是对于某些省份而言，人口迁入或人口迁出规模已经超过 10%，这表明人口迁入和迁出对这些省份的经济而言起着至关重要的作用。其中，北京、上海人口迁入比例都达到了 45% 左右，这表现为这两个特大城市的迅速扩张，浙江、天津、广东的人口迁入比例也都达到了 23% 左右，这些外来人口的流入使劳动供给大幅增长，与改革开放以来不断涌入这些省市的外资一道，成为支持这些省份率先起飞并持续高速增长的重要原因。

劳动的区域迁徙不仅对于经济增长有着重要影响，对于公共养老金来说更是有着至关重要的影响。对于净劳动人口流入省市如北京、上海、广东等而言，由于大量年轻的流动人口流入，为这些地区的城镇职工养老保险缴纳了大量费用，造成这些地区当期公共养老金账户巨大盈余。同时，由于这些地区实行严厉的户籍管理政策，绝大多数流动人口无法在这些地区扎根落户，在年老的时候只能返回原籍养老，而根据现行的养老金结转制度，养老保险的转移将造成较大损失。

根据人力资源社会保障部、财政部所发布的《城镇企业职工基本养老保险关系转移接续暂行办法》（国办发〔2009〕66 号）规定，劳动者所缴纳的个人账户基金，1998 年 1 月 1 日之前的金额按个人缴费累计本息计算转移，1998 年 1 月 1 日后的金额按计入个人账户的全部储存额计算转移，而由单位缴费的统筹基金，则以本人 1998 年 1 月 1 日后各年度实际缴费工资为基数，按 12% 的总和转移。可以看出，对于每个流入的外来劳动者，流入地政府至少多收入 8% 的养老金基金。而考虑到流程的复杂性以及养老金领取资格对于缴费年限等的要求，许多流动人口甚至完全放弃在流入地的养老金权益，从而为流入地带来规模显著的养老金收益。

7.1.3　人口年龄结构的差异

作为劳动人口区域流动的结果，各地区的人口年龄结构存在巨大的差异。2010 年第六次全国人口普查统计提供了各省市区的人口抚养比数据，图 7 - 2 展示了根据 15 ~ 59 口径计算的劳动人口计算得到的老年抚养比数据的区域差异。可以看出，许多中西部地区如重庆、四川、湖南、安徽以及老工业基地辽宁等都有极高的人口抚养比，其原因之一在于这些地区大都是人口大省，有着较高的人口迁出率。而另一些东部省份如江苏、山东也有较高的人口抚养比，这可能与当地的人口迁入相对较少有关。

老人抚养比对结构变迁的影响主要是通过对产出水平及工资水平的影响来实现。对于人口抚养比较低的地区，年轻劳动力数量多，适合发展劳动密集型产业，因而较低资本水平就能带来较大回报，则该地区资本积累比较容易，而对于总抚养水平较高的地区，资本积累就日益困难，如果是相对落后的中西部地区，老年抚养比高则对于地区结构变迁是较大的挑战。因此，对于地区公共养老金体系而言，老人抚养比高的地区，养老金支付责任大，养老金收支平衡更加困难。

数据来源：2010 年第六次全国人口普查数据。

图 7-2 各省市区人口老年抚养比

7.1.4 增长的区域收敛

随着中国经济改革开放的逐步深入，要素流动带来要素配置的逐渐优化。各地方政府为了促进本地区的经济增长，在税收政策、土地政策等方面不断调整政策，在招商引资、整合资源和市场等方面展开了全方位的趋于增长的竞争，各地区经济都逐渐有较大增长。中央政府因势利导，制定出强化区域竞争和增长的财税体制，通过转移支付等方式弥补地区财政差距，为地方政府提供大力发展区域经济的激励，同时不断完善官员治理机制，通过地方官员的晋升锦标赛不断促进地方经济增长。与此同时，中央政府通过基于区域差异的梯次发展规划，在东部经济取得明显进步后，通过西部大开发、振兴东北老工业基地和支持中部崛起等区域发展战略，推动东部产业向中西部转移，促进东部经济发展向中西部的辐射，从而促进中西部地区的经济增长。

在资本等要素边际报酬递减法则、要素报酬均等化等经济规律和政府有关方针政策贯彻落实等因素的共同作用下，我国区域经济逐渐呈现出收敛的特征。特别是 2008 年以来，受欧洲金融危机和美国次贷危机的影响，主要以出口为导向的东部地区经济开始进入减速通道，而这一轮发达地区的减速很有可能并不是周期性的减速，而是由于经济已突破发达经济体的门槛进入结构性减速的区间（中国经济增长前沿课题组等，2012；张平、陆明涛，2013）。而与此同时，中西部地区得益于来自东部地区的产业转移和资本流入等因素，经济增长率进一步提高，体现出追赶东部地区的发展趋势。

为了证实中国经济中存在的增长区域收敛，即经济增长理论所说的 β - 收敛，许多学者采用了增长理论中的回归方程等方法进行实证，实证的结果大都证实了中国区域经济存在经济收敛，但由于所用数据跨度不同，对收敛的态势并没有一致意见（周亚虹、朱保华和刘俐含，2009；潘文卿，2010）。

若简单地将中国经济按照通用的标准划分为东部、中部和西部三个区域，计算各大区域的经济增长率与全国增长率之差（如图 7 - 3 所示），就能简洁地观察中国区域经济增长是否体现收敛特征。图 7 - 3 表明，中国经济大致可分为两个阶段，在 1979—1993 年，东部经济增长率与中西部地区的差距逐渐拉大。1993 年以后，东部经济相对于中西部地区的差距逐渐缩小，2008 年后甚至出现中西部地区增速逐渐超过东部地区，且增长率的差距还在不断拉大。这一结果表明，中国各省市的区域经济增长呈现出明显的区域增长收敛特征。

增长的区域收敛给公共养老金带来的冲击主要是通过平均工资水平提高程度带来的公共养老金支付压力。在一代人养老金缴费支付期间，即一典型劳动者从参加工作进入城镇职工基本养老保险制度开始缴费到退休开始领取养老金所需时间，一般需 40 年左右，相对不发达的省份的平均工资水平增长要高于相对发达的省份，这将给这些省份按照平均工资水平计算的公共养老金体系带来更大压力。

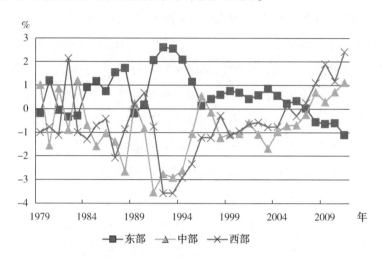

数据来源：张自然与陆明涛（2013）。

图 7 – 3　中国各大区域经济增长率对比

7.2　各地区公共养老金建设情况

自改革开放以来，由于实行"让一小部分人先富"的分块开发政策，中央政府先后实行了沿海经济特区、沿海周边优先开发、西部大开发、扶持东北老工业基地和支持中部崛起等区域差别政策，在产业政策、税收政策、财政转移支付等方面实行差别化对待，并在许多政策措施上实行部分省市先试点后再推广至全国的做法，进一步加大了区域间的差异。

7.2.1　各地区公共养老保障体系覆盖率的差异

公共养老金体系作为经济体系的一部分，也深刻地受到中央政府差异化政策的影响。从中国目前的情况来看，各地区公共养老保障的覆盖率有着重要的差异。中国社科院郑秉文团队连续多年收集并分析了中国各地区公共养老金保障状况，数据表明各省份养老保险发展情况有巨大的差异（如郑秉文，2011，2012，2013）。

　　由于缺乏公共部门退休工资制的覆盖比例和城镇居民养老保险的覆盖情况有关数据，我们很难直接比较各省市区的养老保险体系结构。由于城镇职工养老保险体系覆盖面最广，政府支出责任也相对较小，该体系的覆盖情况可作为各省公共养老保险体系发展状况的重要指标。根据国家社保基金的数据，表7－2比较了各省市区参加城镇职工养老保险参保人口覆盖率，从表7－2可以看出各省市的养老保险发展状况。

表7－2　　　各省市区城镇职工养老保险参保人数占总人口比例　　单位：%

年份 省份	2000	2001	2002	2003	2004	2005	2006	2007	2008	2009	2010	2011	2012
北京	20	22	21	21	31	34	38	41	45	47	50	54	58
天津	21	20	20	18	29	30	31	31	32	33	33	34	35
河北	7	7	7	7	10	10	11	11	12	13	14	15	15
山西	10	9	8	8	11	11	14	15	16	16	17	17	18
内蒙古	10	9	9	9	13	14	15	15	16	17	17	18	19
辽宁	18	17	18	18	26	28	29	30	33	34	34	36	37
吉林	11	11	11	12	16	17	18	18	19	20	22	22	23
黑龙江	12	13	13	14	19	20	21	22	22	24	25	26	26
上海	27	27	28	27	44	47	49	50	51	52	46	59	60
江苏	9	9	11	12	16	18	19	21	23	24	26	28	31
浙江	10	11	12	14	19	20	21	23	27	29	31	35	40
安徽	5	5	5	5	7	8	8	9	9	10	11	12	13
福建	5	5	6	6	8	11	12	13	14	15	16	17	19	20
江西	6	6	6	6	9	9	10	11	13	13	14	15	16
山东	9	9	9	10	13	14	15	16	17	18	18	20	21
河南	6	6	6	6	8	9	9	10	10	11	11	12	14
湖北	8	8	8	9	13	14	15	16	16	17	18	19	20

续表

年份 省份	2000	2001	2002	2003	2004	2005	2006	2007	2008	2009	2010	2011	2012
湖南	5	7	7	7	10	11	12	12	13	14	14	15	16
广东	13	15	15	16	19	20	21	24	26	28	31	36	38
广西	4	4	4	4	6	6	6	7	8	8	10	10	11
海南	13	10	10	10	15	15	16	17	18	19	21	23	24
重庆	6	6	6	6	9	10	11	12	14	17	20	22	24
四川	5	5	5	5	8	10	10	11	13	14	16	19	20
贵州	3	3	3	3	4	5	5	5	6	6	7	8	9
云南	4	4	4	4	6	6	6	6	6	7	7	7	8
陕西	6	7	7	7	10	10	10	11	12	12	15	16	17
甘肃	6	6	5	5	7	8	8	8	8	9	9	10	11
青海	7	7	7	8	11	11	11	12	12	13	13	14	15
宁夏	8	8	8	8	11	11	12	13	13	14	17	19	20
新疆	10	10	10	10	15	15	15	16	16	17	18	20	21

数据来源：《中国统计年鉴》；作者测算。

注：这一覆盖率并不能直接归结为第一支柱的覆盖率，这是因为城乡保和退休工资制覆盖人员都没有纳入计算，而这两者也应当属于第一支柱。

从表7-2数据来看，城镇职工基本养老保险制度的覆盖率基本上是和经济发展水平高度相关。上海、北京、浙江、广东、天津分别位列覆盖率的前五位，而贵州、云南、广西、甘肃等排名靠后，这表明，不发达地区有更大的非正规就业人口，职工养老保险的收支可能问题相对较小，但居民养老保险的补贴数量可能更大。随着流动人口逐渐老去却不能在流入地安家落户养老而需要回原籍地，由发达地区向不发达地区的养老金统筹和流动就变得不可避免。

7.2.2 各地区公共养老保障体系赡养率的差异

2010年各省市城镇职工基本养老保险制度赡养率最低的五个省市是广东、福建、山东、北京和浙江，分别为11%、21.73%、24.17%、

24.87%、25.12%，而最高的五个省市为黑龙江、上海、吉林、四川、天津，分别为 61.6%、59.66%、52.6%、50.93%、49.87%，可见差距非常大（郑秉文，2011）。

造成职工基本养老保障体系赡养率差异的原因可以归纳为历史遗产和劳动力流动两个原因。由于中国现行的养老保障体系是直接脱胎于计划经济时期的单位福利制，计划经济时期有较高国有工业的省份则有较高的赡养率。黑龙江、吉林、天津等省市大都是因为老工业基地数十年的国有工业部门发展留下的遗产。赡养率较低的省份大都为改革开放以来新开发的以私有部门为主的工业基地，因而吸引了大量年轻的外来务工人员。

7.2.3　养老金管理与投资运营的省际差异

由于历史原因，由于各地区原有的国有企业数量和人数不同，各省所承担的国有企业养老体系转轨成本大小不一，老人和中人的支出责任造成的养老基金账户平衡状况不一样。对于一些国有企业比重大、转轨成本高但缺少劳动人口流入或增长的省份而言，为了应对现阶段的养老金发放不得不动用现有劳动者的个人账户资金，造成空账运营的状况。

由于缺乏投资激励，许多省对于社保基金投资增值缺乏热情，主要将个人账户基金以活期存款、协议存款和定期存款的形式进行管理，只有少数省份将部分资金委托全国社保基金理事会进行管理。据郑秉文（2012）统计，2011 年，做实的个人账户基金共有 2 285 亿元用于投资运营，其中分别以活期存款、定期存款、协议存款形式进行投资的比例分别为 12.89%、30.77% 和 27.75%，用于国债和其他投资的比例分别为 2.10% 和 2.63%，委托全国社保基金理事会管理的占 23.89%，但 2011 年只有广东省将部分城镇职工养老保险资金委托投资，其他省份似乎没有这样做的，这就表明，对于绝大多数省份而言，养老保障的增值渠道非常有限，投资回报率非常低，很难超过通货膨胀率。

7.3 央地关系下的公共养老金改革

7.3.1 公共养老金体系中的央地关系

在前文的分析中，我们可以清晰地看到，公共养老金体系中政府补贴起着极为重要的作用。由于所有社会养老保险系统都是实行省级及以下统筹，公共养老体系的建设和运营的主要责任是地方政府，随着社会保障体系建设的推进和老龄化程度的不断加深，地方政府用于养老金建设的支出压力不断增大。与此同时，在现有分税制框架下，地方政府财政收入比重逐渐下降，为应对日益增长的养老金支出需要，来自中央政府的转移支付就成为地方政府必不可少的收入来源。

在公共养老金体系中，来自中央政府的转移支付主要有几个来源于用途：一是用于冲抵原国有企业改制造成的转轨成本，向老人和中人支付养老金；二是用于建设城乡居民养老保险体系的基础养老金，按照规定，中央政府承担中西部地区全部城乡居民养老保险的基础养老金，承担东部地区的50%，这意味着人口众多的西部地区对于中央政府的转移支付有极大的依赖。

据郑秉文（2013）等统计，自1997年各级财政开始对养老保险转移支付算起，补贴规模迅速扩大，2000年各级财政补贴金额为338亿元，2006年为971亿元，2010年1 954亿元，2011年新增补贴高达2 272亿元，财政累计补贴金额达1.2526万亿元。也就是说，近三分之二的养老保险累计结余（1.9万亿元）来自财政转移支付。

由于养老金问题已成为常规的支付责任，根据目前的制度设计，中国国有企业工人的转轨成本还将持续多年，而中国城镇居民养老金系统将持续维持下去，这种常规支付责任如今是以短期性的支付途径来进行支付，很显然这种转移支付不能从根本上解决现实问题，必须在重塑央地财政关系的基础上考虑养老金制度建设问题。

7.3.2　委托—代理视角下的央地关系

中国从大一统以来，除极少数战乱时期外，一直是一个实行单一制政体或集中制的国家。在君主制时期，中央政权由皇帝维系，地方统治由皇帝委派官员进行治理，官员对皇帝负责，形成了典型的委托—代理关系[①]。1949 年新中国成立后，仍然实行的是单一制政体，仍然可以用一个委托—代理模型框架来刻画这种中央—地方关系。建立一个标准的中央—地方政府的委托—代理框架，不仅能够很好地反映 1949 年来中国央地关系变迁的历史和逻辑，也能够将委托—代理理论较为成熟的研究框架、方法和结论便捷地吸收进来，并在这个简单明了的模型中迅速找到央地关系的现实问题和政策性建议。

将中国中央—地方政府放在一个委托—代理框架中理解，是符合中国政治经济现状的。中央政府作为政权的代表，对于国家政治经济事务拥有着最终的决定权，这是由中国的国体特点决定的，因而可以作为这一模型中的委托人。这和西方新政治经济学研究中将选民作为委托人的经典做法不同（Dixit，1996）。而地方政府作为中央政府的授权代表，贯彻执行中央政府的各项政策，因而可以作为代理人进行分析[②]。当然，我们也可以引入人民/选民进入这一模型，构成一个三方委托—代理模型或委托—监督人—代理模型，但在目前的中国政治经济活动中，民众的政治影响力仍然比较弱，尚未具有足够的事实影响力（de facto power），尚不能成为与中央政府、地方政府拥有同样法定影响力（de

---

[①]　有关委托—代理理论概述，可参见 Laffont 和 Martimort（2002）、Laffont（2000）。

[②]　聂辉华、李金波（2007）将中央政府、地方政府和企业放入委托—管理—代理（principal-supervisor-agent）框架中处理，认为中央政府通过地方政府的监督委托企业进行生产，从而分析地方政府与企业的合谋行为。但笔者认为，除一定的监管外，企业对于经济活动有较为完全的自主决定权，生产的动机主要是利润最大化，应独立于政府管理体制之外。而中央政府对地方政府间的关系，更符合委托—代理关系的定义。

jure power），因而还不是主要的博弈主体。有关事实影响力、法定影响力的论述，参见 Acemoglu 和 Robinson（2006）。

在明确中央—地方委托代理角色主体之后，就能够很便捷地对央地关系进行深入刻画。首先，对中央政府和地方政府的行为进行刻画。根据新政治经济学的假定，中央政府作为政权的代表，关心的问题是政权的存续问题。可以假定中央政府的目标函数是最大化政权存续的可能性，而后者是国民收入、基尼系数与其他因素的函数。从中国历史来看，中央政府对政权存续可能性最大化目标的追求是非常符合事实的，但对这一目标的细化理解体现了不同执政者的理念，也决定了不同政权的结果。在"文革"等时期，执政者的理解是建立个人权威消灭各种可能的政治反对势力，从而导致经济社会的浩劫。改革开放以来，执政者意识到经济落后是影响政权稳定的重要威胁，从而将经济增长确立为中央政府的执政目标，并将其写入宪法。根据《中华人民共和国宪法》中"国家的根本任务是，沿着中国特色社会主义道路，集中力量进行社会主义现代化建设"，因而其目标函数可以简化为在保持政权稳定性的前提下最大化经济总产出。可以假定中央政府只能通过地方政府实现这一目标。这样假定是因为作为理性的政权代表者，中央政府必须防止民众由于生活困顿而起义暴动威胁政权统治，在不考虑收入分配的条件下最大化总产出是最小化民众暴乱的可能。

其次，地方政府也是具有自身效用函数的经济主体。一方面，必须承认地方政府有与中央政府不同的政策目标，如最大化其财政预算，追求更好的办公环境，甚至追求更高的个人收入等。另一方面，地方政府按照中央政府的政策目标努力发展经济是必须要付出代价的，地方官员必须要耗费大量时间与精力才能促进经济发展。承认地方政府具有独立利益诉求，才有可能进一步分析央地之间的利益冲突的解决路径，即寻找既能达到中央政府目标又能使地方政府有积极性按照中央政府的要求履行自己的职责。我们可以抽象出构成地方政府目标函数的三个要素，财政收入、奖惩系数、个人收入①。财政收入是政府机构支出的主要来源，财政收入包括地方政府根据税收分配规则直接从地方经济发展中获得的财政收入和从中央获得的转移支付两部分，奖惩系数包括因政绩突出而晋升、奖励、连任，也包括因政绩不够而被调离、免职等。有了这些设定，则很容易分析中国经济在改革开放以来地方政府的积极性如何被调动起来。

如果地方政府不参与中央政府制定的任何目标，则称地方政府追求以个人收入为代表的保留效用，这容易造成贪污腐败，也会由于民众利益受损引发社会不稳定从而对中央政府的利益造成损害。根据信息经济学原理，要让代理人根据委托人设计的游戏规则参与游戏，必须满足代理人的参与约束和激励相容约束问题。参与约束要求代理人参加游戏比不参加游戏要好，激励相容约束要求代理人必须向委托人发送真实信息，即不存在使代理人伪装的激励。也就是说，对中央政府而言，必须设计一个这样的机制，使地方政府有动机努力扩大经济产出而不是追求自己的保留利益如腐败，同时要向中央政府发送真实的信号，让中央政府得到地方政府/官员类型（如努力状况等）的真实信息以采取针对性的奖惩措施。换言之，对地方政府而言，他们的利益就是在中央政府设置的机制下，决定是否参与中央政府希望他们参与的博弈，若参与则会尽可能从参与博弈中实现自身效用最大化。

这一简单的分析框架能较好地解释中国中央地方政府机制的演变及其对中国经济增长绩效的影响。自 1949 年以来，除"文革"这一极度非理性时期外，包括"大跃进"在内的各时期中国中央和地方政府的经济行为都基本上符合这一特点。由于在计划经济时代早期并不存在

————————

① 这里我们不区分作为组织的政府和作为个人的官员，也不假定政府天然地就是仁慈的独裁者。因为根据公共选择理论，政府也都是理性人组成的，政府的决策都是理性人所作出的，很难想象在公共领域中的个人会完全不考虑个人效用完全基于利他因素进行决策，而后当他离开办公室作为个人存在时又能做到使自己利益最大化。

GDP 等国民收入统计指标，中央政府追求的则是粮食产量、棉产量、钢产量等物质产量的高速增长，中央政府通过指令性计划等方式要求地方政府达到中央政府提出的目标。由于这一时期政府对于知识分子和社会科学理论的忽视，中国中央政府并没有雇佣足够的经济学家、数学家在中央计划部门进行统计和计算，因而无法建立类似东欧和苏联的详细的指令性计划体系，为减少计算工作量只能采取层层分解下拨计划的方式建立 M 形组织。由于存在明显的信息不对称问题，中央政府难以监控到地方政府的工作效果，因此地方政府之间的标杆竞争就很容易地演化成了"浮夸风"，地方政府官员通过浮夸就能实现自己利益的最大化，缺乏必要的动机从事生产性经济活动，因而造成近三十年间经济生产效率低下的局面。这充分说明，必须给地方政府足够的激励，方能克服信息不对称问题。

改革开放是以少数地区官员进行的大胆实验而激发的，这些实验在当时的政治氛围中是有可能带来严重后果的，但是这些官员非但没有受到处分，反而因其大胆进取迅速晋升，其中的突出典型包括批准凤阳小岗村进行家庭联产承包责任制改革的前安徽省委书记万里迅速调任国务院副总理，率先提出发展经济的前广东省委书记习仲勋、杨尚昆均调任全国人大常委会副委员长，充分表明中央政府已经将经济发展状况与官员晋升挂钩，晋升锦标赛拉开序幕。随后处于对官员政绩考核的要求，中国国家统计局迅速采用更为准确的国民收入核算系统计算和统计各地区和全国的 GDP 水平与增长率，作为奖惩地方政府的一个重要依据，这给晋升锦标赛提供了一个较好的尺度，使地方政府官员效用函数中奖惩系数得到提高。

与此同时，财政体制改革也逐渐开启。1980 年实施的"分灶吃饭"，1985 年和 1988 年两次变革，1988 年实行的"划分税种、核定收支、分级包干"的财政包干体制，总的指导思想都是将固定收入或固定比例的财政总收入上缴中央政府，余额归地方政府所有。这使地方政府获得的财政收入大幅提高，地方政府参与中央政府设计的博弈机制积极性大幅提高，地方政府只要努力发展经济就能获得相当的财政收入，因而地方政府很快就开始大力发展经济，招商引资、建开发区，中国经济随之大幅增长。但由于前面所述的信息不对称，地方政府也很容易通过谎报低报税收基数、截留应上缴的中央部门税收，导致中央政府财政收入连年下降（王绍光，1997）。直至1994 年开始的分税制改革才从根本上扭转了中央财政收入不足的现象。

分税制改革将一部分税收划归中央，另一部分税收划归地方政府。这一制度性安排被认为是 1994 年来中国经济快速增长的一个重要原因。根据中国现行的分税制规则，目前各级政府所获得财政收入绝大部分是直接或间接来自企业的税收和国有土地使用权出让收入，直接由个人缴纳的只有个人所得税和一部分社会保障缴费收入，这使地方政府为了追求财政收入的最大化，就会努力通过招商引资、为企业营造良好的经营环境等方式吸引更多更大企业进驻当地。地方政府积极进行招商引资从而促进经济增长这一事实被张五常（2009）视为中国经济改革最重要的经验，与此同时，对国有土地使用权出让收入的追求，也使得地方政府掀起了大批卖地、大搞建设的浪潮。

7.3.3　央地关系中的财税关系与经济增长

由于中央政府的目标函数是为了实现产出最大化，而这一目标必须通过地方政府才能得以实现，因此对地方政府的激励必须符合经济增长理论，使地方政府能够迅速积累经济快速增长所需的生产要素。从后发国家经济发展阶段来看，由于后发经济往往在经济增长的早期拥有大量的冗余劳动力，但资本往往非常稀缺，因此经济增长的主要挑战是吸引资本的积累，一个适应此经济增长阶段的分税制体制必须能给予地方政府吸引和积累资本的激励。改革开放后实行的财政放权、分灶吃饭及后来的分税制改革，都很好地为地方政府提供了吸引和积累资本的激励。

经过三十余年的快速增长和积累，中国经济中资本短缺的局面已经大大改观，一些省份的人均资本存量水平已经达到或超过发达国家水平。当经济进入这一阶段，资本不再是制约经济增长的因素，经济转而需要人力资本和研发创新提高经济增长水平。但在分税制体系没有大的改革之前，现有的体制仍然鼓励地方政府不断扩大资本积累规模，从而在局部地区局部领域资本低效现象已经出现，造成发达地区经济增长减速长期增长乏力，地方政府/官员仍能通过加大投资提高财政收入以达到自身的效用最大化，但这种粗放式经济增长模式显然不利于经济的长期可持续发展。从这个角度来看，面对新的增长形势，中央政府有必要调整分税制方案，给地方政府以新的激励，促使他们转向提升人力资本和科技创新。

从人力资本角度来看，人力资本是附着于个人劳动者的，因而要激励地方政府吸引、积累和发展人力资本，就要让地方政府努力营造良好的社会环境吸引人才入住，并提高教育与社会保障水平。要做到这一点，就应当将地方财政收入与人才流动挂钩，让大多数直接税收成为地方财政收入的主要来源，如与人口规模相关的消费税，与高收入（往往意味着高人力资本）相关的个人所得税（需基于财富和家庭综合状况征收），并通过税收工具降低人口流动的成本，如开征房产税打击囤积住房促进商品房流动以降低房价，开征遗产税降低年轻人对父辈的依赖并鼓励通过创新和劳动创造财富。因此，将直接税作为地方税收的主要来源，不仅能纠正地方政府重企业不重个人、重发展不重民生的激励扭曲，还能促进中国经济由粗放式增长模式向内生增长模式的转型。

从创新和研发角度来看，要促进企业进行研发和创新，就是要地方政府有动机为企业提供良好的市场环境、引导企业将资金运用到研发创新而非粗放式发展。这就意味着要适当降低流通环节的各种间接税收，与此同时，实行企业创新和人力资源培训减税抵税等措施，并将属地企业研发创新及人力资本培训等开支与中央政府财政转移支付进行挂钩，激励地方政府为企业研发创新提供平台和政策。

　　与上述政策相配套，为保证中央政府的财政资金来源，将国有土地或土地出让金的大部分或全部收归中央政府，以减少地方政府对土地的依赖。其他主要间接税收，也主要收归中央政府。这一做法基本上虽然很难在国际上找到类似案例，但对于中国这样规模庞大且实行政治集权制度和经济分权制度的国家而言，如果不逐渐开始实施这种有利于经济内生增长的分税制，不仅可能出现经济停滞或经济危机，还有可能导致社会不稳定，从而危及中央政府的核心利益。

7.3.4　央地关系中的公共养老金制度建设

　　如前所述，央地关系的核心就是财税关系，而带有再分配性质的公共养老金制度本质上也是一种财税系统。由于公共养老金是劳动者收入的重要部分，公共养老金制度与财税制度一样对要素集聚与积累有重要影响，因此中央政府可通过公共养老金制度的统筹改革促进区域经济竞争与增长。

　　首先，应发挥中央政府作为委托人的角色，加大对地方公共养老金制度的监管，杜绝地方政府贪污、挪用社保基金案件的发生。上海社保挪用案发生后，在社会上引起巨大反响。若此类问题处理不当，将使居民老无所依，造成严重社会问题，威胁政权稳定和中央政府的核心利益。因而，中央政府必须监督地方政府做好养老金的管理工作。

　　其次，中央政府应发挥统筹协调地方经济的作用，敦促地方妥善处理好跨省统筹问题，促进要素在区域间的流动和优化配置。

　　最后，中央政府应允许地方政府将养老金制度作为区域间竞争的存在，鼓励地方政府适当调整公共养老金相关参数，因地适宜地进行公共养老金管理与运营的制度创新，充分发挥公共养老金体系对区域经济增长的促进作用，形成区域间在人力资本吸引与积累、生产配置优化等方面的良性竞争。事实上，对于这么大的国家而言，由于经济发展差距和生活成本差异的存在，没有必要将全国城镇职工养老保险统筹账户和个人账户，以及城乡居民养老金标准全面统一规定。对于公共养老金的个人账户基金，若进行全国汇总管理和投资，则规模巨大且资金投资风险可能太大，设立分省的投资基金进行分散投资，各省养老基金投资收益形成良性竞争，有助于探索和解决养老金保值增值的问题。

7.4 本章小结

本章讨论了中国各省、区、直辖市的公共养老金改革问题。由于各地区禀赋结构、区域战略、地方政策等因素的综合作用，中国经济呈现出典型的区域结构性特征，区域经济发展水平和结构变迁呈现出巨大的差异，劳动人口在区域间的流动、各地区人口年龄结构的差异，使中西部地区经济增长和结构变迁日益困难，但与此同时，由于东部地区经济增长速度下降，中西部地区逐渐承接东部地区转移的劳动力，区域经济呈现出一定程度上的收敛特征。

在中国经济区域结构性的背景下，各地区公共养老保障体系的覆盖率、赡养率和管理绩效也呈现出较大的差异。经济发展水平、原有的国有企业水平和人口流动等因素，共同造成了养老金覆盖率和赡养率的差异。而与此同时，除广东等少数省份外，大多数养老基金的管理都由省级养老金管理当局统筹管理，投资效率低下。

公共养老金体系作为广义公共财政问题的一部分，也是嵌入在中央—地方的分权关系之中的，因而要解决公共体系的区域差异和管理低效等问题，可以从调整中央—地方分权关系入手，根据委托—代理理论，设计能有利于地方经济增长和区域间良性竞争与合作的公共养老金制度。

第 8 章　结语与讨论

8.1　中国公共养老金体系的现状与问题

　　中国公共养老金体系从初建至今不过二十年，由城镇职工养老金体系、城镇居民养老金体系和机关事业单位退休金体系组成的公共养老金体系目前已基本覆盖全部成年人口。在中国这样人口众多、结构复杂的大型发展中经济体，由于需要迅速完成结构变迁以避免堕入中等收入陷阱，公共养老金体系的保障水平很难短时间内迅速达到高福利的水平，但在短时间内建成基本全覆盖的公共养老金体系，其成绩和意义不言而喻。随着中国经济增长进入结构性减速区间，结构变迁的压力进一步增大，而老龄化、城镇化和经济的服务业化给经济增长和养老金账目平衡也带来了巨大的压力，如何评估和改革现有公共养老金体系，是中国目前面临的重要问题。由于历史原因和制度原因，现有的体系仍有以下几个问题。

8.1.1　转轨成本未消解造成长时间收支平衡困难

　　中国现有的公共养老保险体系的主体是城镇职工养老保险体系，该体系的建立源于国有企业改革为了减少企业的用人成本。在改革的过程中，国家财政和国有企业部门将所有退休人员（老人）和当时尚未退休人员（中人）已工作年数的养老金支付责任全部推给社会，造成巨大的养老金转轨成本，这一成本由当时尚未退休劳动者和新参加工作的劳动者（新人）共同负担。在此期间，国家财政（包括国有企业通过上缴税收和利润）每年向城镇职工养老保险体系注入了一定补贴，但都不能覆盖每年需支付的转轨成本。

转轨成本未消解的后果是比较严重的。根据世界银行北京代表处的报告，中国正式就业劳动者的边际税负[①]已达约45%，甚至已经超过了欧盟15国的平均水平（约42%），与北欧国家持平（World Bank Office，2012，第28页）。如此高的边际税负在经济增速逐渐降低的情形下，将使资本和劳动回报率进一步下降，从而出现资金外逃、产业向外转移，从而阻碍中国经济的结构转型和可持续增长。如果政府机关与事业单位养老金转轨成本也由经济中正式就业劳动者承担，这一税负还将进一步提升，可能导致公共养老金体系不堪重负，并使得许多劳动者就业的非正式化，即由正规部门就业转向非正规就业（Corsetti 和 Schmidt-Hebbel，1997）。

由于转轨成本的存在，城镇职工养老保险长时间处于空账运行状态，使新人的养老保险体系收支长期仅停留在账面上。这种运营体系不仅造成养老金难以增值保值，也掩盖了城镇职工养老保险体系中的真实问题，可能导致对公共养老金体系状况的判断和错误政策的制定。

8.1.2 体系运营效率低下造成长期严重缺口

城镇职工养老保险体系新人个人账户运营的严重问题主要是公共养老基金的管理运营效率低下造成的增值率低，导致新人运营体系在不久的将来将产生严重的缺口。

养老保险体系管理运营效率低下的原因是在现有的省级统筹条件下，省级养老金管理当局缺乏养老保险体系运营的责任与激励，也不愿承担各种可能出现的风险。因而，各省市区的养老保险基金除少部分交

---

① 边际税负定义为（总劳动成本 – 净工资收入）/ 总劳动成本。

由国家社保基金运营能实现较高收益率之外，绝大部分都采用国债和银行存款的形式，平均收益率甚至低于通货膨胀率。因而，从长期来看，如果公共养老基金不能保持较高水平的盈利率，老龄化将使养老金体系面临巨大缺口。

8.1.3 公共养老金体系承载太多福利功能

作为覆盖非正式就业劳动人口及非劳动人口的公共养老金体系，城乡居民基本养老保险体系的建立无疑是中国社会保障体系建设中最重要的成绩，然而根据现有的公共养老金体系制度要求，非正式就业劳动人口不仅可以大幅降低缴费率参加城镇职工养老保险，能够只交付 15 年即可领取公共养老金，若参加城乡保还能够得到政府的直接补贴，这意味着中国现象的养老保险体系存在着对非正式就业人口和非劳动人口的巨大补贴，这一补贴对于公共养老保险体系和国家财政来说是相当显著的。

根据公共经济学和信息经济学的一般原理，贫困救助一般面临突出的信息不对称问题，即使是财政资金用于贫困人口救助都应当秉持针对性、适用性的原则。而对农村居民和占人口比例非常高的非正式就业人口实行普遍性的政府补贴，不仅背离了贫困救助的一般原则，还容易造成过度福利化。更重要的是，在养老保险体系中对居民进行补贴，不仅违背了社会保险的风险共担原则，而且由正式劳动者向非正式劳动者的再分配违背了市场经济的公平原则。

8.2 中国公共养老金体系建设的政策建议

8.2.1 通过公共生产行为消解改革转轨成本

怎样消除转轨成本并尽可能减少对其他经济活动的扭曲影响，是养老金双轨制改革急切需要深入研究的课题。将成本全部摊给未来世代,通过加大未来人口缴费负担来冲抵转轨成本,可能使养老金制度压力进一步加大,而各种税收或债务消解方式对企业和个人的经济行为有不同程度的扭曲,通过合理设计认购债券和税收的组合尽可能降低但不能全部消除这种扭曲。因此,通过各种不扭曲私人生产行为的公共生产活动来消解转轨成本,是可行的路径。

运用国有企业等公共部门生产活动或土地使用权转让收入等方式消除转轨成本,能够将对私营经济部门的影响降低至最小。随着体制改革与股权改革的成功,国有企业近十余年来利润水平不断上升,2012年底达到了1.4万亿元。而随着城市化的快速发展,土地出让收入成为地方政府财政收入的重要来源。可以预计,由于土地所有权由国家所有,土地使用权的流通与租赁收入虽有波动,仍会长期保持为地方政府的重要收入来源。因而,设计合理机制,从这些公共部门的生产活动中安排资金消除转轨成本,是可能而且有益的。

8.2.2 通过改善资产组合提高养老基金回报率

改善中国公共养老基金的投资资产组合以提高其回报率,对于改善中国公共养老保险收支平衡状况是非常有效的途径。在中国现有体制下,物质资本的回报率还是比较高的,应该建立由无风险资产(主要是国债、银行存款)、金融资产(包括各种债券和股票等)、实体经济资产(包括基础设施、土地与房地产、国有企业股份等)等三种资产的投资组合,以实现控制风险下的资本收益最大化。若能达到6%的盈利率,则2070年都不会出现新人养老金的收支缺口。从模拟数据来看,保证6%的年均盈利率是非常可行的。

8.2.3 实行延迟退休以应对人口老龄化冲击

就中国而言,由于新人养老保险体系仍运行良好,直到2050年仍未达到需要全部延迟退休的地步,2050年以后可以进行全面延迟退休。

但是，可以适当延长妇女退休年限、延长非正规劳动者的最低缴费年限、延长脑力劳动者的退休年限，同时实行弹性退休制，鼓励和倡导适当延迟退休。

8.3　超越现有体系的改革可能性探讨

随着中国经济的结构演进和成熟发展，公共养老金体系也将日益成熟，原有在市场化改革初期和金融市场不成熟条件下建立的公共养老金体系有必要进行重新审视，特别是由于历史原因造成的包括机关事业单位、城镇职工和城乡居民等多个不同体系的养老金多轨制，受到了学者与舆论的广泛批评，因此如何重新审视中国公共养老金体系，超越现有体系建立更有效率的制度，值得我们深入思考。中国社会科学院经济研究所社会保障课题组（2013）提出了一些颇有见解的改革建议，笔者在该文观点上进行进一步阐发，提出未来中国公共养老金改革应实现基本保险—社会救助—个人养老基金三者分离，分别实现基本养老保险为全民提供统一但仅限生活水平的养老保障以应对长寿风险、社会救助体系为弱势群体提供最基本的生活保障需要以降低偶发事件带来的社会风险、个人缴费的账户可在严密监管条件下根据受益人风险偏好实行市场化竞争性独立运作以提高养老金投资效益。

8.3.1　改革公共养老金运行与监管体系

从理论上说，市场完全可以解决养老金问题所关注的长寿风险和激励问题，但现实中政府提供公共养老金的目的是为了解决市场缺乏强制性导致社会风险问题。对于政府而言，一部分人不愿意购买商业养老保险而在老年时无法安度晚年从而给社会救助体系乃至社会安全带来更多麻烦。

从这个意义上说，只要能解决公共养老金的强制性问题，养老金体系可以由政府之外的独立机构运营和管理。政府可通过颁布强制性的《社会保险法》来规定所有居民都必须被纳入某种形式的公共养老保障体系中，而运营可以托付给第三方专业机构来进行。

8.3.2　全面重塑养老金体系的三大支柱

世界银行所提出的养老金三大支柱，即公共养老金体系、企业年金和个人储蓄或商业保险，是一个比较好的理解框架。中国建立的公共养老保障体系就是在这一原则的指导下进行的。从理论上说，世界银行所提出的公共养老金体系主要的问题是为了解决最低的生存水平问题，因而可以是对所有居民都覆盖的现收现付制养老金，企业年金是为了实现养老金精算公平，为参与者提供与薪资水平挂钩的养老保障给付，给员工提供参与养老保险的激励。前两者均要求强制性，以实现养老保险的全覆盖，减少可能出现的社会风险。个人储蓄或商业保险由居民自愿选择以满足自己对未来个人消费水平的需要，因而可以不在公共养老金改革中进行过多讨论。

从世界各国的情况来看，许多国家的养老金体系也基本上符合三大支柱的指导思想。以美国为例，美国采用的社会保障体系中就有以现收现付为基础的社会基础养老保险和以完全积累的个人账户制养老保险计划（401K 计划）。

从中国的现实情况来看，中国公共养老金体系建立时，中国正处于金融市场与社会保障条件非常落后的状况，强制建立企业年金的条件并不成熟，因而建立包含有个人账户的部分积累制养老保障体系，实际上是同时建立了包括世界银行三大养老金支柱的前两个支柱的公共养老保险体系。

随着金融市场的发展，以及居民对精算公平的日益重视，现行的养老保障体系完全可以进行大规模的重塑，即仿照美国的做法，将公共养老保险体系划分为现收现付制的全民社会养老保障体系与完全积累制的个人社会保险账户体系。根据第4.1节的分析，现收现付制部分采用人头税的方式，每个公民从20岁开始按照收入比例缴纳统一的一定数额的养老金直至退休，全部用于现有的退休人员退休金的发放，实行缴费确定型制度。退休年龄根据预期寿命不定期调整，以保证缴费和给付水平与消费水平基本同步。作为第一支柱，仅能提供最基本的养老需要。

现存的个人账户部分采用基金式运营，可与企业年金并行或合并运营，居民可根据自己的风险偏好在一定选择范围内选择投资方式，稳健型或风险型，甚至像美国401（k）计划那样可以自行指定养老基金。养老基金可投入到国债市场、实体经济和金融市场，甚至购买地方投资平台债务，这样就能做到扩大国债市场交易规模以建立稳定的无风险利率，为实体经济提供必要的资本积累，以及为股市提供必要的资本流动性。

8.3.3 将社会救助类支出从公共养老金体系中剥离

由全民社会养老保障体系与个人社会养老保险账户组成的社会保险应该是两个独立的自我运营的养老保险体系，除非出现重大的系统性风险导致系统难以为继，政府一般情况下不应当进行财政补助。

对于一些因故失业等政府必须承担社会救助的社会弱势群体，在基本的全民社会保障体系之外，政府可采用社会养老救助的形式进行适当的财政补助。但应当明确的是，救助是政府职责，应当在救助的框架内进行，而且应当有收入甄别和资格动态审查系统，以保证救助的效果与效率。

作为社会救助的养老金服务体系的一个典型案例是美国的补充保障收入计划（SSI）。该计划的资助不是由社会保障基金提供，而是由美国政府财政拨款，面向老人、盲人和残疾人提供，提供水平仅能维持基本生活，目前的领取人数已达八百万人。中国可以采用类似的办法，将对收入低微的非正式劳动者的各种补贴放入低保救助体系，实行严格的收入和财产甄别审核、动态审查制度。对于这些低收入群体，社会保障税可以由国家补贴以保证社会保障税的连续缴纳，但一超过低收入水平线即要求个人自行承担。

8.4 中国公共养老金改革研究展望

8.4.1 结构转型过程中的公共养老金体系改革

公共养老金体系改革是一个重要的公共政策问题，也是对消费、投资、经济增长等有重要影响的制度性变革（institutional change）。传统的研究大都只关注稳态经济中的公共养老金改革问题，本书尝试进行扩展，将养老金改革放入结构变迁的框架中进行考察。但公共养老金体系改革涉及许多现实问题，如金融市场发展、收入分配结构变化、政府行为转变等，每个问题都有重要的理论和现实意义，而这些问题都没能在本文中展开。未来的研究可以在本文模型的基础上，从各个方面进一步展开，以揭示结构变迁过程中养老金改革的条件和最优路径，已经对经济主体行为及宏观变量的交互影响。

8.4.2 公共生产性部门绩效与养老金的一般均衡分析

中国作为由计划经济向市场经济过渡的转型国家之一，一直以来都保留了较大规模和比例的公共生产性部门。传统的结构变迁只考虑产业结构变迁，但公共生产性部门的生产性活动及这些部门的市场化如何对经济主体行为和宏观经济变量产生影响，而这些影响又如何可能被运用到宏观经济调控及养老金制度建设中去，特别是如何运用公共生产性部门的产出和资产，消除公共养老金的转轨成本并应对老龄化冲击，对于公共养老金改革有重要意义。未来的研究可以采用类似的研究方法，建立包括公共生产性部门和私人部门在内的动态一般均衡模型，以考察上述问题。

8.4.3　名义账户制的理论机制

另外，在养老金改革的模式中新近被提出的名义账户制，也可能为解决公共部门养老金转轨成本提供一条可行的解决路径。郑秉文（2003）、霍尔茨曼和帕尔默（2006）深入讨论了名义账户制的优势，认为中国现有转轨成本由于规模巨大，难以消除，采用名义账户制可以避免养老账户破产现象的出现。名义账户制在处理全国养老金隐性债务与转轨成本方面的可能成效仍需理论和测算验证，但采用名义账户制或养老券处理双轨制并规的转轨成本，既可以在当期就消除转轨成本，可将转轨成本控制到最低，将未来的不确定性控制到最低，有利于政府和个人建立对未来的稳定预期，还能在形式上做实个人账户，有利于全国养老保障的统筹和管理。

参考文献

[1]巴罗. 经济增长 [M]. 北京：中国社会科学出版社, 2000.

[2]白重恩, 谢长泰, 钱颖一. 中国的资本回报率 [J]. 比较, 2007 (28): 1-22.

[3]博迪, 凯恩, 马库斯. 投资学（第九版）. [M]. 汪昌云, 张永冀译. 北京：机械工业出版社, 2012.

[4]蔡昉. 养老保障制度改革 [EB/OL]. http://iple.cass.cn/show_News.asp? id=26140.

[5]蔡昉, 王美艳. 非正规就业与劳动力市场发育——解读中国城镇就业增长 [J]. 经济学动态, 2004a (02): 24-28.

[6]蔡昉, 王美艳. 中国城镇劳动参与率的变化及其政策含义 [J]. 中国社会科学, 2004 (4).

[7]陈佳. 中国事业单位养老保险制度改革研究 [D]. 南开大学博士学位论文, 2009.

[8]陈平路. 中国养老保险体系的世代交叠 CGE 模型研究 [D]. 华中科技大学管理科学与工程博士学位论文, 2006.

[9]陈体标. 技术进步、结构变化和经济增长 [M]. 上海：格致出版社, 上海三联书店, 上海人民出版社, 2012.

[10]方行. 清代前期的封建地租率 [J]. 中国经济史研究. 1992 (02): 61-69.

[11]方文全. 中国的资本回报率有多高? ——年份资本视角的宏

观数据再估测 ［J］. 经济学（季刊），2012（2）：521 – 540.

　　［12］封进 . 中国养老保险体系改革的福利经济学分析 ［J］. 经济研究，2004（2）：55 – 63.

　　［13］冯晓，朱彦元，杨茜 . 基于人力资本分布方差的中国国民经济生产函数研究 ［J］. 经济学（季刊），2012（02）：559 – 594.

　　［14］傅晓霞，吴利学 . 中国地区差异的动态演进及其决定机制：基于随机前沿模型和反事实收入分布方法的分析 ［J］. 世界经济，2009（5）：41 – 55.

　　［15］甘犁，刘国恩，马双 . 基本医疗保险对促进家庭消费的影响 ［J］. 经济研究，2010（S1）：30 – 38.

　　［16］高培勇，杨志勇 . 中国财政政策报告 2013/2014：将全面深化财税体制改革落到实处 ［M］. 北京：中国财政经济出版社，2014.

　　［17］高山宪之 . 信赖与安心的养老金改革 ［M］. 张启新等译 . 上海：世纪出版集团；上海人民出版社，2012.

　　［18］郭金龙，周小燕 . 长寿风险及管理研究综述 ［J］. 金融评论，2013（2）：111 – 122.

　　［19］国务院发展研究中心课题组 . 农民工市民化：制度创新与顶层政策设计 ［M］. 北京：中国发展出版社，2011.

　　［20］郝勇，周敏，郭丽娜 . 适度的养老保险保障水平：基于弹性的养老金替代率的确定 ［J］. 数量经济技术经济研究，2010（08）：74 – 87.

　　［21］贺菊煌 . 经济增长模型中的储蓄率内生化问题 ［J］. 经济研究，2005（8）：54 – 59.

　　［22］黄佩华，王桂娟，吴素萍，等 . 中国：国家发展与地方财政 ［M］. 北京：中信出版社，2003.

　　［23］黄宗智 . 重新认识中国劳动人民——劳动法规的历史演变与当前的非正规经济 ［J］. 开放时代，2013（005）：56 – 73.

[24]霍尔茨曼，帕尔默．养老金改革：名义账户制的问题与前景[M]．郑秉文等译．北京：中国劳动社会保障出版社，2006.

[25]金戈．中国基础设施资本存量估算[J]．经济研究，2012(4)：4-14.

[26]康书隆，王志强．中国国债利率期限结构的风险特征及其内含信息研究[J]．世界经济，2010(7)：121-143.

[27]克拉克．养老金基金管理与投资[M]．洪铮译．北京：中国金融出版社，2008.

[28]克鲁格曼．发展、地理学与经济理论[M]．北京：北京大学出版社，2000a.

[29]克鲁格曼．地理和贸易[J]．国际经济学译丛译，2000b.

[30]库姆斯，迈耶，蒂斯．经济地理学：区域和国家一体化[M]．安虎森等译．北京：中国人民大学出版社，2011.

[31]李海峥．中国人力资本报告2014[J]．北京：中央财经大学中国人力资本与劳动经济研究中心，2014.

[32]李培林，李炜．近年来农民工的经济状况和社会态度[J]．中国社会科学，2010(1)：119-131.

[33]李绍光．养老金制度与资本市场[M]．北京：中国发展出版社，1998.

[34]李雪增．中国养老保险体制转型的动态经济效应研究：基于资本积累的分析视角[M]．北京：对外经济贸易大学出版社，2012.

[35]李扬，张晓晶，常欣等．中国国家资产负债表2013——理论、方法与风险评估[M]．北京：中国社会科学出版社，2013.

[36]李珍，王海东．基本养老保险替代率下降机理与政策意义[J]．人口与经济，2010(06)：59-65.

[37]林东海，丁煜．养老金新政：新旧养老保险政策的替代率测算[J]．人口与经济，2007(01)．

[38]林毅夫. 新结构经济学：反思经济发展与政策的理论框架 [M]. 北京：北京大学出版社，2012.

[39]刘昌平. 可持续发展的中国城镇基本养老保险制度研究 [M]. 北京：中国社会科学出版社，2008.

[40]刘昌平，殷宝明，谢婷. 中国新型农村社会养老保险制度研究 [M]. 北京：中国社会科学出版社，2008.

[41]刘传江，程建林. 第二代农民工市民化：现状分析与进程测度 [J]. 人口研究，2008（32）：48-57.

[42]刘瑞明. 中国的国有企业效率：一个文献综述 [J]. 世界经济，2013（11）：136-160.

[43]刘瑞明，石磊. 国有企业的双重效率损失与经济增长 [J]. 经济研究，2010（1）：127-137.

[44]刘生龙，胡鞍钢. 基础设施的外部性在中国的检验：1988—2007 [J]. 经济研究，2010（3）：4-15.

[45]刘霞辉，张平，张晓晶. 改革年代的经济增长与结构变迁 [M]. 上海：格致出版社，2008.

[46]龙玉其. 公务员养老保险制度国际比较研究 [M]. 北京：社会科学文献出版社，2012.

[47]卢锋，刘晓光，李昕，邱牧远. 当代中国农业革命——新中国农业劳动生产率系统估测（1952-2011），2014年，http://www. nsd. edu. cn/cn/userfiles/Other/2014-02/20140226140015504 15221. pdf，工作论文.

[48]陆明涛. 中国居民 Geary-Stone 加总效用函数实证研究 [J]. 经济学动态，2013a（10）：49-60.

[49]陆明涛. 中国养老金双轨制并轨改革的成本测算 [J]. 老龄科学研究，2013b（07）：24-36.

[50]陆铭. 建设用地使用权跨区域再配置：中国经济增长的新动

力 [J]. 世界经济, 2011 (1): 107-125.

[51] 罗格, 雷德尔. 养老金计划管理 [M]. 林义等译. 北京: 中国劳动社会保障出版社, 2003.

[52] 马骏, 张晓蓉, 李治国等. 中国国家资产负债表研究 [M]. 北京: 社会科学文献出版社, 2012.

[53] 马荣. 中国国有企业效率研究——基于全要素生. 产率增长及分解因素的分析 [J]. 上海经济研究, 2011 (2): 20-28.

[54] 迈尔斯. 公共经济学 [M]. 匡小平译. 北京: 中国人民大学出版社, 2001.

[55] 毛其淋, 盛斌. 对外经济开放、区域市场整合与全要素生产率 [J]. 经济学 (季刊), 2012 (1): 181-210.

[56] 聂辉华, 李金波. 政企合谋与经济发展 [J]. 经济学 (季刊), 2007 (1): 75-90.

[57] 潘文卿. 中国区域经济差异与收敛 [J]. 中国社会科学, 2010 (1): 72-84.

[58] 庞瑞芝, 李鹏. 中国新型工业化增长绩效的区域差异及动态演进 [J]. 经济研究, 2011 (11): 36-47.

[59] 彭浩然, 陈斌开. 鱼和熊掌能否兼得: 养老金危机的代际冲突研究 [J]. 世界经济, 2012 (2): 84-97.

[60] 彭浩然, 陈华, 展凯. 我国养老保险个人账户"空账"规模变化趋势分析 [J]. 统计研究, 2008 (06): 63-69.

[61] 钱雪亚. 人力资本存量计量的合理视角 [J]. 浙江社会科学, 2005 (05): 43-47.

[62] 邵宜航, 刘雅南, 张琦. 存在收入差异的社会保障制度选择——基于一个内生增长世代交替模型 [J]. 经济学 (季刊), 2010 (4): 1559-1574.

[63] 盛丹, 王永进, 市场化、技术复杂度与中国省区的产业增长

[J]. 世界经济, 2011 (6): 26 – 47.

[64]斯蒂格利茨. 私有化更有效率吗 [J]. 经济理论与经济管理, 2011 (10): 5 – 10.

[65]孙文凯, 肖耿, 杨秀科. 资本回报率对投资率的影响: 中美日对比研究 [J]. 世界经济, 2010 (6): 3 – 24.

[66]唐家龙, 马忠东. 中国人口迁移的选择性: 基于五普数据的分析 [J]. 人口研究, 2007 (05): 42 – 51.

[67]陶然, 徐志刚. 城市化、农地制度与迁移人口社会保障——一个转轨中发展的大国视角与政策选择 [J]. 经济研究, 2005 (12): 45 – 56.

[68]藤田昌久, 克鲁格曼, 维纳布尔斯. 空间经济学: 城市、区域与国际贸易 [M]. 梁琦译. 北京: 中国人民大学出版社, 2005.

[69]王绍光. 分权的底限 [M]. 北京: 中国计划出版社, 1997.

[70]魏后凯. 外商直接投资对中国区域经济增长的影响 [J]. 经济研究, 2002 (4): 19 – 26.

[71]吴延兵. 国有企业双重效率损失研究 [J]. 经济研究, 2012 (3): 15 – 27.

[72]武剑. 外国直接投资的区域分布及其经济增长效应 [J]. 经济研究, 2002 (4): 27 – 35.

[73]辛清泉, 林斌, 杨德明. 中国资本投资回报率的估算和影响因素分析——1999—2004 年上市公司的经验 [J]. 经济学 (季刊), 2007 (4): 1143 – 1164.

[74]徐梅, 邱长溶. 不同群体对中国养老保险体系选择的经济学分析 [J]. 数量经济技术经济研究, 2006 (4): 22 – 29.

[75]徐舒, 赵绍阳. 养老金 "双轨制" 对城镇居民生命周期消费差距的影响 [J]. 经济研究, 2013 (1): 83 – 98.

[76]许冰. 外商直接投资对区域经济的产出效应——基于路径收

敛设计的研究 [J]. 经济研究, 2010 (2): 44 - 54.

[77] 严善平. 地区间人口流动的年龄模型及选择性 [J]. 中国人口科学, 2004 (03): 32 - 41.

[78] 杨继军, 张二震. 人口年龄结构、养老保险制度转轨对居民储蓄率的影响 [J]. 中国社会科学, 2013 (8): 47 - 66.

[79] 杨俊, 龚六堂. 社会保障基金最优持股比例研究 [J]. 经济研究, 2008 (6): 50 - 60.

[80] 杨俊, 龚六堂, 王亚平. 国有股权型社会保障研究 [J]. 经济研究, 2006 (03).

[81] 姚植夫, 薛建宏. 新生代农民工市民化意愿影响因素分析 [J]. 人口学刊, 2014 (003): 107 - 112.

[82] 叶明确, 方莹. 中国资本存量的度量、空间演化及贡献度分析 [J]. 数量经济技术经济研究, 2012 (11): 68 - 84.

[83] 伊志宏. 养老金改革: 模式选择及其金融影响 [M]. 北京: 中国财政经济出版社, 2000.

[84] 伊志宏, 张慧莲. 养老金投资与资本市场: 国际经验及中国的选择 [M]. 北京: 中国人民大学出版社, 2009.

[85] 尹志超, 甘犁. 公共部门和非公共部门工资差异的实证研究 [J]. 经济研究, 2009 (4): 129 - 140.

[86] 臧宏. 中国事业单位养老保险制度改革研究 [J]. 博士学位论文. 马克思主义理论与思想政治教育, 东北师范大学, 2007.

[87] 张晨, 张宇. 国有企业是低效率的吗 [J]. 经济学家, 2011 (2): 16 - 25.

[88] 张国胜. 基于社会成本考虑的农民工市民化: 一个转轨中发展大国的视角与政策选择 [J]. 中国软科学, 2009 (04): 56 - 69.

[89] 张军. 中国的基础设施投资——现状与评价. 载 CMRC 主编. 2011 年冬季 CMRC 中国经济观察 [J]. 北京: 北京大学国家发展研究

院中国宏观经济研究中心，2012，11－26.

[90]张军，高远，傅勇，张弘．中国为什么拥有了良好的基础设施？[J]．经济研究，2007（3）：4－19.

[91]张军，章元．对中国资本存量 K 的再估计 [J]．经济研究，2003（7）：35－43.

[92]张丽艳，陈余婷．新生代农民工市民化意愿的影响因素分析——基于广东省三市的调查 [J]．西北人口，2012（4）：63－66.

[93]张平，付敏杰．全球再平衡下的中国经济增长前景与政策选择 [J]．现代经济探讨，2012（01）.

[94]张平，陆明涛．中国经济从高速增长转向高效增长——展望2013 年及后 5 年的中国经济 [J]．现代经济探讨，2013（01）：5－10.

[95]张五常．中国的经济制度：中国经济改革三十周年 [M]．北京：中信出版社，2009.

[96]张自然，陆明涛．全要素生产率对中国地区经济增长与波动的影响 [J]．金融评论，2013（01）：7－31.

[97]赵立波．事业单位改革：公共事业发展新机制探析 [M]．山东：山东人民出版社，2003.

[98]郑秉文．中国养老金发展报告 2011 [M]．北京：经济管理出版社，2011.

[99]郑秉文．中国养老金发展报告 2012 [M]．北京：经济管理出版社，2012.

[100]郑秉文．中国养老金发展报告 2013 [M]．北京：经济管理出版社，2013.

[101]郑秉文．养老保险"名义账户"制的制度渊源与理论基础 [J]．经济研究，2003（4）：63－71.

[102]郑秉文，孙守纪．我国社会保障制度改革 30 年．载邹东涛，欧阳日辉主编，中国经济发展和体制改革报告 No.1：中国改革开放 30

（1978 – 2008）［M］. 北京：社会科学文献出版社，2008：636 – 662.

［103］中国家庭金融调查与研究中心. 中国家庭金融调查报告［J］. 成都：西南财经大学中国家庭金融调查与研究中心，2012.

［104］中国经济增长前沿课题组. 中国经济长期增长路径、效率与潜在增长水平［J］. 经济研究，2012（11）：4 – 17.

［105］中国经济增长前沿课题组. 张平，刘霞辉，袁富华，陈昌兵，陆明涛. 中国经济长期增长路径、效率与潜在增长水平［J］. 经济研究，2012（11）：4 – 17.

［106］中国经济增长与宏观稳定课题组. 干中学、低成本竞争和增长路径转变［J］. 经济研究，2006（04）：4 – 14.

［107］中国经济增长与宏观稳定课题组. 陈昌兵，张平，刘霞辉，张自然. 城市化、产业效率与经济增长［J］. 经济研究，2009（10）：4 – 21.

［108］中国社会科学院经济研究所社会保障课题组. 多轨制社会养老保障体系的转型路径［J］. 经济研究，2013（12）：4 – 16.

［109］周亚虹，朱保华，刘俐含. 中国经济收敛速度的估计［J］. 经济研究，2009（6）：40 – 51.

［110］周长洪，陈友华. 带补偿生育的政策总和生育率测算模型及其应用［J］. 中国人口科学，2013（3）：10 – 18.

［111］朱玲. 中国社会保障体系的公平性与可持续性研究［J］. 中国人口科学，2010（2 – 12）.

［112］CCER 中国经济观察研究组. 我国资本回报率估测（1978—2006）——新一轮投资增长和经济景气微观基础［J］. 经济学（季刊），2007（3）：723 – 758.

［113］Aaron, Henry, "The Social Insurance Paradox", *The Canadian Journal of Economics and Political Science / Revue canadienne d'Economique et de Science politique*, 1966, 32（3），371 – 374.

［114］Acemoglu, Daron, *Introduction to Modern Economic Growth*. Princeton, NJ: Princeton University Press, 2009.

［115］Acemoglu, Daron; and Guerrieri, Veronica, "Capital Deepening and Nonbalanced Economic Growth", *Journal of Political Economy*, 2008, 116 (3), 467 – 498.

［116］Acemoglu, Daron; and Robinson, James A., *Economic Origins of Dictatorship and Democracy*. Cambridge, UK: Cambridge University Press, 2006.

［117］Alonso Javier、Caballero Miguel Angel、Li Hui、Llanes María Claudia、Tuesta David、Hu Yuwei、Cao Yun, "中国私人养老保险发展前景展望",《BBVA Research Working Paper》, 2012.

［118］Arrau, Patricio, "Social security reform: the capital accumulation and intergenerational distribution effect", *World Bank Policy Research Working Paper*, 1990, Washington, DC: The World Bank, No. WPS512.

［119］Arrow, Kenneth J., "The Economic Implications of Learning by Doing", *The Review of Economic Studies*, 1962, 29 (3), 155 – 173.

［120］Auerbach, Alan J.; and Kotlikoff, Laurence J., *Dynamic fiscal policy*. Cambridge, UK: Cambridge University Press, 1987.

［121］Auerbach, Alan J.; and Lee, Ronald, "Notional defined contribution pension systems in a stochastic context: Design and stability", in Brown, Jeffrey; Liebman, Jeffrey; and Wise, David A. (eds.), *Social Security Policy in a Changing Environment*, Chicago, IL: University of Chicago Press, 2009, 43 – 68.

［122］Bai, Chong-En; Hsieh, Chang-Tai; and Qian, Yingyi, "The Return to Capital in China", *Brookings Papers on Economic Activity*, 2006, 2006 (2), 61 – 88.

［123］Barro, Robert J., "Government Spending in a Simple Model of

Endeogenous Growth", *Journal of Political Economy*, 1990, 98 (S5), S103 – S125.

[124] Barro, Robert J.; and Becker, Gary S., "Fertility Choice in a Model of Economic Growth", *Econometrica*, 1989, 57 (2), 481 – 501.

[125] Barro, Robert J.; and Lee, Jong-Wha, "A New Data Set of Educational Attainment in the World, 1950 – 2010", 2012.

[126] Barro, Robert J.; and Sala-i-Martin, Xavier, *Economic Growth*. Cambridge, MA: The MIT Press, 2004.

[127] Becker, Gary S.; Murphy, Kevin M.; and Tamura, Robert, "Human Capital, Fertility, and Economic Growth", *Journal of Political Economy*, 1990, 98 (5), S12 – S37.

[128] Behar, Alberto; and Mok, Junghwan, "Does Public-Sector Employment Fully Crowd Out Private-Sector Employment?", *IMF Working Papers*, 2013, Washington, DC: The International Monetary Fund, No. 13/146.

[129] Belan, Pascal; Michel, Philippe; and Pestieau, Pierre, "Pareto-Improving Social Security Reform", *The Geneva Papers on Risk and Insurance-Theory*, 1998, 23 (2), 119 – 125.

[130] Bellante, Don; and Link, Albert N., "Are Public Sector Workers More Risk Averse Than Private Sector Workers?", *Industrial and Labor Relations Review*, 1981, 34 (3), 408 – 412.

[131] Blake, David, *Pension economics*. Chichester, UK: John Wiley & Sons, 2006a.

[132] Blake, David, *Pension finance*. Chichester, UK: John Wiley & Sons, 2006b.

[133] Blanchard, Olivier J., "Debt, Deficits, and Finite Horizons", *The Journal of Political Economy*, 1985, 93 (2), 223 – 247.

［134］Boadway, Robin W. ; and Wildasin, David E. , "A Median Voter Model of Social Security", *International Economic Review*, 1989, 30 (2), 307 – 328.

［135］Breyer, Friedrich, "On the Intergenerational Pareto Efficiency of Pay-as-you-go Financed Pension Systems", *Journal of Institutional and Theoretical Economics (JITE) / Zeitschrift für die gesamte Staatswissenschaft*, 1989, 145 (4), 643 – 658.

［136］Browning, Edgar K. , "Why the Social Insurance Budget Is Too Large in a Democracy", *Economic Inquiry*, 1975, 13 (3), 373 – 388.

［137］Bruce, Neil; and Turnovsky, Stephen J. , "Social security, growth, and welfare in overlapping generations economies with or without annuities", *Journal of Public Economics*, 2013, 101 (5), 12 – 24.

［138］Buera, Francisco J. ; and Kaboski, Joseph P. , "Scale and the origins of structural change", *Journal of Economic Theory*, 2012, 147 (2), 684 – 712.

［139］Callegaro, Lisa; and Wilke, Christina Benita, "Public, occupational and individual pension coverage", in Börsch-Supan, Axel; Brugiavini, Agar; Jürges, Hendrik; Kapteyn, Arie; Mackenbach, Johan; Siegrist, Johannes; and Weber, Guglielmo (eds.), *First Results from the Survey of Health, Aging and Retirement in Europe* (2004 – 2007): *Starting the Longitudinal Dimension*, Mannheim, Germany: Mannheim Research Institute for the Economics of Aging (MEA), 2008.

［140］Caucutt, Elizabeth M. ; Cooley, Thomas F. ; and Guner, Nezih, "The farm, the city, and the emergence of social security", *Journal of Economic Growth*, 2013, 18 (1), 1 – 32.

［141］Chaudhuri, Sarbajit; and Mukhopadhyay, Ujjaini, *Revisiting the informal sector: a general equilibrium approach.* New York, NY: Springer,

2010.

[142]Chen, Qin; and Song, Zheng, "Accounting for China's urbanization", *China Economic Review*, 2014, (In press).

[143]Cornia, Giovanni Andrea, "Farm size, land yields and the agricultural production function: An analysis for fifteen developing countries", *World Development*, 1985, 13 (4), 513 – 534.

[144]Corsetti, Giancarlo; and Schmidt-Hebbel, Klaus, "Pension reform and growth", in Valde's-Prieto, Salvador (ed.) *The Economics of Pensions*, Cambridge, UK: Cambridge University Press, 1997, 127 – 159.

[145]Dahan, Momi; and Tsiddon, Daniel, "Demographic Transition, Income Distribution, and Economic Growth", *Journal of Economic Growth*, 1998, 3 (1), 29 – 52.

[146]D'Albis, Hippolyte, "Demographic structure and capital accumulation", *Journal of Economic Theory*, 2007, 132 (1), 411 – 434.

[147]de la Croix, David; Mahieu, Geraldine; and Rillaers, Alexandra, "How Should the Allocation of Resources Adjust to the Baby Bust?", *Journal of Public Economic Theory*, 2004, 6 (4), 607 – 636.

[148]de la Croix, David; and Michel, Philippe, *A Theory of Economic Growth: Dynamics and Policy in Overlapping Generations.* Cambridge, UK: Cambridge University Press, 2004.

[149]Dekle, Robert; and Vandenbroucke, Guillaume, "A quantitative analysis of China's structural transformation", *Journal of Economic Dynamics and Control*, 2012, 36 (1), 119 – 135.

[150]Devarajan, Shantayanan; Swaroop, Vinaya; and Zou, Heng-fu, "The Composition of Public Expenditure and Economic Growth", *Journal of Monetary Economics*, 1996, 37, 313 – 344.

[151]Diamond, Peter A.; and Mirrlees, James A., "A model of social

insurance with variable retirement", *Journal of Public Economics*, 1978, 10 (3), 295 – 336.

[152] Diamond, Peter A. ; and Mirrlees, James A. , "Payroll-Tax Financed Social Insurance with Variable Retirement", *The Scandinavian Journal of Economics*, 1986, 88 (1), 25 – 50.

[153] Dixit, Avinash K. , *The Making of Economic Policy: A Transaction-Cost Politics Perspective.* Cambridge, MA: The MIT Press, 1996.

[154] Dixit, Avinash K. ; and Stiglitz, Joseph E. , "Monopolistic Competition and Optimum Product Diversity", *The American Economic Review*, 1977, 67 (3), 297 – 308.

[155] Echevarria, Cristina, "Changes in Sectoral Composition Associated with Economic Growth", *International Economic Review*, 1997, 38 (2), 431 – 452.

[156] Echevarria, Cristina, "A Three-Factor Agricultural Production Function: The Case of Canada", *International Economic Journal*, 1998, 12 (3), 63 – 75.

[157] Enders, Walter; and Lapan, Harvey E. , "Social Security Taxation and Intergenerational Risk Sharing", *International Economic Review*, 1982, 23 (3), 647 – 658.

[158] Feldstein, Martin, "Social Security, Induced Retirement, and Aggregate Capital Accumulation", *Journal of Political Economy*, 1974, 82 (5), 905 – 926.

[159] Feldstein, Martin, "Social Security and Private Saving: Reply", *Journal of Political Economy*, 1982, 90 (3), 630 – 642.

[160] Feldstein, Martin, "Social Security and Saving: New Time Series Evidence", *National Tax Journal*, 1996, 49 (2), 151 – 164.

[161] Foellmi, Reto, *Consumption structure and macroeconomics:*

structural change and the relationship between inequality and growth. Berlin, Germany: Springer, 2005.

[162] Foellmi, Reto; and Zweimuller, Josef, "Structural change, Engel's consumption cycles and Kaldor's facts of economic growth", *Journal of Monetary Economics*, 2008, 55 (7), 1317-1328.

[163] Futagami, Koichi; Morita, Yuichi; and Shibata, Akihisa, "Dynamic Analysis of an Endogenous Growth-Model with Public Capital", *Scandinavian Journal of Economics*, 1993, 95 (4), 607-625.

[164] Galasso, Vincenzo; and Profeta, Paola, "The political economy of social security: a survey", *European Journal of Political Economy*, 2002, 18 (1), 1-29.

[165] Galor, Oded, "From Stagnation to Growth: Unified Growth Theory", in Aghion, Philippe; and Durlauf, Steven N. (eds.), *Handbook of Economic Growth*, 1A, Amsterdam, The Netherlands: Elsevier B. V., 2005, 171-293.

[166] Galor, Oded, *Unified growth theory.* Princeton, NJ: Princeton University Press, 2011.

[167] Galor, Oded; and Weil, David N., "Population, Technology, and Growth: From Malthusian Stagnation to the Demographic Transition and beyond", *The American Economic Review*, 2000, 90 (4), 806-828.

[168] Gillion, Colin; Turner, John A.; Bailey, Clive; and Latulippe, Denis, *Social security pensions: Development and reform.* Intel Labour Organisation, 2000.

[169] Gomez, Manuel A., "Optimal fiscal policy in a growing economy with public capital", *Macroeconomic Dynamics*, 2004, 8, 419-435.

[170] Goodfriend, Marvin; and McDermott, John, "Early Development", *The American Economic Review*, 1995, 85 (1), 116-133.

[171] Gregory, Robert G. ; and Borland, Jeff, "Chapter 53 Recent developments in public sector labor markets", in Ashenfelter, Orley C. ; and Card, David (eds.), *Handbook of Labor Economics*, 3C, Amsterdam, The Netherlands: Elsevier B. V., 1999, 3573 – 3630.

[172] Heer, Burkhard; and Maussner, Alfred, *Dynamic general equilibrium modeling: computational methods and applications.* Springer, 2009.

[173] Helpman, Elhanan; and Krugman, Paul R., *Market structure and foreign trade : increasing returns, imperfect competition, and the international economy.* Cambridge, MA: The MIT Press, 1985.

[174] Holzmann, Robert; Palmer, Edward; and Robalino, David(eds.), *Nonfinancial Defined Contribution Pension Schemes in a Changing Pension World, Vol.* 1: *Progress, Lessons, and Implementation.* Washington, DC: The World Bank, 2012.

[175] Holzmann, Robert; and Hinz, Richard, *Old-age income support in the* 21st *century: an international perspective on pension systems and reform.* Washington, DC: The World Bank, 2005.

[176] Holzmann, Robert; and Palmer, Edward (eds.), *Pension Reform: Issues and Prospect for Non-Financial Defined Contribution (NDC) Schemes.* Washington, DC: World Bank Publications, 2006.

[177] Homburg, Stefan, "The Efficiency of Unfunded Pension Schemes", *Journal of Institutional and Theoretical Economics (JITE) / Zeitschrift für die gesamte Staatswissenschaft*, 1990, 146 (4), 640 – 647.

[178] Hu, Sheng Cheng, "On the Dynamic Behaviour of the Consumer and the Optimal Provision of Social Security", *The Review of Economic Studies*, 1978, 45 (3), 437 – 445.

[179] Hu, Sheng Cheng, "Social Security, the Supply of Labor, and Capital Accumulation", *The American Economic Review*, 1979, 69 (3),

274 - 283.

[180] Huber, Evelyne; and Stephens, John D. , "The political economy of pension reform: Latin America in comparative perspective", *Geneva 2000 Papers*, 2000, Geneva, Switzerland: United Nations Research Institute for Social Development, No. 7.

[181] Huggett, Mark, "Wealth distribution in life-cycle economies", *Journal of Monetary Economics*, 1996, 38 (3), 469 - 494.

[182] Huggett, Mark; and Ventura, Gustavo, "On the Distributional Effects of Social Security Reform", *Review of Economic Dynamics*, 1999, 2 (3), 498 - 531.

[183] Jacoby, Hanan G. , "Shadow wages and peasant family labour supply: an econometric application to the Peruvian Sierra", *The Review of Economic Studies*, 1993, 60 (4), 903 - 921.

[184] James, Estelle; and Brooks, Sarah, "The political economy of structural pension reform", mimeos. 2001, http: //info. worldbank. org/etools/docs/library/76749/january2001/proceedings/pdfpaper/JamesPec. pdf.

[185] Karni, Edi; and Zilcha, Itzhak, "Welfare and comparative statics implications of fair social security: A steady-state analysis", *Journal of Public Economics*, 1986, 30 (3), 341 - 357.

[186] Kendrick, John W. , *The Formation and Stocks of Total Capital*. New York, NY: NBER; Columbia University Press, 1976.

[187] Kongsamut, Piyabha; Rebelo, Sergio; and Xie, Danyang, "Beyond Balanced Growth", *The Review of Economic Studies*, 2001, 68 (4), 869 - 882.

[188] Kongsamut, Piyabha; Rebelo, Sergio; and Xie, Danyang, "Beyond balanced growth", *NBER Working Papers*, 1997, Cambridge, MA: National Bureau of Economic Research, No. w 6159.

[189] Kremer, Michael, "Population Growth and Technological Change: One Million B. C. to 1990", *The Quarterly Journal of Economics*, 1993, 108 (3), 681 – 716.

[190] Krugman, Paul, "Scale Economies, Product Differentiation and the Pattern of Trade", *The American Economic Review*, 1980, 70 (5), 950 – 959.

[191] Krugman, Paul, "Increasing Returns and Economic Geography", *Journal of Political Economy*, 1991, 99 (3), 483 – 499.

[192] Laffont, Jean-Jacques, *Incentives and Political Economy.* New York, NY: Oxford University Press, 2000.

[193] Laffont, Jean-Jacques; and Martimort, David, *The Theory of Incentives I: The Principal-Agent Model.* Princeton, NJ: Princeton University Press, 2002.

[194] Laitner, John, "Structural change and economic growth", *Review of Economic Studies*, 2000, 67 (3), 545 – 561.

[195] Lau, Sau-Him Paul, "Demographic structure and capital accumulation: A quantitative assessment", *Journal of Economic Dynamics and Control*, 2009, 33 (3), 554 – 567.

[196] Lee, Ronald; and Mason, Andrew, "Fertility, Human Capital, and Economic Growth over the Demographic Transition", *European Journal of Population / Revue européenne de Démographie*, 2010, 26 (2), 159 – 182.

[197] Leimer, Dean R.; and Lesnoy, Selig D., "Social Security and Private Saving: New Time-Series Evidence", *Journal of Political Economy*, 1982, 90 (3), 606 – 629.

[198] Lin, Justin Yifu, *New structural economics: a framework for rethinking development.* Washington, DC: The World Bank Group, 2010.

[199] Lindbeck, Assar; and Persson, Mats, "The Gains from Pension

Reform", *Journal of Economic Literature*, 2003, 41 (1), 74 – 112.

[200]Lucas, Robert E. Jr, "Life Earnings and Rural-Urban Migra-tion", *Journal of Political Economy*, 2004, 112 (S1), S29 – S59.

[201] Mankiw, N. Gregory; Romer, David; and Weil, David N. , "A Contribution to the Empirics of Economic Growth", *The Quarterly Journal of Economics*, 1992, 107 (2), 407 – 437.

[202]Matsuyama, Kiminori, "The Rise of Mass Consumption Socie-ties", *Journal of Political Economy*, 2002, 110 (5), 1035 – 1070.

[203]Michel, Philippe; and Pestieau, Pierre, "Social security and early retirement in an overlapping-generations growth model", *CORE Discussion Papers*, 1999, Louvain-la-Neuve, Belgium: Université catholique de Lou-vain, Center for Operations Research and Econometrics (CORE), No. 1999051.

[204]Modigliani, Franco; and Muralidhar, Arun S. , *Rethinking pension reform*. Cambridge UK: Cambridge University Press, 2004.

[205]Müller, Katharina, "The political economy of pension reform in Eastern Europe", *International Social Security Review*, 2001, 54 (2 – 3), 57 – 79.

[206]Mulligan, Casey B. ; and Sala-i-Martin, Xavier, "A Note on the Time-Elimination Method For Solving Recursive Dynamic Economic Mod-els", *NBER Technical Working Papers*, 1991, Cambridge, MA: National Bureau of Economic Research, No. t0116.

[207]Ngai, L. Rachel; and Pissarides, Christopher A. , "Structural Change in a Multisector Model of Growth", *The American Economic Review*, 2007, 97 (1), 429 – 443.

[208]Packard, Truman G. , "Do workers in Chile choose informal em-ployment? A dynamic analysis of sector choice", *World Bank Policy Research Working Papers*, 2007, Washington, DC: The World Bank, No. WPS4232.

[209] Palacios Robert Whitehouse Edward, " Civil-service pension schemes around the world", *World Bank Social Protection Discussion Paper*, 2006, Washington, DC: The World Bank, No. 0602.

[210] Patriquin, Larry, *Agrarian Capitalism and Poor Relief in England*, 1500 – 1860: *Rethinking the Origins of the Welfare State.* Hampshire, UK: Palgrave Macmillan, 2007.

[211] Ponds, Eduard; Severinson, Clara; and Yermo, Juan, "Funding in Public Sector Pension Plans-International Evidence", *NBER Working Papers*, 2011, Cambridge, MA: National Bureau of Economic Research, No. w17082.

[212] Queisser, Monika; and Whitehouse, Edward R., "Neutral or Fair? Actuarial Concepts and Pension-System Design", *OECD Social, Employment and Migration Working Papers*, 2006, Paris, France: The OECD Publishing, No. 40.

[213] Romer, David, "A Simple General Equilibrium Version of the Baumol-Tobin Model", *The Quarterly Journal of Economics*, 1986, 101 (4), 663 – 685.

[214] Romer, Paul M., "Increasing Returns and Long-Run Growth", *Journal of Political Economy*, 1986, 94 (5), 1002 – 1037.

[215] Saint-Paul, Gilles, "Fiscal Policy in an Endogenous Growth Model", *The Quarterly Journal of Economics*, 1992, 107 (4), 1243 – 1259.

[216] Samuelson, Paul A., "Optimum Social Security in a Life-Cycle Growth Model", *International Economic Review*, 1975, 16 (3), 539 – 544.

[217] Saracoğlu, Dürdane Şirin, "The informal sector and tax on employment: A dynamic general equilibrium investigation", *Journal of Economic Dynamics and Control*, 2008, 32 (2), 529 – 549.

[218] Sheshinski, Eytan, "A model of social security and retirement

decisions", *Journal of Public Economics*, 1978, 10 (3), 337 - 360.

[219] Sheshinski, Eytan; and Weiss, Yoram, "Uncertainty and Optimal Social Security Systems", *The Quarterly Journal of Economics*, 1981, 96 (2), 189 - 206.

[220] Smith, Alasdair, "Intergenerational transfers as social insurance", *Journal of Public Economics*, 1982, 19 (1), 97 - 106.

[221] Tamura, Robert, "From decay to growth: A demographic transition to economic growth", *Journal of Economic Dynamics and Control*, 1996, 20 (6 - 7), 1237 - 1261.

[222] Timmer, Marcel; Erumban, Abdul A. ; Gouma, Reitze; Los, Bart; Temurshoev, Umed; de Vries, Gaaitzen J. , ... Joe Francois, Olga Pindyuk Johannes Poschl, "The world input-output database (WIOD): Contents, sources and methods", mimeos. 2012, http://www. wiod. org/database/index. htm.

[223] Tompson, William, *The Political Economy of Reform: Lessons from Pensions, Product Markets and Labour Markets in Ten OECD Countries*. The OECD, 2009.

[224] Trimborn, Timo; Koch, Karl-Josef; and Steger, Thomas M. , "Multidimensional transitional dynamics: a simple numerical procedure", *Macroeconomic Dynamics*, 2008, 12 (03), 301 - 319.

[225] Valde's-Prieto, Salvador, "Financing a pension reform toward private funded pensions", in Valde's-Prieto, Salvador (ed.) *The Economics of Pensions*, Cambridge, UK: Cambridge University Press, 1997, 190 - 224.

[226] Valentinyi, Ákos; and Herrendorf, Berthold, "Measuring factor income shares at the sectoral level", *Review of Economic Dynamics*, 2008, 11 (4), 820 - 835.

[227] Vogel, Edgar; Ludwig, Alexander; and Börsch-Supan, Axel,

"Aging and Pension Reform: Extending the Retirement Age and Human Capital Formation", *NBER Working Papers*, 2013, Cambridge, MA: National Bureau of Economic Research, No. w18856.

[228] Wigger, Berthold U., *Public pensions and economic growth*. Berlin, Germany: Springer Verlag, 2002.

[229] World Bank Office, Beijing, *China Quarterly Update: Sustaining Growth*. Beijing, China: World Bank Office, Beijing, 2012.

[230] World Bank, *The Averting the Old Age Crisis: Policies to Protect the Old and Promote Growth*. New York, NY: Oxford University Press, 1994.

[231] World Bank, "The World Development Indicators and Global Development Finance (WDI&GDF)", http://data. worldbank. org/data-catalog.

[232] World Bank, "The World Development Indicators (WDI)", http://data. worldbank. org/data-catalog.

[233] Wu, Yanrui, "China's Capital Stock Series By Region and Sector", *Economics Discussion / Working Papers*, 2009, Crawley, Australia: The University of Western Australia, Department of Economics, No. 09 – 02.

[234] Yaari, Menahem E., "Uncertain Lifetime, Life Insurance, and the Theory of the Consumer", *The Review of Economic Studies*, 1965, 32 (2), 137 – 150.

[235] Yuki, Kazuhiro, "Sectoral Shift, Wealth Distribution, and Development", *Macroeconomic Dynamics*, 2008, 12 (04), 527 – 559.

[236] Zhang, Jie, "Social security and endogenous growth", *Journal of Public Economics*, 1995, 58 (2), 185 – 213.

后　记

　　满腹经纶，通今博古，指点江山，激扬文字，立言立命立吾身，方显书生意气；

　　终身诚毅，患世忧民，胸怀社稷，帷幄运筹，兴业兴邦兴天下，遂成相国英才。

　　这是我 2002 年大学毕业时初涉经济学，花了几个月时间研读经济学后兴奋不已在"朝闻道，夕死可矣"的激动之下写下的自勉对联，庆幸自己在经历了多年的彷徨之后终于找到了蜗行摸索苦苦寻觅的方向。我自幼受传统文化的浸淫，"经世济民"的梦想、对深入理解社会与经济的追求，一直鼓舞着我。虽受家庭条件等诸多因素制约，就读的大学和所学专业皆非我所愿，但我从未停止追寻的脚步。我仍旧清晰地记得，在图书馆和书店看到浩如烟海的图书时深切感受到自己的无知，然后在大学多位老师的指导下不断借阅政治学、社会学、心理学、哲学、地理学等专业入门书籍，希望能找到未来可以安身立命的学科。直至大学毕业，才在萨缪尔森的经济学中找到答案：原来经济学就是理解纷芜繁杂的社会与经济现象最深刻的工具，也是经世济民最有可能有所作为的学科。

　　闻道后的兴奋激励着我沿着经济学的道路一往直前。文科专业背景迫使我从头开始自学高等数学，跨专业的学习让我不得不严格按照正规大学经济学专业的人才培养方案自学。我在一个与经济学完全没有关系的环境中工作，在高质高效地完成本职工作之余，白天抽空研读教材，晚上在北大未名 BBS 中的经济学板块（econsociety）向经济学专业同学请教，就这样一门门学完了本科经济学课程。同时，我花了大量的时间用于学习数学，从高中数学开始补起，考研时数学的分数从 44 分提高到 117 分，考入中南大学攻读西方经济学。我仍然记得书桌上贴着自勉的座右铭："我期待每一个明天的到来，因为我知道，每当晨曦初现，就意味着我向我的目标，又前进了一步。"这句话至今激励着我前进。

经济学是我的理性选择，是我自己得到的效用最大化问题的解。人生有很多条路，但对我而言，"诸生三百六行业，行行能从，最应当济世经邦"。也许达济天下的梦想未必能实现，但经济学起码能让我独善其身，而后者对我而言，意味着个人对社会和经济有着深入的理解。我一直寻求通过学习和研究，建立一个逻辑一致的、包容性强的、能解释各种经济社会现象的经济学体系。这个体系当然本来就存在，经济学的先贤和大家一直致力于建构完备的理论体系，然而这一体系并不是所有人都已经接受，在一些重要问题上学者们的意见也并不一致。而我希望做到的，就是起码自己要形成完整统一的理论体系，就如同牛顿经典力学系统一样，能够解释各种现实世界中的各种问题。这种理想主义支持着我选择了西方经济学而非金融学作为硕士专业，硕士毕业后选择继续在学术界而非实业或金融界发展，而后在研究中国问题时选择政治经济学专业继续学习。

我有幸进入中国社会科学院经济系攻读博士研究生，特别是有机会在张平老师的门下学习研究，在他和刘霞辉老师等国内著名经济学家的帮助下开展研究，让我实现学术理想成为可能。张老师、刘老师等人扎实的新古典经济学功底、对中国问题的深刻理解、精湛的主流经济学研究方法，让我感受到了研究中国经济问题的理论和现实意义。在他们身上，我见到了经世济民的最佳典范，见到了学者如何建立既符合新古典经济学一般规律又融合中国经济独特特点的逻辑一致的理论体系，见识了如何将这种理论体系融会贯通到分析、处理和解决各种经济问题，体会到了谦虚、谨慎的学者风范和敏锐、悲悯的社会关怀。

我的思想和理论终于在社科院师友的帮助下逐渐系统化，我也在社科院师友们的帮助下逐渐得到更多的发展机会。特别是通过与张老师和刘老师的交流，我逐渐明晰了结构变迁经济增长理论，赢得了去国际货币基金组织（IMF）实习研究的机会。在那里，我进一步运用张老师和刘老师及经济所经济增长前沿课题组的一些思想和研究方法，在合作导师 Ivanna R. Vladkova - Hollar 等的指导下进一步发展这一理论思想，尝试解释、解决所研究的马其顿共和国的经济发展问题，也算是经世济民的一次尝试，虽然这里的民已不是中国国民。

从初涉经济学到获得经济学博士学位，我已经在经济学学习中度过了十二年，感谢这十二年一路艰辛中所有师长和朋友的帮助。当然，作为这十二年最重要三年中的导师，张平老师是我最应当感激的人。选择报考张平老师的博士是我当时经过多番比较之后的结果，也是我最勇敢和正确的选择。由于攻读硕士时是半工半读，虽有心但无力做好研究，也因此没得到国外名校的奖学金。在深入了解国内经济学专业博士生导师的研究状况后，张平老师极具经济学功底的研究思路与深刻的问题导向强烈地震撼了我，于是我毫不犹豫地报考了他的博士。社科院博士招考的公平竞争给了我机会，而我也破釜沉舟辞去工作举家搬到北京。在张老师三年的悉心教导和言传身教下，我终于实现了自己的涅槃。我的电脑里至今仍保留着入学前幼稚的想法和张老师对那些问题的深入解释让我醍醐灌顶而写下的启发。特别是张老师对于中国经济结构性问题的强调，为我打开理解经济问题的一扇大门。每周二在研究所里与张老师的交谈，都让我对中国经济问题有了更深刻的认识，对中国问题的症结有了更深入的理解。张老师让我做的这个博士论文选题，给了我极佳的机会运用经济学理论解释解决中国现实问题、实现经世济民理想的机会。张老师在论文撰写过程中给予的细心指导和无私帮助让我对中国经济的理解和经济学方法工具的运用有了极大的提高，让我未来实现自己的理想抱负更有可能。张老师在生活上给予我的关心，也一直让我感动不已。能成为张老师的学生，是我的荣耀。

经济所的刘霞辉老师是我博士项目的第二导师，他对我的影响也是至关重要的。刘霞辉老师对新古典经济学的深刻理解，特别是数学思想与分析工具的透彻领悟，让我认识到了作为中国经济学研究者应该具备的素质与要求。每周二到研究所里，刘霞辉老师都要和我详尽地探讨中国经济问题，回答我各种稀奇古怪的问题，用新古典经济学方法和结构主义方法分析我所提出的各种经济现象，并在我的 IMF 项目准备过程和博士论文写作过程中提供了大量的方法论帮助，这使我才有可能按质按量完成项目和博士学位论文。特别是刘老师对一般均衡、动态最优化方法的强调，让我得以用主流的方法进行中国经济分析。虽然这些模型仍然比较粗糙，但这种运用模型解释解决现实问题的方式对我今后的学术道路将持续产生影响。

经济所的其他老师和师兄也给了我大量的无私指导和帮助。袁富华老师的结构主义思路让我对中国问题等的分析得以深入；赵志君老师在数理经济学、行为经济学和中国收入分配等问题的研究和见地给了我许多启发；张自然师兄在技术进步、城市经济学等问题上给我了很大的帮助；陈昌兵师兄在数理建模、计量方法等方面给了我很多启示；吴延兵师兄在企业行为、技术进步等问题上也给了我很多帮助；王宏淼师兄在中国经济问题分析的思路与方法上给了我许多指导，以及仲继垠、左大培、杨春学、朱恒鹏、魏众、张晓晶、常欣、汪红驹等各位老师以及张磊、姚宇、吴彦兵、谢志刚、黄志刚等众多师兄、学长对我的帮助。感谢郭路师兄一直以来在新古典经济学方法上给我的无私帮助，耐心地不求索取地教我和其他师弟师妹最新的经济学研究方法，以及和我们一起详细地读文献，帮助我们解决研究中的各种问题。感谢陆梦龙师兄在政治经济学方面给予的帮助和指导，对我理解中国的政治经济现实提供了许多洞见和想法，并为我博士论文的研究提出了许多极具建设性的意见和建议。感谢付敏杰师兄一直给予的帮助,让我对于中国经济增长的典型化事实和其他许多问题有了更深的理解。感谢刘学良师兄在养老金测算方面给予的帮助和指导,也感谢张鹏给予的 MATLAB、Gauss 等方面的技术帮助。

我的理论模型也与在国际货币基金组织的实习研究经历有重要联系,感谢 IMF 的合作导师 Ivanna R. Vladkova – Hollar 及课题组成员 Marc Gerald、Alexis Meyer – Cirkel 等人的帮助,以及实习期间 IMF 同事 Rodrigo Garcia – Verdu, Luis Felipe Zanna, Michal Andrle, Adrian Peralta – Alva, Lin Zhu, Zhengning Liu, Piao Shi, Justyna Sikora 等在讨论中给予的建设性意见。没有他们的帮助,这篇博士论文的基准模型就不会这么完备。

我也忘不了十二年来经济学求学之路上给予了我帮助和鼓励的其他师友。2002 年下半年,我曾冒昧就一些幼稚的问题向国内一些著名经济学家发邮件,当时林毅夫老师耐心地给我回过三封邮件,最后一封鼓励我攻读经济学硕士学位,我一直非常感激他当时给我的鼓励。同样感激我的硕士生导师中南大学袁乐平老师,感谢他的包容与鼓励,感谢他引领我进入经济学研究殿堂,感谢他在研究思路、如何做好研究等重要问题上给予我的教导。感谢 Princeton 的师兄陈雄志,没有他的鼓励,我不可能走得这么远。同样感谢我在社科院的同学和师兄弟姐妹。我在社科院学习生活期间,受益于与闭明雄、李银秀、谢珣、姚慧芹、厉克奥博等同学的讨论。

理想是丰满的,现实是骨感的。我感谢在我追求理想的艰辛历程中,一直支持我的家人和朋友。感谢我的岳父岳母在我三年攻读博士学位期间,一直帮我照顾我的女儿,从湖南长沙到武冈再到北京,无微不至,甚至不惜完全打乱了自己的生活。感谢我的爸妈一直支持我的所有决定,感谢他们对我追求理想疏于关心他们的理解与宽恕。感谢我的姐姐,一直悉心照顾爸妈,让我免除后顾之忧。感谢我在长沙的所有朋友，每次回长沙都给我无微不至的关心和帮助，让我在长沙的生活无忧无虑。

如果说我的理想主义有什么代价的话，那这个代价最大的受害人是我的妻子刘翔英和我的女儿陆牧谦。如果我安于现状在长沙原单位继续工作，如果我硕士时选择金融学等收益高的领域，也许我们家的生活质量要高得多，起码早已有房有车，安居乐业，那样这三年养家的重担也不会落在我妻子这样一个柔弱女子身上，也不会让她和我一起北漂居无定所，也不会让我一岁半的女儿一年多见不到爸爸妈妈，也不会把原本一个贤妻良母变成一个有巨大学术压力的学术期刊编辑。

今天我的博士论文已经付梓，还应当感谢我博士后期间的合作导师、中国社会科学院金融研究所郭金龙研究员。他的教导大大提升了我对金融和保险方面的理解，我将在另一本书里阐释博士后阶段的研究思考。我也应当感谢为本书出版作出重要贡献的首都经济贸易大学经济学院的领导和同事，包括张连城教授、郎丽华教授、徐雪教授、王军教授、赵家章教授、马方方教授和沈宏亮教授。特别要感谢周明生教授对本书出版的资助及大力支持，否则本书的出版还可能遥遥无期。

虽然知道本书仍存在不少瑕疵，但我希望通过未来的研究不断修订自己的研究，提高自己的研究水平。希望本书和我未来的所有研究，都能让我不至于太愧对所有帮助过我的人。

陆明涛
2017 年 **10** 月于苏州胡同